IBM 한국 보고서

• IBM 지음 •

한국경제신문

앞으로 10년,
새로운 혁신에 매진해야 하는 이유

기차를 타고 여행을 하다 보면 나는 가만히 있는데 주변의 풍경이 빠르게 뒤로 사라져간다고 느낄 때가 있다. 마찬가지로 요즈음 경제 상황을 보면 나는 가만히 있는데 주변 환경은 빠른 속도로 앞으로 나가고 있는 듯 느껴진다. 외환위기 이후 10년이 되어 가는 지금의 한국 경제가 바로 그런 상황이다. 우리는 가만히 있는데, 세계는 빠르게 앞서 가고 있다. 그만큼 세계 경제의 변화 속도는 빠르며, 가만히 있으면 그대로 뒤로 밀려나는 판국이다.

한국 경제는 외환위기 직후 2, 3년간 상당한 개혁을 추진했으나, 그 이후 다시 답보 상태에 빠졌다. 원인은 두세 가지로 집약된다. 우선 외환위기의 충격이 한국의 경제 주체, 특히 기업들을 보수화하고 위험 회피형으로 만들었다. 자본구조가 좋아지고 기술이나 경영 역량이 강화되었는데도 불구하고 충격에서 벗어나지 못한 기업들은 투자에 소극적이며, 방어적 경영으로 일관하고 있다. 지금 가지고 있는

것을 지키려는 경향이 강하고, 새로운 것을 모색하려는 진취적인 기
상이 부족하다. 반면 일본을 비롯한 선진국 기업들은 물론이고, 인
도나 중국의 기업들은 국내 시장에 만족하지 않고 과감하게 해외에
진출하고 있다. 투자도 매우 적극적이고, 신산업으로의 진출도 눈부
시다.

21세기에 들어와 한국 경제의 활력이 떨어지고 역동성이 약화된
가장 큰 이유는 정부의 규제와 노사관계의 불안정 때문이다. 정부의
규제 정책은 아직도 1980년대 폐쇄경제의 사고를 벗어나지 못하고
있으며, 지극히 국내 지향적인 시각에 머물러 있다. 또한 노동운동은
여전히 정치운동화한 상태이며, 때로는 불법적이고 폭력적인 수단이
동원된다. 글로벌 환경은 21세기에 와서 급속히 변해가고 있는데, 우
리의 의식은 아직도 20세기에 머무르고 있는 것이다.

한국 경제가 긴 정체 상태에서 벗어나 한 단계 도약하기 위해선 국
가 차원에서 다시 한번 대대적인 혁신을 단행해야 한다. 〈IBM 한국
보고서〉는 바로 이러한 범국가적인 혁신의 방향을 제시한다. IBM은
본 보고서에서 한국이 그 동안 추구했던 '빠른 모방자' 전략이 이제
는 한계에 도달했음을 진단하고, 혁신을 일으키기 위한 창의성과 위
험 감수가 절실함을 지적했다. 역시 정부의 규제가 가장 큰 걸림돌로
작용하고 있다는 분석이다. 특히 독과점 규제, 교육 등의 분야가 심
각하다. 또한 IBM은 대기업에 대한 국내의 시각이나 정부 정책에 문
제가 많다는 점을 지적하고 있다. 한 나라의 경제 규모와 대기업의
수는 매우 높은 상관관계가 있으며, 한국의 경제 규모 대비 초대형
기업(포춘 500대 기업)의 비중은 선진국에 비해서 결코 높지 않다.

현재 한국의 경제 발전 전략은 연구개발을 통해 고부가가치 산업

으로 올라가겠다는 것이다. 그러나 본 보고서는 국가 혁신 시스템이 제대로 작동하지 않는다고 평가한다. 교육이나 연구개발이나 수월성이 기준이 되어야 하는데, 나눠 먹기 식이 너무 많다. 경쟁이 없고, 평가도 없고, 차별적 보상이 없는 섹터가 여전히 많으며, 그 쪽으로 인재들이 몰려들고 있다.

문제의 핵심은 지난 10년간 경제적 변화와 사회적 변화가 서로 역방향으로 일어났다는 데서 찾을 수 있다. 경제는 영미식 자본주의가 도입되고, 세계적인 조류인 신자유주의적인 개방과 시장 자유화의 길을 걸어왔다. 반면에 정치와 사회는 분배와 평준화, 균형발전이라는 가치관과 정책이 더 강화되는 방향으로 움직여왔다. 이 두 모순된 흐름과 그로 인한 사회적 갈등이 21세기에 들어와서 우리의 발전을 가로막고 있는 셈이다. 이제는 정치, 사회와 경제가 한 방향으로 나아가야 한다.

한국, 즉 우리에게 주어진 시간은 이제 불과 10년 정도다. 2008년을 기점으로 새로운 10년을 구상해 다시 한번 도약을 이뤄내야만 국가의 먼 장래를 보장할 수 있다. 이 보고서에서는 새로운 도약을 위한 7가지 방향을 제시한다. 새로운 10년을 계획하는 정치 지도자들과 경영자들, 그리고 사회의 여론 선도층과 국민들이 꼭 한번 읽고 새겨야 할 제언들이다.

삼성경제연구소 소장
정구현

〈IBM 한국 보고서〉 발간에 앞서

2007년 4월, 14개월 동안 끌어온 한·미 자유무역협정(FTA) 협상을 마친 한국은 전면적인 시장통합을 눈앞에 두고 있다. FTA 협상 결과에 대해 한국 국민의 과반수가 긍정적인 평가를 내리고 있으며, 일부 전문가들은 GDP 3만 달러 시대가 곧 열릴 것이라는 전망도 내놓고 있다. 하지만 FTA로 인해 고용불안과 무역적자가 심해질 것이며, 이로 인해 한국이 심각한 경제위기를 맞이할 것이라는 의견 또한 만만치 않다.

분명한 것은 FTA시대에 한국경제가 살아남기 위해서는 현재와 같이 선진국을 추종하는 모방자 전략을 버려야 한다는 점이다. 한국 기업들은 아직도 새로운 것을 창조하기보다는 남의 것을 모방하려는 '재빠른 모방자(Fast Follower)'의 위치에 익숙하다. 신규 제품이나 서비스 개발에서부터 업무프로세스와 비즈니스 모델 그리고 경영시스템에 이르기까지, 글로벌 환경에서 남들과 차별화된 새로운 부가가치를 만들어내려는 창조적인 활동이 부족하다. 또한 한국의 혁신 활동은 기업, 대학, 정부 등에 의해 제각기 추진되고 있으며, 서로 다른 분야들 간의 협업을 통해 차별화된 가치를 만들어 나가려는 시도가 부족한 실정이다.

제조업의 경우 선진국과의 기술격차는 줄어들지 않고 있으며, 중국의 추격은 날로 거세어지고 있고, 금융·통신·교육·의료 등의 서비스 산업에서도 글로벌 경쟁력을 확보하지 못하고 있다. 한국의 경제·사회의 모든 주체들이 의미 있는 혁신(Innovation That Matters)을 통해 이를 극복하지 않는다면, 세계 11위 규모의 경쟁력을 보유하고 있고, R&D 투자액이 10위권 수준이어도 아무도 한국을 선진국이라고 부르지 않을 것이다.

만약 한국이 미래에도 과거의 전략을 그대로 고수하게 된다면 원천기술로 무장한 미국과 일본을 뛰어넘지 못할 뿐 아니라, 노동력과 가격경쟁력을 무기로 한 BRICs 국가들에게 추격을 허용하고 말 것이다. 특히 FTA 타결로 시장이 개방·통합됨에 따라 그동안 한국기업을 보호해 왔던 보호막이 사라짐으로써 투자기피 기업 및 내수기업 등 상당수의 기업들이 경쟁력을 잃게 될 것이다.

한국은 먼저 지난 20년 동안 성장 동력이 활력을 잃고 정체된 경제를 되살려야 한다. IBM이 자체 분석한 결과에 따르면 한국의 GDP 순위는 1990년대 이후 20년 동안 11위권에 머물고 있고, 1인당 GDP 또한 10년 이상 제자리걸음을 하고 있다.

IBM은 이 같은 한국경제의 정체 원인을 혁신의 관점에서 살펴보았다. 혁신은 경제적·사회적으로 새로운 부가가치를 창출할 수 있어야 한다. 기술적 발명 또는 프로세스의 변경만으로 혁신은 이뤄지지 않는다. 기술적 발명과 함께 비즈니스적인 통찰력이 접목되어 차별화된 새로운 가치를 창출함으로써 가능한 것이다. 특히 발달된 정보통신 기술이 누구에게나 광범위하게 개방되어 있고, 지역적·시간적 제약이 없이 급속히 통합되고 있는 글로벌 네트워크로 인해 오늘날의 혁신은 개방(Openness)과 여러 주체들 간의 협업(Collaboration)을 필요로 한다. 이런 측면에서 본다면 한국사회에서 추진되고 있는 혁신활동들은 다양한 측면의 개선을 필요로 한다.

혁신의 관점에서 한국경제와 사회를 조망하려는 노력을 담고 있는 〈IBM 한국 보고서〉는 다음과 같이 구성되어 있다.

- 1부에서는 전반적인 문제 제기로서, 혁신의 중요성과 한국경제의 혁신 활동 문제점을 진단한다.
- 2부에서는 문제 제기에 따른 주요 원인 및 분석 결과를 제시하고 있다. 한국 기업의 혁신 전략의 한계점, 무형자산 창출과 활용의 미흡, 낙후된 서비스 산업, 벤처와 혁신 클러스터의 부진 그리고 정부 정책 및 규제에 대한 이슈가 제시된다.
- 3부에서는 이러한 문제점을 극복하기 위한 7가지 제언을 다루고 있다. 혁신 전략의 방향, 혁신 기회를 찾기 위한 새로운 시각, 원천기술과 국제표준을 획득하기 위한 방안과 특허괴물에 대한 대비, 혁신 인재 부족을 해소할 수 있는 방안, 공공 정책의 기업 혁신활동 지원방안 등이 제시되고 있다.

〈IBM 한국 보고서〉 출간은 많은 분들의 도움이 있었기 때문에 가능했다. 먼저 책 출간과 기획기사 시리즈 등 〈IBM 한국 보고서〉에

전폭적인 지원을 해주신 한국경제신문의 신상민 사장, 가치혁신연구
소의 권영설 소장께 심심한 감사의 뜻을 전한다. 프로젝트 초기 국가
혁신이라는 생소한 영역에 대해 많은 아이디어를 주신 과학기술정책
연구원의 엄미정, 송위진, 이광호, 강희종 박사, 그리고 전체적인 검
토에 도움을 주신 연세대학교 권구혁 교수께도 고마움을 전한다. 또
한 본 보고서의 골격을 마련하고 책으로 완성시키기까지 많은 노력
을 기울인 국내외 IBM 컨설턴트들, 인터뷰와 자료 제공 등 본 보고
서 작성에 도움을 주신 국내외 주요 대학, 연구소의 전문가들과 마지
막까지 책 출간에 혼신의 힘을 다해준 한경BP 임직원 여러분께도 감
사의 뜻을 전한다.

모쪼록 〈IBM 한국 보고서〉가 대한민국 혁신이 관점을 글로벌 환
경으로 확장하고, 협업을 통한 혁신을 가속화시킴으로써 FTA 시장
통합 시대를 준비하고 있는 한국의 국가경쟁력을 새롭게 혁신해 나
가는 데 조금이나마 도움이 되기를 바란다.

한국IBM 대표이사

이휘성

제1부

혁신이 바로 서야 한국 경제가 산다

왜 혁신을 다시 이야기하는가? ─

1_ 정체된 한국 경제, 혁신에 실패한 탓이다

한국은 1960년대 이래로 급속한 경제성장을 이룩하여 경제, 사회 전반에 걸쳐 많은 발전을 이루었다. 이에 따라 1인당 국민소득도 지속적으로 상승하여 2만 달러 시대를 목전에 두고 있으며(구매력 평가 기준일 경우, 이미 2만 달러 수준에 도달했다) 이에 걸맞게 삶의 질 또한 지속적으로 상승하고 있다.

하지만 국내총생산(GDP) 순위로 파악한 한국의 위상은 거의 20년 동안 정체 국면을 벗어나지 못하고 있으며 1인당 국민소득 또한 1995년 1만 달러 시대를 맞이한 이후 10년 이상의 기간 동안 그 늪에서 벗어나지 못하고 있다. 한국의 GDP 순위는 1990년대 중반 이후 11위권에서 계속 맴돌고 있으며, 1인당 GDP 또한 30위권에 정체되어 있다.

이러한 현상은 국가의 경쟁력지수를 살펴보더라도 마찬가지다. 국

한국의 GDP 및 1인당 GDP 순위 추이

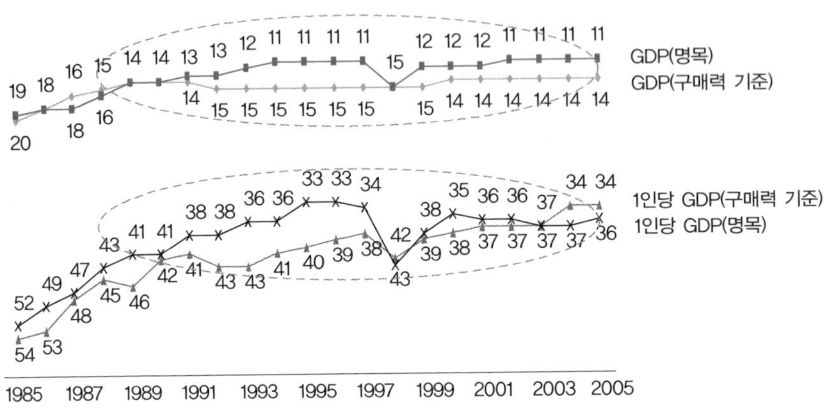

출처 IMF(International Monetary Fund), World Economic Outlook Database, September 2006. IBM 분석

세계경제포럼 국가경쟁력 순위

IMD 국가경쟁력 순위

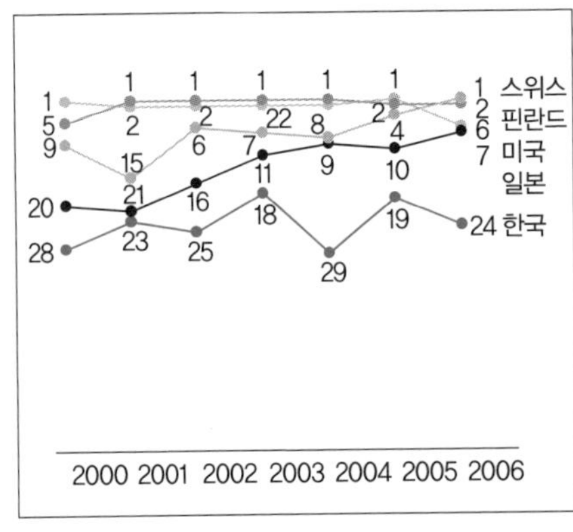

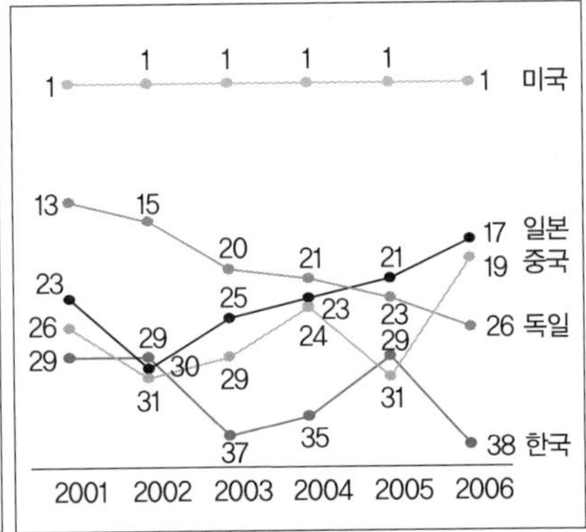

출처 세계경제포럼

출처 IMD

가 경쟁력지수에 관한 한 국제적인 지명도를 가지고 있는 세계경제 포럼(World Economic Forum, WEF)과 IMD(International Institute for Management Development)에서 발표한 자료를 보더라도 2000년대의 한국 순위는 횡보를 거듭하고 있으며, 2006년에는 두 기관에서 발표한 순위가 전년도에 비해 크게 하락했다.

혁신이 확산돼야 국가가 산다

혁신은 경제성장, 경쟁력, 높은 삶의 질과 같은 국가적 목표를 달성하기 위한 가장 중요한 구성요소로 간주되고 있다.

미국의 저명한 경제학자들에 따르면, 미국의 요소 생산성 증가의 절반 이상이 기술의 진보와 노동자(workforce)의 기술 및 경험에 의해서 설명된다. 또한 여러 국가의 경제적 성과를 비교 분석한 결과에서도 국가 혁신 노력의 정도(Intensity)는 생산성 제고 및 삶의 질 향상과 높은 상관관계를 가지고 있다고 지적한다.

성공적인 혁신은 새로운 상품과 서비스를 만들어내고, 기업에게는 새로운 시장과 성장을, 고객에게는 새로운 가치(Value)를 가져다준다. 혁신은 현재의 상품과 프로세스를 개선시키고 생산성 증대, 원가절감, 이익 확대에도 기여한다. 그러므로 혁신 기업은 높은 시장점유율과 성장률, 수익성, 시장 가치를 얻게 된다. 이러한 혁신은 개별 기업에서만 끝나는 것이 아니라 경쟁자에게도 영향을 주며, 혁신적인 상품이나 서비스를 접하는 고객은 더 많은 선택 범위와 향상된 서비스, 그리고 낮은 가격 등의 측면에서 혜택(가치)을 얻는다. 혁신이 채택되고 확산됨에 따라 국가의 지적 자산(knowledge stock)이 축적되고 궁극적으로는 성장과 장기적인 부의 창출, 그리고 높은 삶의 질이 가능해진다. 이와 같이 혁신은 비단 개별 기업 입장에서뿐 아니라 국가 차원에서도 성장과 삶의 질이라는 양적, 질적인 측면을 결정하는 주요 요소가 되는 것이다. EC에서 발표한 국가의 전반적인 혁신 수준을 나타내는 종합혁신지수(SII)와 국가의 경제적 수준을 나타내는 1인당 GDP와의 관계를 분석한 자료를 살펴보면 양자는 전체적으로 양의 상관관계를 보이고 있다. 1인당 GDP라는 개념도 많은 변수에 의해 영향을 받고 SII도 하나의 지수라는 측면에서 몇 가지 한계점을 가지고 있으나, 혁신이 경제성장과 국가 경쟁력을 결정하는 주요한 변수라는 점에는 이견이 없을 것이다.

종합혁신지수(SII) 대비 1인당 GDP 비교(2005년)

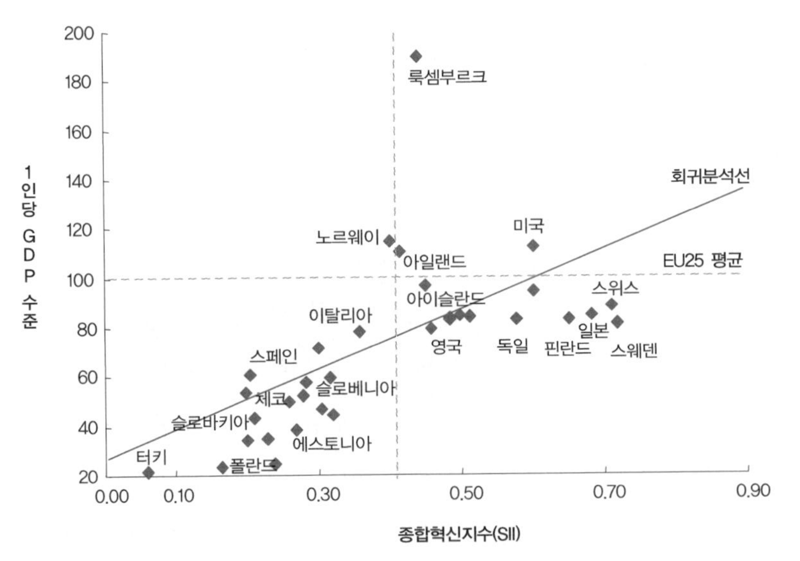

출처 EC의 유럽혁신성과지수(European Innovation Scorecard, EIS) 분석 결과

2_ 한국에는 혁신 사령탑이 없다

미국 혁신전략의 중심 NII

2003년 11월 미국의 주요 기업 CEO, 대학총장, 노동계 리더 등 400
여 명은 국제사회에서 미국의 리더십을 유지하고, 당면 과제를 해결
하기 위한 활동을 시작했다. 국가혁신구상(National Innovation Initiative,
NII)라고 불리는 이 활동은 미국의 국가경쟁력위원회(Council on
competitiveness) 주관으로 추진되었으며, 미국의 리더십을 유지하고
삶의 질을 향상시키기 위한 유일한 키워드로서 혁신을 언급하고 국
가혁신 아젠다를 제시했다.

　NII는 2004년 11월 위싱턴에서 개최된 국가혁신지도자회의
(National Innovation Summit)에서 〈미국을 혁신하라Innovate America〉라
는 제하의 보고서를 통해 미국이 직면한 혁신의 기회와 과제, 새로운
혁신의 개념, 혁신의 방향성과 함께 국가혁신 아젠다 등을 제시했다.

유럽의 혁신활동은 리스본 전략에서

1990년대 말 유럽 경제는 정보통신 분야의 기술혁신을 통해 생산성
을 지속적으로 증가시키고 신경제로 무장한 미국과는 달리 높은 실
업률, 재정 부채, 과도한 사회보장 부담 등의 영향으로 정체되어 있
었다. 유럽의 생활수준은 미국의 2/3 이하 수준이었으며, 경제활동
인구 대비 근로자 수도 1998년 60%에 머물러 미국의 70%에도 못 미
쳤다. 또한 유럽은 1990년대 들어 1인당 GDP뿐만 아니라 그 동안

앞서 있던 노동생산성 측면에서도 뒤지게 되었다. 이에 EU는 1999년 유로화 출범을 통해 유럽 화폐를 통합하고 단일 시장을 성립하는 등 미국을 따라잡기 위한 노력을 시도했으나 세계화, 지식기반 경제, 정보통신사회로 경제의 패러다임이 전반적으로 변하고 있는 상황에 민첩하게 대처하기에는 전반적인 경제의 활력이 부족했다. 결국 유럽 각국 정상들은 2000년 포르투갈 리스본에서 EU 특별정상회의를 개최하고, 향후 10년간 유럽경제를 세계 최고의 지식기반 경제체제로 만들자는 취지의 '리스본 전략'을 채택했다.

이를 추진하기 위한 일환으로 혁신트렌드차트(Trendchart on Innovation)라고 불리우는 지원활동이 시작되었다. 혁신트렌드차트는 유럽 회원국의 혁신정책과 성과를 분석하여 관련 정보를 제공함으로써 유럽 국가들의 혁신정책 수립을 지원하고 있다. 구체적인 활동으로는 유럽혁신 성과지수(European Innovation Scorecards, EIS), 국가별 혁신활동 지원을 위한 국가별 혁신 보고서(Annual Country Report) 등이 있다.

우리는 세계 일류 국가이면서도 경제성장과 국가경쟁력 제고를 위해 지속적으로 노력하는 미국과 유럽의 움직임을 지켜볼 필요가 있다. 그들은 선진국이면서도 지속적으로, 그리고 범국가 차원에서 혁신활동을 전개하고 있다. 반면 우리는 과거의 타성에서 벗어나지 못한 채 선진국을 추종하는 전략을 버리지 못하고 있다. 정체된 한국 사회를 도약시키기 위한 방안으로 혁신이라는 단어를 다시 한번 생각해 볼 필요가 있다.

본 보고서에서는 한국의 경제성장과 경쟁력 제고를 위한 핵심 요인으로 혁신을 규정하고, 한국의 경제·사회가 진일보하는 데 있어서 혁신의 문제점과 이를 개선하기 위한 방안을 살펴보고자 한다.

미국 국가 경쟁력 위원회와 NII

국가 경쟁력 위원회(Council on Competitiveness)

미국은 1980년대 후반 제2차 세계대전 이후로 가장 큰 경제적 위험에 직면했다. 세계에서 가장 큰 채권국에서 채무국으로 추락한데다가 기술 측면에서도 위상이 흔들리고 있었으며, 미국 산업계는 세계 각지의 경쟁자들에 의한 시장점유율 잠식을 지켜봐야만 했다. 이와 같은 위기상황에서 국가 경쟁력 제고를 미국의 최우선 과제로 설정하기 위해 범국가적인 민간 주도의 포럼인 '경쟁력 위원회'가 설립되었다. 경쟁력 위원회는 미국의 경쟁력 강화와 미국인의 삶의 질 향상을 목적으로 다양하고 폭넓은 토론을 전개해 왔으며, 세계적 경쟁 환경의 요구에 부응할 수 있는 경제적 아젠다를 개발해 왔다. 위원회는 대기업 CEO, 대학총장, 노동계 리더 등으로 구성되었으며, 이러한 경향은 경쟁력 위원회가 추진하는 프로그램의 조직 구성에도 동일하게 적용되었다.

현재의 조직을 살펴보면 5명으로 구성된 회장단(의장 : 듀폰사의 찰스 홀리데이), 집행위원회, 펠로우, 일반 회원, 위원회 사무국 등 130여 명의 구성원과 미국 내 주요 연구기관을 중심으로 25개의 협력단체로 구성되어 있다.

주요 활동으로는 NII, 지역 혁신 이니셔티브, 경쟁력지수 산정, 경쟁력 관련 리더십 간 대화 프로그램(Global Initiative), 법제화 활동 등이 있다.

NII(National Innovation Initiative)

2003년 11월 미국의 국가경쟁력위원회 주관으로 추진된 국가혁신 아젠다를 도출하기 위한 프로그램이다. 2003년 말 출범한 NII 1기 조직은 수석 위원회(Principals Committee), 자문 위원회(Advisory Committee), 프로그램 위원회(Program Committee) 등 3개의 위원회와 7개의 실무 그룹(Working group)으로 구성되었다. 이러한 조직 구성에서 주목할 점은 민간 주도라는 것이다. NII는 주로 기업 및 학계의 리더와 전문가들로 구성되었는데, 민간의 목소리를 모아서 정부나 의회에 전달하는 역할을 수행했다.

NII는 2003년 말부터 1년여 간의 활동을 통해 2004년 11월 워싱턴에서 개최된

Innovate America에서 제시한 미국의 혁신 아젠다

I. 인재(Talent)	II. 투자(Investment)	III. 인프라(Infrastructure)
• **국가 교육 혁신전략 수립** − 미국의 이공계 대학생 대상의 '미래를 위한 투자' 장학금 설립 − 혁신가 육성을 위해 연방정부는 5,000명 규모의 대학원생을 위한 장학재단 설립 − 전문과학석사 도입 및 교육훈련제도 확대 − 이민법 개정 등 외국의 우수 인재 확보 • **차세대 미국 혁신가 양성 촉진** − 문제 해결 중심의 커리큘럼 개선 등 학교 교육의 혁신 능력 배양 − 인턴십 등 이노베이션 학습 기회 창출 − 경영인을 위한 혁신 커리큘럼 개발 • **혁신 속도에 부응하는 근로자 지원** − 근로자의 평생 학습 기회 제공 − 연금 혜택과 의료보험의 이전 가능성 제고 − 연방, 주 정부 차원의 기술 수요와 직업 훈련의 연계 강화 − 기술발전과 무역으로 인한 실업자의 지원 확대	• **첨단적이고 학제적인 영역에 대한 연구 활성화** − '혁신가속' 보조금 마련을 통한 리스크 연구 활성화 − 국방부 R&D 예산의 20%를 장기·기초 연구에 투자 − 자연과학 및 공학 분야 지원 강화 − '서비스 과학' 같은 다학제적 연구 투자 − R&D 분야에 대한 영구적인 세액 공제 제도 • **창업 활성화** − 지역 혁신 거점 확보 − 정부 부처 협의를 위한 프로그램 추진 − 리스크 머니 이용 가능성 확대 : 세제 혜택, 엔젤 네트워크 활성화 등 • **高 리스크에 대한 장기 투자 강화** − 가치창조에 대한 보상 구조 조정 − 혁신 성과와 지표 등에 대한 자발적 공개 장려 − 위험감수의 가치를 평가할 방법론 연구 − 금융시장 중개위원회를 통한 신규 규제에 대한 영향력 평가 − 비생산적 소송비용 하향 조정	• **혁신성장 전략에 대한 국가적 합의 도출** − 대통령 주도의 국가 혁신전략 개발 − 혁신 정책 실행과 혁신 주도의 성장을 실행하기 위해 국가와 지역간 연계 촉진 − 국가혁신 성과측정지표(Scorecard) 개발 − 국가 혁신상 제정 • **21세기 지적재산권제도 구축** − 특허 처리 과정의 질적 개선 − 특허 DB의 이노베이션 도구화 − 표준안 마련을 위해 우수 사례 창출 • **미국 제조업의 역량 강화** − 우수생산센터 창설 − 산업계 주도의 표준 개발 촉진 − 이노베이션 확산 센터 창설 − 산업계 R&D 로드맵 작성 • **의료서비스 산업 혁신 인프라 구축** − 전자의료 보고 시스템 − 통합 의료 데이터 시스템을 위한 기준 설정 − 의료 연구 및 관련 자료 전달을 위한 국제 전자교환 시범 프로그램 − 성과 중심의 구매 협약 사용 확대

국가혁신지도자회의(National Innovation Summit)에서 미국의 국가혁신전략으로 평가 받는 〈미국을 혁신하라 Innovate America : Thriving in a World of Challenge and Change〉를 발표했다. 이후 NII는 2기 조직을 구성한 뒤 3년의 기간 동안 개별 혁신 아젠다의 법제화에 초점을 두고 후속활동을 지속하고 있다.

리스본 전략과 유럽의 혁신활동

리스본 전략

1990년대 말 유럽 경제는 정체되어 있었고, 혁신 수준 또한 미국에 비해 뒤진 상 태였다. 또한 그 동안 앞서 있던 노동생산성 측면도 미국에 뒤처지게 되면서 새 로운 대응방안을 모색했다. 이에 EU는 1999년 미국을 따라잡기 위한 노력의 일 환으로 유로화 출범을 통해 화폐를 통합하고 단일 시장을 성립했으나 세계화, 지 식기반경제, 정보통신사회로 경제의 패러다임이 전반적으로 변하는 상황에 민첩 하게 대처하기에는 경제 전체의 활력이 부족한 상황이었다. 당시 유럽의 혁신 성 과가 저조한 원인은 다음과 같이 지적되었다.

- 위험을 감수하는 기업가 정신의 부족, 신기술 채택에 친화적이지 않은 유럽사 회의 특성
- 혁신 동기를 유발하지 못하는 유럽의 제품 및 서비스 시장의 문제점
- 미국, 일본 등에 비해 상대적으로 낮은 연구개발(R&D) 투자
- 핵심 혁신 기술 습득에 비효과적인 교육제도
- 기업 활동에 부담을 주는 과도한 조세와 비효율적 규제, 그리고 금융시스템의 한계

이러한 문제점을 개선하기 위해서 EU는 단일 통화를 바탕으로 거시경제정책의 상호조화를 이루는 동시에 경제성장을 방해하는 과도한 사회보장에 대한 개혁의 필요성을 인식하고 단일 공동체로서 전 회원국이 공동으로 추진하는 혁신전략을 추진했다.

리스본 전략은 고용, 경제 개혁, 사회 결속 3가지 측면에서 과제를 제시했다. 이 에 따라 2010년까지 고용률 70%, 실질 성장률 3%, 일자리 2,000만 개 창출, GDP 대비 R&D 투자 3%라는 목표치를 제시했다. 이러한 목표는 사회주의적 성격이 강한 유럽의 시장 경제 전통을 살려 경제성장과 더불어 고용 안정과 사회 통합을 동시에 추구하자는 의미로 해석된다.

그러나 리스본 전략은 2000년 이후 경제 상황 악화로 회원국들의 계획이 2~5년 정도 지연되었다. 또한 '경제성장'과 '환경', '사회통합'을 동시에 추진함으로써 우선순위가 불분명해지고 방향성마저 상실되는 문제점이 노출되었다. 이에 EU는 2005년 3월 '신 리스본 전략(Renewed Lisbon Strategy)'을 채택해서 지식과 혁신, 투자와 고용환경 조성, 고용창출을 3대 핵심 분야(Central Policy Area)로 삼고, 10대 실행 계획 (Lisbon action Plan)을 제시하여 2010년까지 역내 경제성장률을 3%선으로 끌어 올리고 600만 명 이상의 고용을 창출하는 것을 목표로 설정했다.

신 리스본 전략의 10대 실행 계획

3대 영역	10대 실행계획
투자와 고용 친화적 환경 조성	① 역내시장의 확대 및 심화 ② 대내외 시장 개방 추구 ③ EU 차원 및 국가 차원의 규제 개선 ④ 인프라 개선 및 확충
지식과 혁신 기반의 성장	⑤ R&D 투자 확대 및 개선 ⑥ 혁신, 정보통신기술(ICT), 효율적 자원 이용 장려 ⑦ 강한 산업기반 구축
고용창출	⑧ 고용확대 및 사회보장제도 현대화 ⑨ 기업과 노동자의 적응성 향상과 노동시장 유연성 개선 ⑩ 교육과 훈련을 통한 인적자원 투자 확대

혁신트렌드차트(Trendchart on Innovation)

유럽회원국의 혁신정책과 성과를 분석하여 관련 정보를 제공하는 혁신트렌드차트는 리스본 전략을 추진하기 위해 채택된 공개조정방식(Open Policy Coordination Approach : 벤치마킹 대상국을 선정하여 각국이 합의한 일정별로 정량, 정성적 목표를 달성하도록 하는 자율 방식)을 지원하기 위한 목적으로 수행된 활동이다. 즉 혁신트렌드차트는 유럽위원회(European Community, EU의 집행기구)의 기업·산업정책국 주관으로 유럽연합 25개국의 ① 혁신정책에 대한 서베이 ② 유럽혁신지수 산정 ③ 혁신정책 리뷰를 통해서 회원국의 혁신 성과에 대한 통계와 정보제공을 통해 유럽 국가들의 혁신정책 수립을 지원한다. 대상국가에는 25개

EU 회원국에 비회원 국가인 불가리아, 루마니아, 아이슬란드, 이스라엘, 터키, 스위스와 미국, 일본 및 기타 비유럽 지역 국가의 정책과 활동이 모니터링된다. 이러한 활동을 요약하면 다음과 같다.

- 유럽혁신성과지수(European Innovation Scorecards, EIS)
  - 2001년부터 종합혁신지수(Summary Innovation Index, SII), 산업혁신지수(Innovation Sector Index, ISI), 기업환경혁신지수(Exploratory Innovation Scoreboard, EXIS)를 측정해 분석한다.
- 국가별 혁신보고서(Annual Country Reports)
  - EU 회원 국가를 국가별로 분석한 국가별 혁신보고서와 유럽 외 3개 지역별로 주요 국가들을 분석한 보고서(Country group report)를 발간한다.
  - 국가별 혁신체계(National Innovation System, NIS), 혁신정책 트렌드 및 우선순위를 조망하고, 리스본 전략에 부합되게 개선되고 있는가를 평가한다.
- 주제별 혁신 조사(Innobarometer)
  - 혁신에 관련된 주제별 조사로서 2004년의 경우 공공 부문의 기업혁신 지원 정도를, 2005년에는 혁신의 고객수요 요소를 분석했다.

02

경제의 체질을 바꿔야 한국이 산다

1_ 투자 대비 성과가 나오지 않는 한국

한국의 전반적인 혁신 수준은 선진국들과 비교할 때 선도 그룹에 위치하는 것으로 나타났다. 국가 차원에서의 전반적인 혁신활동 수준을 파악하기 위해 유럽의 EIS에서 제시하고 있는 종합혁신지수(SII)를 활용해 EU국가 및 미국, 일본과 비교하면 한국의 순위는 34개국 가운데 7위로 나타났다.[1]

물론 이런 수치는 유럽에서 사용한 지표 체계를 동일하게 적용했

---

[1] 한국의 SII의 계산은 EIS 지표체계에 기반하여 동일한 방법론을 적용한 결과이나, EIS 계산에는 일반적인 계량지표 외에 기술혁신조사(유럽은 CIS, 한국은 KIS) 결과에 많이 의존하고 있어, 지표는 동일하지만 데이터 원천 측면에서는 차이가 있다. IBM에서는 한국에서 KIS를 통해 EIS 관련 지수를 산정한 STEPI(과학기술정책연구원)의 도움을 받아 자체적인 계산을 했으나 양측의 계산 결과는 유사한 것으로 나타났다. 이에 따라 본 보고서에서는 객관성을 위해 STEPI에서 발표한 분석 결과를 사용했다. EIS를 활용한 국가혁신 수준 비교에 관심 있는 독자는 STEPI에서 2006년 7월 28일에 발간한 혁신정책 Brief, 통권 15호 국가혁신 수준 비교 분석을 참고하기 바란다.

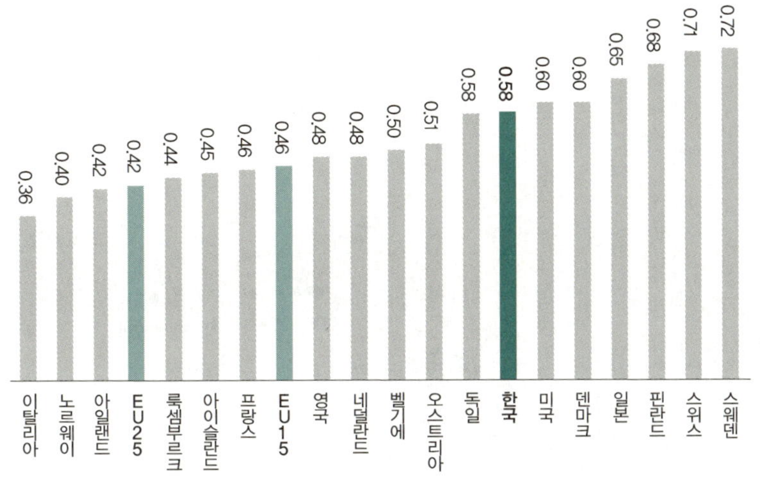

출처 유럽 자료는 EC 발표 결과, 한국 자료는 과학기술정책연구원(STEPI)의 분석 결과

기 때문에 해석상 한계는 있을 수 있지만 혁신 수준에 관련된 다른 문헌을 살펴보더라도 한국의 혁신 수준 자체는 높은 것으로 나타난다.

문제는 한국의 높은 수준의 혁신활동에도 불구하고 그 성과가 낮다는 데 있다. 국가의 혁신 수준을 나타내는 종합혁신지수 대비 1인당 GDP를 분석한 결과 한국은 혁신활동의 투입 대비 산출이 미흡하다. 혁신의 궁극적인 목적이 경제성장과 삶의 질 향상이라는 측면에서 볼 때 한국은 아직 혁신 투자나 노력에 비해 1인당 GDP 수준이 낮은 국가로 나타났으며, 그 원인은 혁신활동의 내용과 과정, 그리고 메커니즘 측면에서 찾아볼 수 있다.

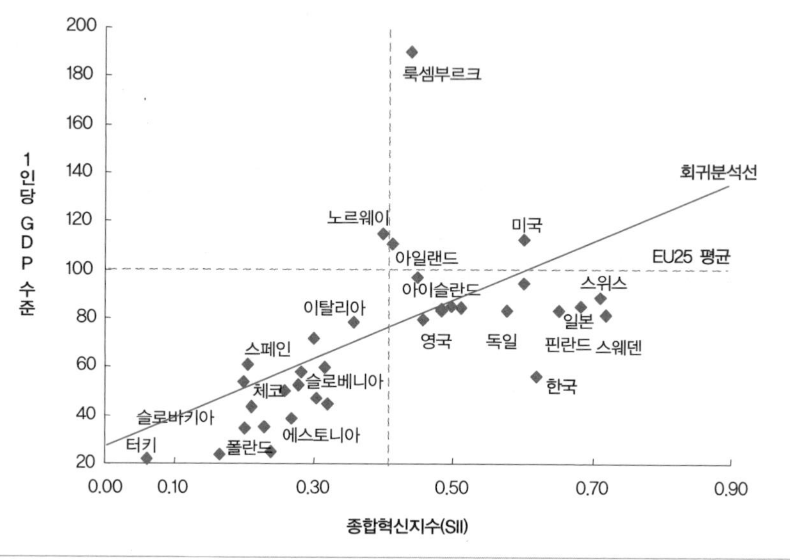

출처 유럽 자료는 EC 발표 결과, 한국 자료는 과학기술정책연구원(STEPI)의 분석 결과. IBM 분석

노동생산성 꼴찌 수준

부가가치를 기준으로 한 노동생산성 분석 결과에서도 이러한 사실을 쉽게 알 수 있다. 2004년 한국의 노동생산성은 OECD 국가 평균의 40.4%에 불과했다. 2004년 OECD 국가(터키 제외)의 시간당 노동생산성은 평균 28.14달러로 한국(11.37달러)의 수치와 상당한 차이를 보였다. 특히 미국(42.42달러), 일본(41.7달러), 프랑스(36.83달러) 등 주요 선진국과의 격차는 더욱 크다.

더욱 중요한 사실은 선진국들의 1인당 GDP가 1만 달러였을 때와 비교해 보더라도 한국의 노동생산성은 현격히 낮다는 것이다. 1인당 GDP 1만 달러 시대의 시간당 노동생산성을 비교해 보면 한국은 9.4

OECD 국가의 시간당 노동생산성 현황(2004년, 달러)[2]

국가명	노동생산성	국가명	노동생산성
노르웨이	57.94	독일	34.74
룩셈부르크	48.92	영국	33.51
미국	42.42	핀란드	32.92
일본	41.70	오스트리아	30.10
덴마크	39.26	캐나다	27.68
벨기에	38.85	호주	25.86
스웨덴	38.52	이탈리아	25.65
아일랜드	38.51	스페인	22.01
스위스	37.30	뉴질랜드	16.63
프랑스	36.83	그리스	16.46
네덜란드	35.09	포르투갈	13.52
아이슬란드	34.95	**한국**	**11.37**

1인당 GDP 1만 달러 시대의 시간당 노동생산성 비교(달러)[3]

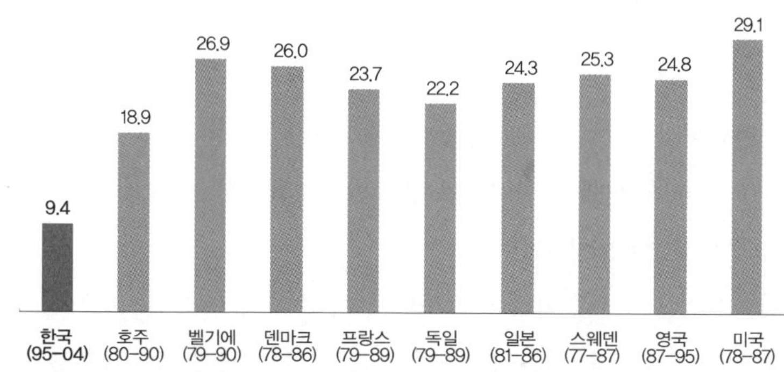

2, 3 '생산성 제고를 위한 7가지 과제', 대한상공회의소, 2006년 9월. 이 보고서에는 OECD 자료를 바탕으로 노동투입량은 Man-hour, 산출량은 실질 부가가치를 기준으로 분석했다.

달러로 미국(29.1달러), 영국(24.8달러), 일본(24.3달러), 독일(22.2달러), 프랑스(23.7달러), 호주(18.9달러) 등에 비해 훨씬 낮다.

노동생산성은 투입 대비 산출의 효율을 나타내는 대표적인 변수다. 노동생산성이 낮다는 의미는 생산의 방식이나 기술 혁신이 부족하거나 기타 산출물로서 부가가치에 영향을 주는 여러 변수가 미흡하다는 것을 뜻한다. 이는 앞에서 살펴본 혁신 수준 대비 성과가 낮다는 것과 같은 맥락이다.

본 보고서에서는 20년 가까이 제자리걸음을 하고 있는 한국 경제를 혁신 투입 대비 성과가 낮다는 관점에서 문제점을 진단하고 이를 개선하기 위한 과제를 도출하고자 한다.

2_ 한국 혁신의 발목을 잡는 다섯 가지 문제점

본 보고서에서는 IBM 내부에서 개발하고, NII의 보고서인 〈미국을 혁신하라〉에서 제시한 혁신체계(Innovation Framework, 혁신생태계라고도 함)를 활용했다. 먼저 35쪽에 있는 NII에서 제시한 혁신생태계의 의미를 살펴보자.

기업은 자신들이 선택한 혁신전략에 따라 인적, 물적 자원의 결합을 통해 새로운 제품이나 서비스를 개발해 고객에게 제공하게 된다. 이렇게 해서 나온 제품을 고객이 구매함으로써 혁신은 이루어진다. 이러한 혁신 과정에서 여러 공공정책과 혁신 인프라는 정책적 지원과 방향 제시, 그리고 필요한 기술과 인력제공 등을 통해 혁신의 속도와 질을 높이거나 낮추는 역할을 하게 된다. 혁신 주체 간의 효율

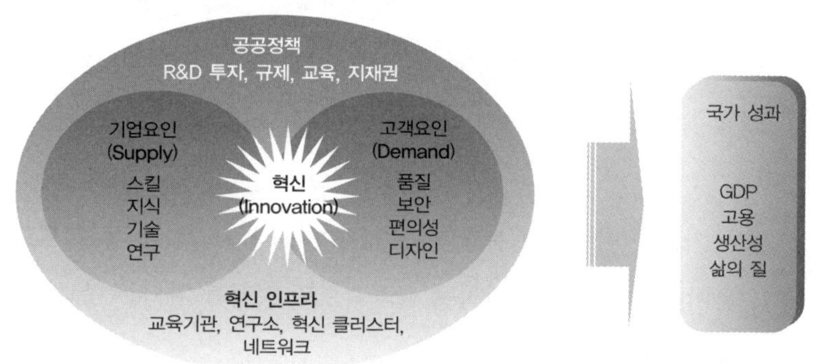

적인 혁신활동은 궁극적으로 GDP나 고용, 생산성 같은 국가 차원의 성과를 가져온다.

이러한 관점은 과거의 것과는 차별적인 요소를 담고 있다. 가장 주요한 특징으로 혁신은 네 가지 주체의 상호작용을 통해 이루어지며, 효과적인 국가혁신전략 수립을 위해서는 이들 관계를 다이내믹한 관점에서 바라보아야 한다는 점이다.

과거에는 혁신이라고 하면 기업의 공급 측면에만 초점을 두는 경향이 있었다. R&D에 의한 기술 혁신, 기업의 혁신전략과 투자 등이 그것이다. 이러한 공급 측면과 함께 고객 측면도 강조되었는데, 기업과 개인을 포함한 모든 고객이 품질이나 편의성, 디자인 등 새로운 가치를 인식하고 구매하는 수요 측면이 존재해야 혁신이 일어나게 된다는 것이다. 그리고 높은 고객의 혁신 성향은 전체적인 혁신 성과에도 영향을 미친다.

이러한 수요와 공급에 의한 혁신의 창출은 공공정책과 국가 인프라의 지원에 따라 그 속도와 질적인 측면에서 영향을 받게 된다. 주체들 간의 원활한 상호작용은 혁신의 빠른 확산을 가져오고 이러한 혁신의 확산 속도가 빠를수록 국가 차원의 성과를 제고할 수 있다. 이에 따라 혁신의 개념도 다음과 같이 규정된다.[4]

기술과 비즈니스 통찰력(Business Insight)의 결합을 통해 새로운 제품이나 서비스를 개발하여 궁극적으로 경제적 가치를 증대시키거나 삶의 질을 개선하는 것.

여기서 주목할 것은 단순히 새로운 기술을 발명하거나 조직 문화를 개선하는 활동은 혁신이 아니라는 점이다. 혁신은 기술과 비즈니스 통찰력(Business insight)의 결합을 통해 새로운 제품과 서비스를 개발하고, 상업화해서 해당 기업과 궁극적으로는 국가 경제에 새로운 가치를 가져다 줄 수 있는 것이어야 한다. 많은 이들이 알고 있는 프로세스 혁신(PI), 6시그마와 같은 운영 혁신 기법도 비용 절감이라는 가치를 가져다주기 때문에 혁신의 한 범주로 볼 수 있다.

이러한 논의를 바탕으로 본 보고서에서는 분석을 위한 전제로서 앞에서 언급한 혁신의 개념을 채택하며, 한국 혁신 생태계가 직면한 문제점을 크게 다섯 가지 측면에서 도출하고 2부에서 제시한다. '투자(Input) 대비 성과(Output)가 나오지 않는 한국'은 다음과 같은 다섯 가지 문제점에서 기인한다.

---

[4] 혁신의 변화하는 특성 등에 대한 자세한 내용은 3부 1장 '경제의 체질을 바꿔야 선진국 문턱 넘는다' 참조.

● 포지셔닝 트랩에 걸린 한국 : 혁신 노력이 결여된 한국 기업의 현 주소와 한계점

● 이익 성장(Profitable Growth)을 위한 원천으로서 무형자산의 확보와 활용 미흡 : 지적재산권, 원천 기술, 인재 등 무형자산의 중요성과 이를 창출, 활용, 보호하는 측면이 결여된 한국 기업, 정부, 출연연, 대학의 문제점

● 서비스 산업의 낮은 혁신 수준

● 혁신 촉진 기능의 활성화 미흡 : 국가 성장의 원동력이라고 할 수 있는 벤처와 혁신 촉진 네트워크라고 볼 수 있는 혁신클러스터의 부진

● 정부의 정책 지원 미비와 기업 활동을 저해하는 규제

제2부

눈에 보이는 것이 전부는 아니다

01

포지셔닝 트랩에 걸린 한국

1_ 재빠른 모방자를 추구해 온 한국 기업들

한국 혁신전략의 시초는 1차 경제개발 5개년 계획으로부터 시작된 정부 주도의 산업정책에서 찾아볼 수 있다. 이 시기 산업정책은 압축성장을 위한 정부 주도의 산업화 전략이었다. 정부 주도의 산업화 전략은 수출지향적 공업화 정책, 재벌 중심의 경제성장, 외자 의존 자본축적, 성장 우선의 개발정책 등으로 요약할 수 있다. 국가가 주도하여 산업정책을 강력히 시행하는 과정에서 형성된 정부와 기업 간 관계, 차입 금융에 대한 의존, 수출지향, 대기업 집단체제 등 당시 형성된 한국적 경영환경과 기업특성은 현재까지도 이어지고 있다.

이 시기 한국의 기업들은 독자적인 판단에 따른 사업전략을 추구하기보다는 정부가 제시하는 산업화 정책에 맞춰진 사업전략을 구사해 왔다. 이러한 사실은 국내 4대 재벌 기업의 업종별 사업 포트폴리

한국 정부의 경제개발정책과 산업전략

	목표	정책기조	특징
1, 2차 경제개혁 5개년 계획	• 자립 경제기반 구축 • 성장과 자립	• 수출주도형 • 경공업, 수입 대체 치중	• 기업들이 정부의 '계획 사업'에 참여하여 다각화 전략 추진
3, 4차 경제개혁 5개년 계획	• 산업구조 근대화, 공업 고도화 • 수입 대체 촉진	• 중화학공업 육성 • SOC 투자 확대	• 6대 중화학 공업 선정하고 특혜금융과 세제 우대조치 제공
5, 6차 경제개혁 5개년 계획	• 산업 경쟁력 강화, 선진 경제 기반 구축	• 안정화, 개방화 • 중화학 투자조성	• 첨단산업에 대한 관심 증가로 정부가 기업 연구개발 지원 등 기술집약화 유도
신경제 5개년 계획	• 국제화, 자유화	• 개혁과 변화(금융, 부동산 실명제) • 세계화 선언	
1997 이후	• 단기현안 해결 • 경제위기 극복	• 기업, 금융 구조조정 • 시장경쟁 강화	

압축성장을 위한 정부 주도의 전략 수립
정부 주도의 산업화 전략은 수출지향적 공업화 정책, 재벌중심의 경제성장, 외자의존 자본축적, 성장우선의 개발정책으로 요약될 수 있음

현 한국기업의 특성 형성
정부와 기업 간 관계, 차입금융 의존, 수출지향, 대기업 집단체제 등 현재 한국기업들의 특징 중 상당수가 당시 산업정책 하에서 형성된 것임

4대 재벌기업의 업종별 사업 포트폴리오

범례: 삼성 / 현대 / LG / SK

업종별 \ 연대별	1950년대	1960년대	1970년대	1980년대	1990년대
화학/에너지	LG화학(47)	삼성정밀화학(64) GS칼텍스(69) SK캐미칼(69) SK(62) SK인천정유(69)	삼성석유화학(74) LG석유화학(78)	삼성종합화학(88) 현대석유화학(88) LG여수에너지(88) (SK)대한석유공사(80) SK가스(85)	현대정유(93) 현대에너지(96) LG에너지(96)
중공업(조선)/건설	현대건설(50)	GS건설(69) SK건설(69)	삼성중공업(74) 삼성건설(78)		
전자/전기	LG전자(58)	삼성전자(69)	삼성전관(70) 삼성SDI(70) 삼성전기(73) 삼성코닝(73) LG이노텍(76)	현대전자산업(83) LG마이크론(83) LPG(85) LG반도체(89)	
금융서비스	삼성화재(52) SK증권(55)	현대증권(62)	LG화재(70) LG증권(73)	삼성증권(82) 삼성카드(83) 현대해상(84) LG카드(88)	삼성투신(98) 삼성벤처투자(99) 현대카드(95) SK캐피탈(95) LG창업투자(96)

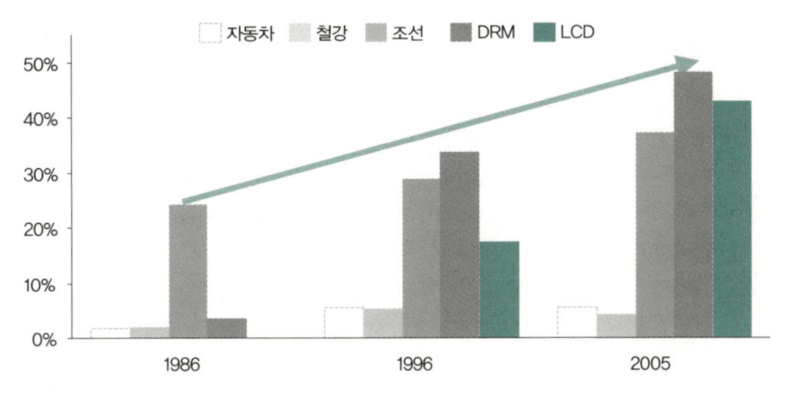

출처 CEO Information, 삼성경제연구소, 2006

오를 살펴보면 쉽게 알 수 있다. 예를 들어 1960~70년대 화학 산업 및 건설, 1970~80년대 에너지, 전자, 전기 업종, 1980~90년대 카드, 캐피털 등의 금융 서비스 등 국가가 전략적으로 선정한 산업에 재벌 기업이 예외 없이 참여해 온 사실은 정부의 정책에 편승해 온 국내기업의 사업전략을 잘 보여준다.

정부 정책에 편승하는 사업전략은 한국경제 성장기에 효과적인 성장 방법이 됐다. 이러한 점은 한국 주요 산업 부문인 자동차, 철강, 조선, 반도체, LCD 등의 세계 시장 점유율 변화 추이를 통해서도 확인할 수 있다.

그렇다면, 당시 한국기업의 혁신전략은 무엇이었을까?

한국기업은 해외로부터 원천기술과 핵심부품 소재를 도입하여 제품 상용화 기술을 축적하고 범용 부품과 소재 등을 조립해 제품을 생산했다. 따라서 전략의 초점은 생산설비의 증가 및 근대화, 비용 절

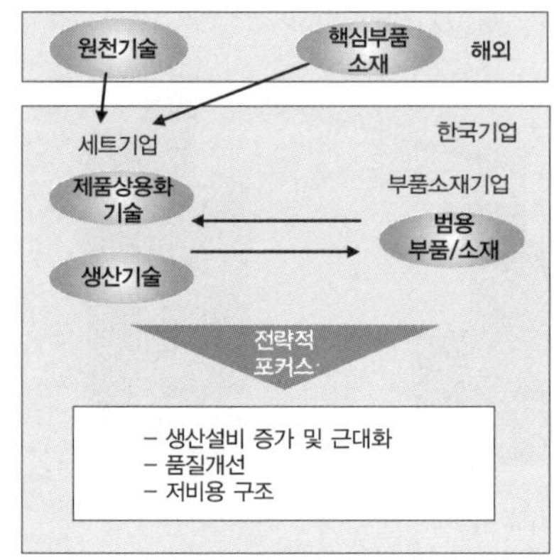

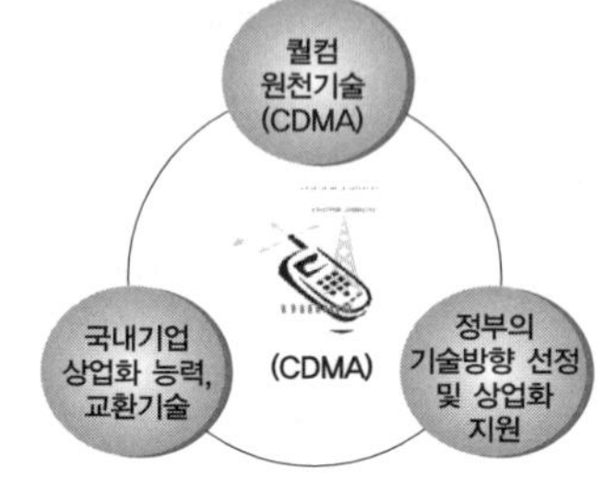

1985년 미국에서 퀄컴(Qualcomm)이라는 무명 벤처 회사 설립됨
1990년대 초 군사통신기술을 응용, CDMA 원천기술 개발
1992년 한국 체신부가 이동통신 표준기술로 CDMA 선정
1996년 SKT가 세계 최초로 상용화 성공
퀄컴사는 현재 매출의 43%를 한국시장에서 올리고 있음

감 그리고 제품의 품질 개선에 집중됐다. 이 과정에서 한국기업들은 선진기업의 원천기술을 도입하여 개량하고 상업화하는 능력, 값싼 노동력 등 비용우위를 가장 큰 경쟁력으로 삼게 됐다. 한국경제 성장기의 기업 혁신전략은 정부 정책에 기초한 사업영역 설정과 '모방 전략(Fast Follower)'으로 특징지을 수 있다.

그렇다면 지금은 어떤가. 한국은 새로운 가치를 창출하기 위한 혁신전략이 있는가?

혁신이 일어나기 위해서는 창의성(Creativity)과 위험감수(Risk Taking)가 요구된다.

혁신의 방정식(Innovation Equation)

혁신(Innovation) = 창의성(Creativity) x 위험감수(Risk Taking)

즉 새로운 가치를 창출할 수 있는 창의성과 불확실한 창조적 계획

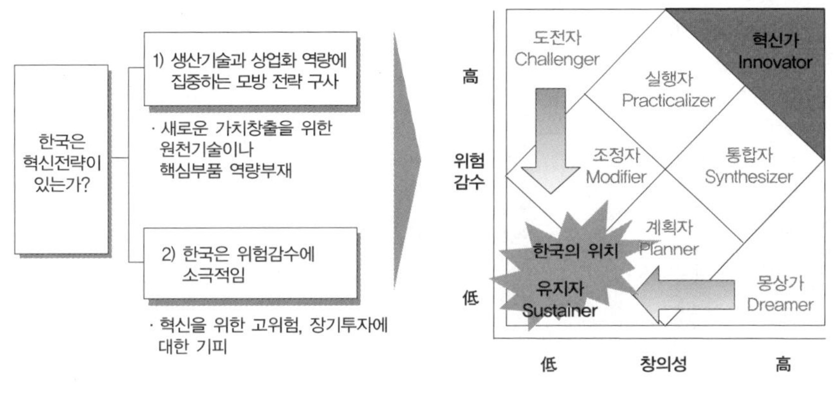

을 기꺼이 실천에 옮기고자 하는 위험감수 정신이 결합되어야만 혁신이 이루어지는 것이다. 창의성과 위험감수 정신이 극대화되었을 때 혁신전략의 추진이 가능하며, 이와 반대로 창의성이 결여되고 위험감수를 꺼리게 될 때에는 유지자 전략에 머물게 된다.

세계적인 석학 마이클 포터는 서울에서 열린 '2006 세계지식포럼'에서 "모방은 전략이 아니다"라고 전제한 뒤 "한국기업은 창조적 전략이 없다"고 지적했다. 실제로 한국은 아직도 모방 전략(Fast Follower)이 대세이며, 위험회피 성향으로 인해 혁신 투자도 기피하고 있다. 따라서 창의성이 낮고 위험감수 의지도 낮은 유지자의 모습을 보이는 것으로 판단할 수 있다.

아직도 한국은 모방 전략이 대세

한국은 그 동안 모방자 전략을 통해 경쟁력을 확보해 왔다. 이 과정

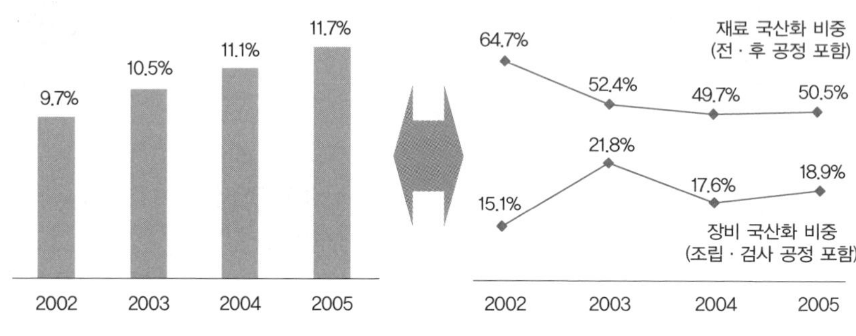

출처 한국무역협회

출처 한국반도체 산업협회, 2005

에서 제품의 상용화와 제조 기술에서 수준급의 역량을 확보할 수 있었다. 하지만 모방자 전략의 성공은 원천기술 확보에 대한 필요성을 크게 부각시키지 못하는 결과를 불러왔다. 그로 인해 수입의 막대한 부분이 원천기술에 대한 로열티로 빠져나가고 있다.

휴대폰 산업을 예로 들어보자. 한국의 휴대폰 출하량은 2002년 9,200만 대에 불과했지만 2005년에는 1억 8,300만 대로 2배 가까이 급증했다. 세계 3위의 휴대폰 생산국이 된 것이다. 하지만 2005년 국내 휴대폰 제조사가 해외에 지불한 CDMA 원천기술 로열티 액수는 연간 5,000억 원에 달했다. 양적 성장에도 불구하고 원천기술과 관련된 역량은 개선되지 않았음을 알 수 있다.

원천기술과 더불어 새로운 제품 개발을 뒷받침하는 핵심소재 및 부품 개발 역량마저 육성되지 않는 현실은 새롭고 차별화된 제품을 창조하는 것을 더욱 어렵게 만들고 있다.

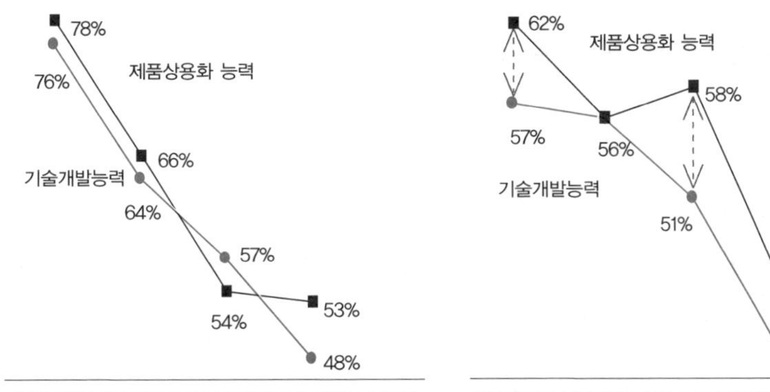

출처　KIEC 산업경제, 2006. 산·학·연 전문가들을 대상으로 차세대 성장 동력 산업의 경쟁력과 관련된 여러 지표에 대해서 2005
년 현재와 2010년 예상 한국의 경쟁우위 여부에 대한 설문 조사 결과

한국의 대표적 수출 품목 중 하나인 반도체의 경우 2002년 9.7%였던 세계 시장 점유율이 2005년에는 11.7%로 높아졌다. 하지만 반도체 장비, 재료 국산화 비중(전후 공정 포함)은 같은 기간 동안 전혀 향상되지 못했다.

더욱 심각한 문제는 한국이 제품상용화에만 치중하여 핵심기술을 외부에서 들여오는 대상으로만 생각하는 모방형 전략이 새로운 산업에서도 그대로 답습될 수 있다는 사실이다.

각계의 산업전문가 설문을 통해 신성장 동력 산업에 대한 한국의 경쟁우위를 예측한 결과 한국의 경쟁우위가 전반적으로 낮아질 것으로 예측되는 가운데 특히 제품상용화 능력에 비해 기술개발 능력이 현격히 경쟁력이 떨어질 것으로 전망됐다. 이는 신성장 동력 산업에 대한 한국의 접근법마저 과거 모방형 전략의 타성에 빠질 위험성이 있다는 것을 암시해 준다.

고위험 장기투자를 가로막는 위험회피 성향

외환위기 이후 한국사회의 위험회피 성향은 기업의 자금흐름에 어떠한 영향을 미치고 있을까.

금융권의 대출 자금이 위험성이 높은 기업대출보다는 상대적으로 안전한 가계대출에 집중되면서 기업에 대한 자금공급을 줄여왔으며, 기업도 부채비율을 지속적으로 낮추는 과정에서 자금수요를 줄여왔다. 한국 시중은행들의 가계대출 비중은 1998년 32.2%에서 2005년 56.5%로 확대됐다. 반면 기업대출의 비율은 이 기간 중 63.3%에서 42.2%로 줄었다. 한국기업이 1997년 말 외환위기 이후 부채비율을 줄이기 위해 노력한 결과 기업의 부채비율은 2000년 222%에서 2005년 111%로 급격히 낮아지게 되었다. 그렇지만 이러한 수치는 과도한

은행의 대출 성향 및 기업부채비율 변동

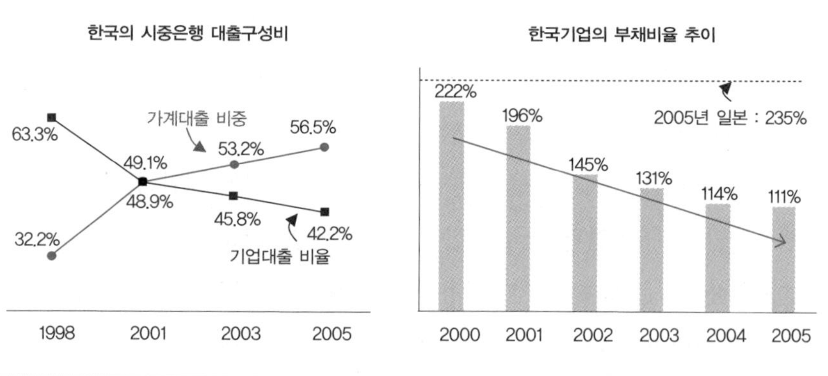

출처 한국은행, '은행대출의 만기구조 현황과 정책과제'   출처 한국은행, '2005년 기업경영분석'

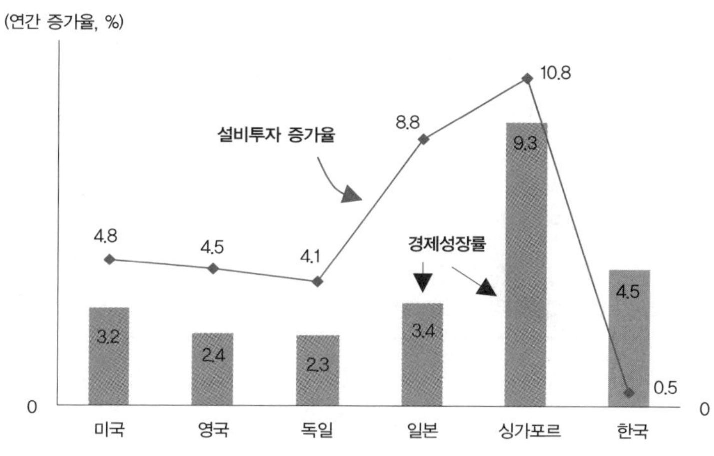

출처 재정경제부, '우리경제의 성장잠재력 현황 및 정책대응 방향', 2005. 증가율은 CAGR 기준. 한국은 1995년~2004년임.

측면이 있고, 대기업을 중심으로 너무 많은 현금을 보유한다는 것은 주지의 사실이다.

기업에 대한 은행의 자금 공급이 줄어들고 기업들은 돈을 쓰지 않는다는 것은 미래를 위한 기업의 투자 부진을 의미하기 때문에 그 심각성이 클 수밖에 없다.

미래성장잠재력을 측정하는 대표적인 지표인 설비투자 증가율의 경우 미국, 일본 등 선진국들은 소득 1만 달러에서 2만 달러 수준으로 도약하는 기간에 설비투자 증가율이 경제성장률을 크게 상회했다. 예를 들어 미국은 연평균 3.2% 성장하는 동안 4.8%씩 설비투자를 늘려왔고 영국은 2.4% 경제성장에 4.5% 설비투자 증가율을 보였다. 일본도 경제가 연평균 3.4% 성장하는 동안 설비투자는 8.8% 늘어났다. 반면 한국은 소득 1만 달러를 넘어선 뒤 연평균 4.5% 경제성장을 보이는 동안 설비투자 증가율은 겨우 0.5% 증가하는 데 그쳤다.

기술개발을 위한 주요 기업의 R&D 투자도 선진기업들에 비해 부진하다. 전기전자, 자동차, 화학 등 주요 업종별 국내 대표기업과 해당 산업 분야의 다우존스 상위 기업의 연구개발 집약도(연구개발비/매출액)를 비교한 결과 국내 대표기업들은 글로벌 선도기업에 비해 R&D 투자액 비율이 크게 떨어지는 것으로 나타났다.

국내외 대표기업 간 연구개발 집약도 비교(2005년)[5]

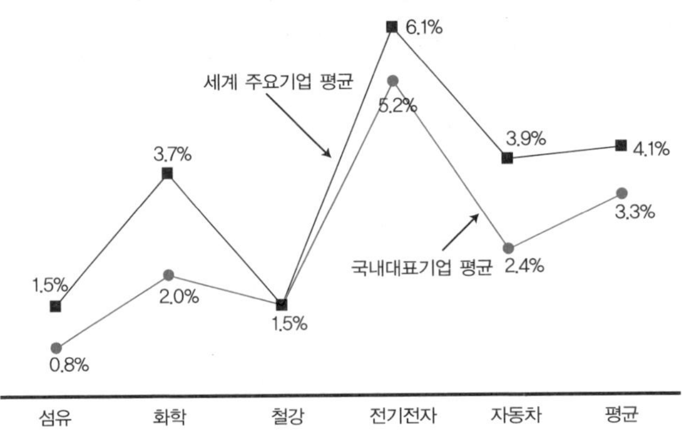

[5] 한국은행, '우리나라 대표기업과 세계 주요기업의 경영성과 비교, 2005.
국내 대표기업은 각 업종별 2003년 매출액 상위 3사, 세계 주요기업은 2003년 12월 말 현재 다우존스에 공시된 기업들을 대상으로 각 업종별 매출액 상위 3사를 선정했다. GE 및 GM의 금융사업 부문은 분석 대상에서 제외했다. IBM 분석

분석 대상 업체

화학	국내기업	현대석유화학, 여천 NCC, 호남석유화학
	세계 주요기업	바스프(BASF Corp.), 다우케미컬(Dow Chemical), 듀퐁(E.I Du Pont)
철강	국내기업	포스코, INI 스틸, 동국제강
	세계 주요기업	튀센크루프(ThyssenKrupp AG), 신일본제철(Nippon Steel), JFE 홀딩스
전기전자	국내기업	삼성전자, 삼성SDI, 엘지필립스엘시디
	세계 주요기업	IBM, HP, 마쯔시타 전기공업(Matsushita Electric)
자동차	국내기업	현대자동차, 기아자동차, 지엠대우오토
	세계 주요기업	다임러크라이슬러, 도요타자동차. GM

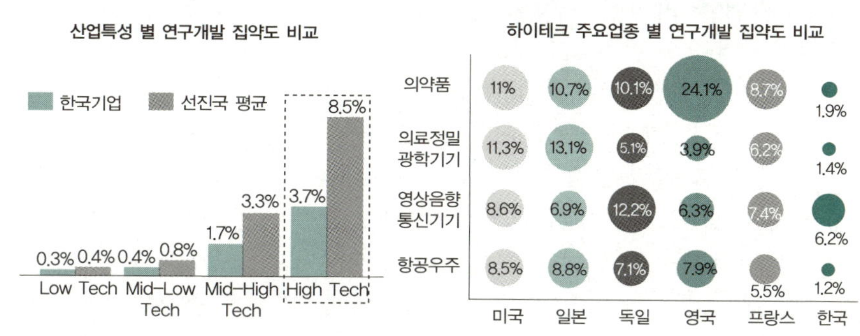

출처 OECD(2001년). 선진국 : 미국, 일본, 영국, 독일, 프랑스

미래지향적이고 위험성이 높은 성격을 띠고 있는 하이테크놀로지 업종의 투자는 더욱 부진하다. 전체 산업을 하이테크(High Tech)와 로테크(Low Tech)로 구분해 보았을 때 기술 수준이 높은 산업일수록 선진국보다 연구개발 집약도가 크게 뒤떨어졌다. 2001년 OECD자료를 보면 로테크 분야에서 한국기업과 선진국 기업의 연구개발 집약도는 각각 0.3%와 0.4%로 큰 차이가 없었다. 그러나 하이테크 분야에서는 한국 기업의 연구개발 집약도가 3.7%인 반면 선진국 기업은 5.6%로 격차가 크게 벌어졌다. 업종별로 상세히 살펴보면 통신기기를 제외하고는 대부분 하이테크 업종의 연구개발 집약도가 미국, 일본, 독일, 영국, 프랑스 등 선진국에 비해 현저하게 낮았다. 이러한 사실은 높은 수준의 고부가가치 기술이 필요한 산업일수록 선진국과의 R&D 집약도 격차가 커지고 있다는 것을 보여준다.

위험을 회피하는 한국 제약업

한국기업의 위험회피 현상은 해외 선진기업들이 혁신적인 기술과 제품 개발을 통해 시장지배력을 강화해 나가는 상황과 대조를 이루고 있다. 예를 들어 제약 산업은 업종특성상 적극적인 위험감수(Risk Taking)가 필요한 대표적인 고위험 고수익(High Risk, High Return) 산업이라고 볼 수 있다. 제약업체가 신약 한 개를 개발하려면 평균 8억 달러의 비용과 14년의 시간이 소요되지만 상업화 성공률은 고작 0.01% 수준이다. 그러나 신약 개발에 성공했을 경우의 보상수준도 매우 높아서, 일반적으로 신약 매출액은 평균 개발비용의 10배를 상회하고 영업이익률도 높아 성공적인 제약회사들은 보통 20% 내외의 순이익률을 기록하고 있다. 실제로 미국 화이자(Pfizer)사의 대표적인 블록버스터 제품인 리피토(Lipitor)의 경우, 2005년 한햇동안 115억 달러의 경이적인 매출을 기록한 바 있다.

일반적인 신약개발 사이클

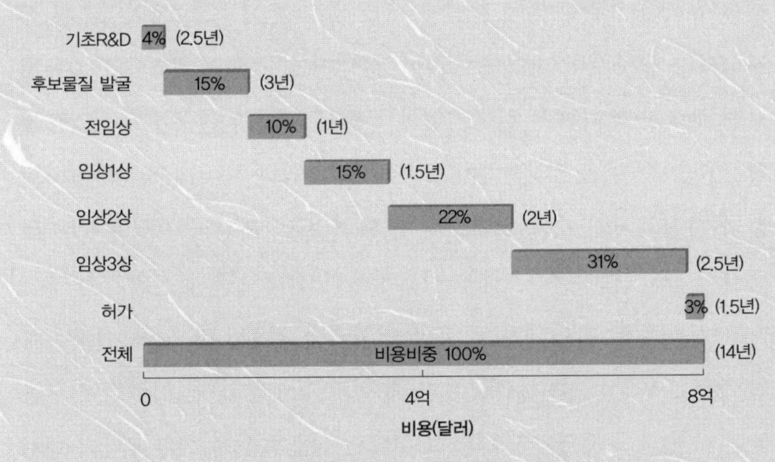

출처 The Price of Innovations: New Estimates of Drug Development Costs, Journal of Health Economics, 22(2003)

그러나 국내 제약회사들은 '신약개발은 위험이 크기 때문에 자금력이 있는 대규모의 글로벌 제약회사나 가능할 것'이라는 비관론에 빠진 나머지, 범용화 되어 위험성이 적은 제너릭(Generic) 약품 개발에 치중하는 소극적인 전략을 취하고 있다. 이는 제약업의 핵심 성공요인인 고위험 장기투자에서 멀어지고 있다는 의미이며, 그 결과 글로벌 시장에서 고위험 장기투자를 적극적으로 수행하는 외국 선도기업과의 시장지배력 격차가 지속적으로 벌어지고 있다. 1995년부터 10년간 글로벌 선도 제약업체가 매출액 기준으로 5배 성장한 데 비해서 한국의 1위 제약업체는 고작 2배 성장하는 데 그쳤다는 사실은 고위험 · 고수익 분야에서 위험회피자 전략으로는 성장할 수 없음을 나타내고 있다.

국내1위 · 세계1위 제약사 매출액 비교

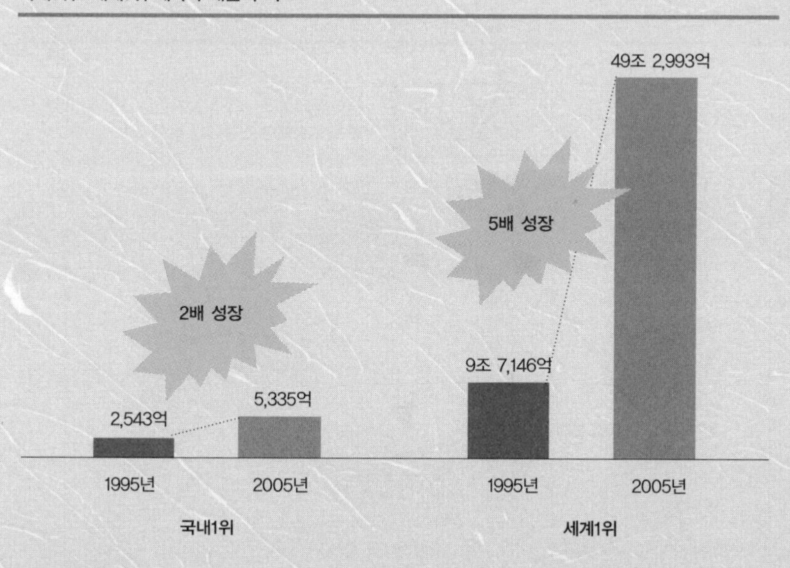

출처 심사평가원

2 _ 미국과 일본은 부럽고 중국은 두렵다

모방 선호와 위험회피 성향으로 인한 혁신 투자의 부족은 한국 경제 도약에 한계요소로 작용하고 있다. 1970년대 이후 한국 산업이 확보한 비용우위(Cost Leadership)는 1990년대부터 중국 등 BRICs로 대표되는 후발국들의 부상으로 더 이상 우위를 확보하지 못하고 있다. 또한 한국이 혁신 투자를 게을리 하고 모방 전략을 계속 고수한다면 핵심 기술이나 브랜드에 기초하여 차별적 경쟁우위를 점하고 있는 선

포지셔닝 트랩에 걸린 한국

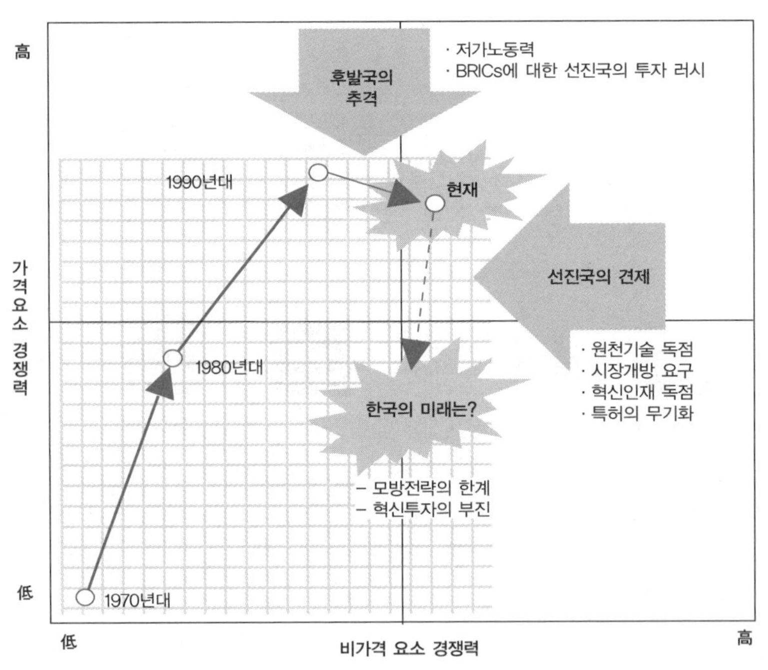

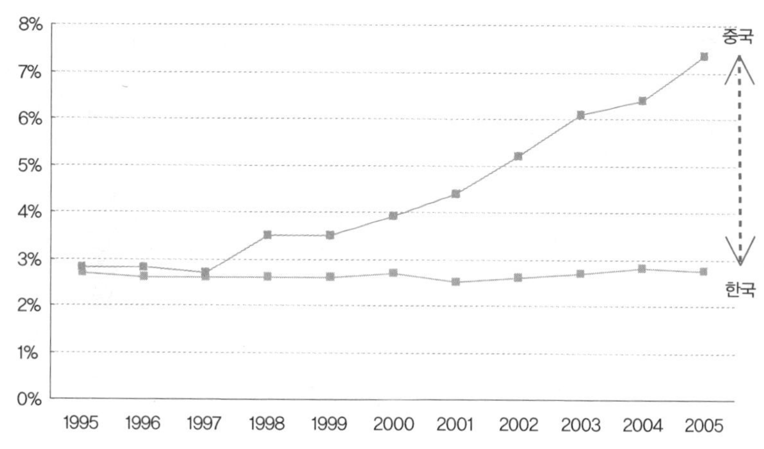

출처 한국무역협회, 2005

진국에 대해 비가격 요소의 경쟁력 확보도 쉽지 않은 상황이다.

즉 한국이 혁신을 위해 좀더 적극적인 노력을 기울이지 않는다면 후발국의 도약과 선진국의 견제에 막혀 가격경쟁력과 비가격경쟁력에서 뒤처지는 '포지셔닝 트랩'에서 벗어나기 힘들 것이다.

한국은 그 동안 요소주도형(Factor-driven) 양적 성장을 통해 세계 시장에서 경쟁력을 확보해 왔다. 그러나 최근 들어 BRICs 국가들이 저렴한 인건비와 풍부한 자원을 바탕으로 지난 20여 년간 연평균 두 자릿수의 높은 성장률을 기록하면서 한국의 경쟁력을 이미 추월했거나 그 격차를 현저히 줄여나가고 있는 상황이다. 이와 같이 가격 요소 경쟁력의 한계에 부딪힘에 따라 한국은 글로벌시장 경쟁에서 고전을 면치 못하고 있다. 한국의 주요 수출산업이었던 경공업 제품에서는 1990년경에 이미 중국에게 추월당했으며, 아직까지 한국이 경

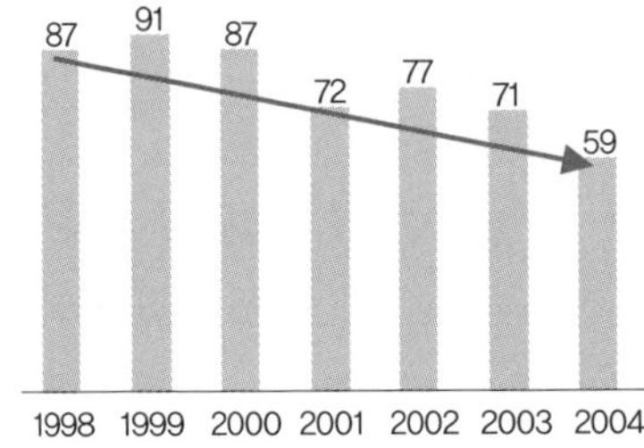

출처 한국무역협회, 2004

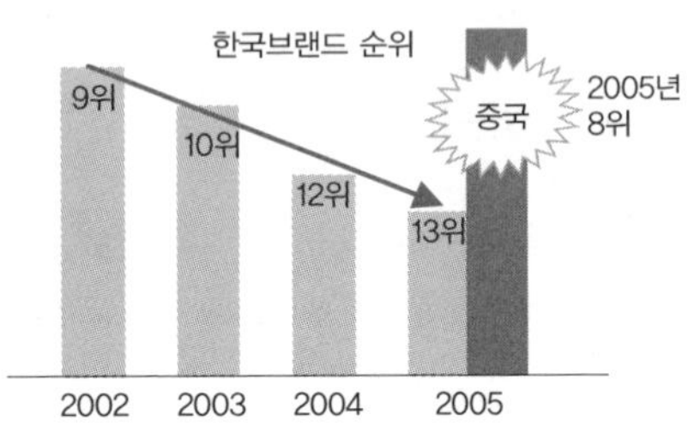

출처 산업정책연구원, WEF 2006

쟁우위를 가지고 있는 IT 산업 경쟁력 역시 2004년 2.16년이던 중국과의 격차가 2006년 평균 1.7년으로 좁혀졌다. 대부분의 첨단 제품 기술 격차도 2년 내로 좁혀졌다.

세계 시장 점유율 측면에서 보아도 한국은 1990년 이후 3% 미만에서 정체돼 있는 반면 중국은 1998년에 이미 3%를 넘어섰고 이후에도 계속 증가해 2005년에는 7%를 넘어섰다. 10년 전 세계 시장 점유율이 한국과 비슷했던 중국은 이제 한국과의 격차를 두 배 이상으로 벌려놓았다.

메이드인코리아의 맹위를 떨쳤던 한국의 경쟁력 하락은 세계 1위 품목수와 국가브랜드 가치 순위의 연도별 추이를 통해서도 알 수 있다.

한국의 점유율 기준 세계 1위 품목수 추이는 1999년 91개를 정점으로 급감해 2004년에는 59개까지 줄었다. 독일(851개), 중국(833개), 미국(704개), 일본(291개) 등에 비하면 상당한 차이를 보이고 있다. 또한 선진 37개국 국가브랜드 가치평가 결과 한국의 브랜드 가치 순위는 2002년 9위에서 점차 하락해 2005년 13위로 주저앉았다. 같은 해에 8위를 차지한 중국과 대조를 이루고 있다.

한국이 세계 경쟁에서 특화된 경쟁력을 확보하지 못하는 포지셔닝 트랩에 갇힐 가능성이 높아진 것은 창조보다는 모방을 선호하고 위험을 회피하는 성향이 커지면서 혁신전략이 없는 유지자의 위치에 안주하고 있기 때문이다. 이러한 한계는 소득 수준 2만 달러라는 단순한 수치상의 한계뿐 아니라 진정한 의미에서 선진국 대열에 동참하고자 하는 한국이 극복해야 할 주요한 과제라고 볼 수 있다.

02

보이지 않는 자산이 더 중요하다

1 _ 대차대조표에 없는 무형자산이 중요하다

기업이 창출하는 가치는 기업이 보유하고 있는 유형자산과 무형자산에 의해 발생한다. 이 중 무형자산은 유형자산과 달리 일정한 형태가 없는 비재무적 자산이다. 회사가 보유한 지적 재산과 인재 그리고 브랜드 및 가치사슬 참여자와의 네트워크 등이 무형자산에 속한다.

무형자산이 창출하는 가치의 특징은 간접적, 잠재적, 결합적이라는 단어로 요약된다. 무형자산은 재무적인 성과에 단기적이고 직접적인 영향을 미치지는 않으나, 장기적이고 간접적인 경로로 재무성과에 영향을 미친다. 대차대조표상에 비교적 명확히 표시되는 유형자산과 달리 시장가치가 비가시적이면서 잠재적이라는 점, 가치를 창출하기 위해서 다른 유형자산 또는 무형자산과 결합되어야 한다는 점에서 무형자산이 창출하는 가치를 특징지을 수 있다.

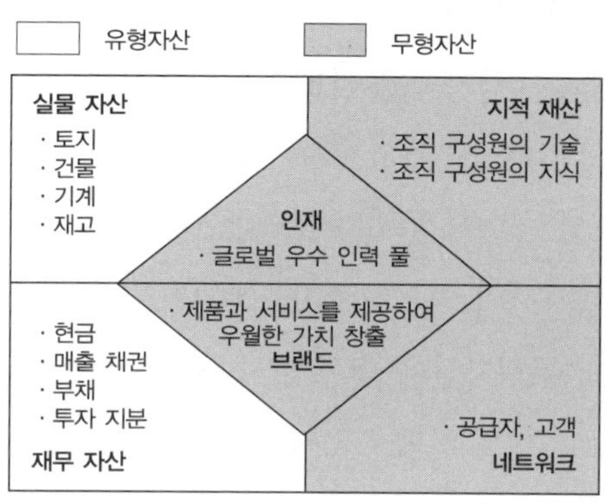

무형자산의 중요성이 커지고 있는 지식경제가 도래함에 따라 지적 재산, 인재, 브랜드, 네트워크 등과 같이 기업이 보유한 무형자산의 크기와 질이 기업의 가치를 결정짓는 중요한 요인이 되고 있다. 이러

**경제 발전에 따른
무형자산의 중요도 변화**

**미국 시장 시가총액 대비
무형자산의 비중(S&P 500 기업)**

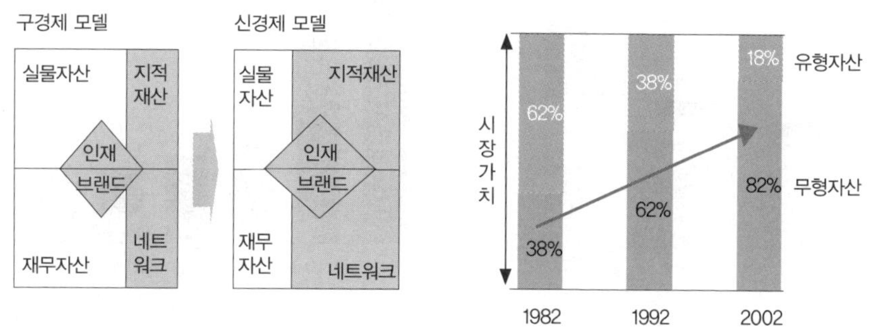

출처 Kaplan & Norton, 'Strategy Maps'   출처 미 국가 경쟁력 위원회, 〈미국을 혁신하라〉, 2004

한 무형자산의 중요성은 최근 들어 급속도로 증가하고 있으며 이러한 추세는 점점 더 가속화될 것으로 보인다.

장부가치와 시장가치를 비교하는 방법을 이용해서 미국 스탠더드앤드푸어스 500(Standard & Poors 500) 기업의 기업가치를 유형자산과 무형자산으로 나누어 분석해 보았을 때, 1982년 불과 38%에 지나지 않았던 무형자산의 가치비중이 2002년 82%로 급증했다. 1990년대 후반 미국의 무형자산에 대한 투자(R&D, 프로세스와 소프트웨어, 브랜드 제고, 직원 교육 등)는 거의 1조 달러에 달했다. 이 수치는 실물 자산에 대한 전체 제조업의 투자액인 1.1조 달러와 비슷한 수준이다.

한국기업의 낮은 무형자산 비중

한국기업의 무형자산 비중은 아직 낮은 수준인 것으로 파악된다. 국

국내 상장기업(금융업 제외) 무형자산 가치 추이(조 원)

초일류기업들의 무형자산 가치 비교
(2005년 말, 억 달러)

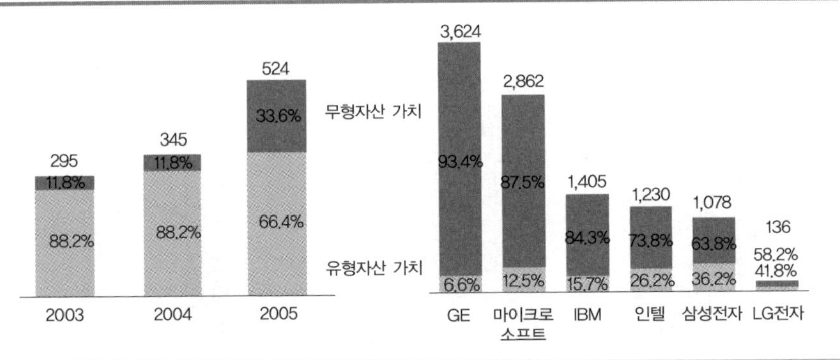

6 시가총액에서 대차대조표상의 유형자산 가치(자기자본 금액 − 장부상 무형자산 가치)를 차감해 무형자산 가치를 계산함.

내 상장기업(KOSPI)을 대상으로 무형자산의 가치를 계산[6]해 본 결과 무형자산의 가치는 최근 증가세를 보이고는 있으나 2005년 기준으로 전체 기업가치의 33.6%에 불과했다. 한국의 대표적 글로벌 기업이라고 할 수 있는 삼성전자도 세계 일류기업과 비교해 볼 때 무형자산의 비중이 낮음을 알 수 있다. GE, 마이크로소프트, IBM, 인텔 등의 기업이 최소 70%에서 90% 이상의 무형자산 가치 비중을 보이는데 반해 삼성전자는 63%에 머물고 있기 때문이다. 국내 기업은 무형자산을 통한 가치 창출 능력이 아직 세계적 수준과 거리가 있음을 보여주고 있다.

2 _ R&D 투자 높아도 성과 낮은 이유

지적자산 창출은 연구개발 활동과 직접적인 관련성을 갖고 있다. 한국의 전체 R&D 투자 금액은 절대규모나 GDP 대비 비중에서 볼 때 선진국과 거의 대등한 수준에 도달해 있다. R&D 투자의 절대규모 면에서 보면 한국은 2004년 기준 미국의 1/15, 일본의 1/7, 독일의 1/3에 불과하나 미국, 일본, 독일, 프랑스, 영국, 스위스에 이은 세계 7위(OECD 국가 기준)로 이미 세계적인 수준에 진입해 있다. GDP 대비 연구개발비 비중도 핀란드(3.49%), 일본(3.15%)보다는 작지만 미국(2.7%), 독일(2.55%)과 비슷하다.

그러나 R&D 투자규모가 높은 수준임에도 불구하고 그 결과물이라 할 수 있는 국내 연구성과는 낮은 것으로 드러났다. 이는 한국의 주요 학술지 발표 논문 건수와 연구의 질적 수준을 나타내는 피인용 횟수

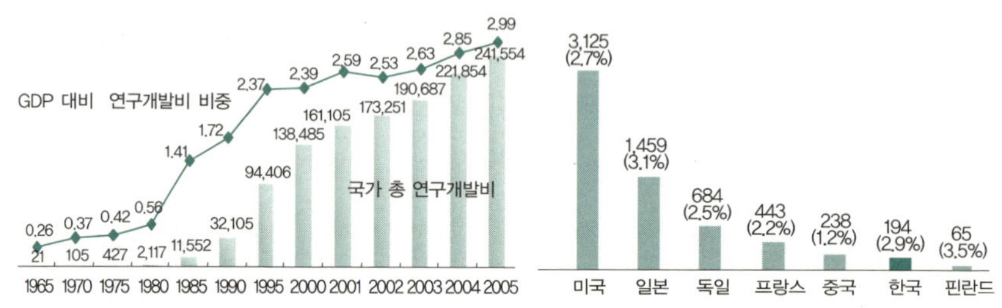

출처 과학기술부 과학기술지표 통계   출처 영국통상부, 글로벌 R&D 스코어보드 보고서, 2006

를 통해 확인해 볼 수 있는데, 2004년 기준 한국의 SCI(Science Citation Index, 과학 논문 인용 색인) 논문 발표 수는 14위를 기록하고 있으며, 논문 1편당 평균 피인용 횟수는 2004년 2.8회로 세계 29위에 그쳤다.

한국과 비슷한 논문 발표 수를 보이는 네덜란드(12위)의 경우 총 연구개발비가 약 87억 달러로 한국의 235억 달러에 비해 낮은 수준이지만 논문 피인용 횟수 면에서는 5.47회로 세계 3위를 기록하는 등 한국보다 월등하다. 한국은 R&D 투자 성과 측면에서 여타 선진국에

과학기술 분야 SCI 논문 수치와 피인용 횟수

연도	1999	2000	2001	2002	2003	2004
논문 발표 수	11,324	12,471	14,889	15,862	18,787	19,279
증가율(%)	15.1	10.1	19.4	6.5	18.4	2.6
세계 점유율(%)	1.27	1.39	1.61	1.71	1.85	1.96
세계 순위	16	16	15	14	14	14
논문 1편당 평균 피인용 횟수	1.88	2.00	2.18	2.39	2.63	2.80
세계 순위	34	35	34	33	30	29

출처 과학기술부, 과학기술 분야 연구실적 분석연구, 2005. 논문 1편당 평균 피인용 횟수는 5년 주기의 평균값
1999년의 경우 1995~99년, 2004년의 경우는 2000~04년간의 평균값

비해 크게 떨어지고 있다고 판단할 수 있다.

R&D 투자의 GDP 기여도를 측정한 한국은행 금융경제연구원 보고서에서도 한국 R&D 투자의 GDP 기여도가 낮으며, 이에 대한 원인으로 R&D 집약도(GDP 대비 R&D 투자 비중)보다는 질적인 측면에 문제가 있음을 지적하고 있다.

경제성장률에 대한 요인별 기여도(1991~2000년)

구분	GDP	물적자본	인적자본	노동공급	총요소생산성	R&D
한국 성장률 (비중)	6.26% (100.0)	2.32% (37.0)	0.78% (12.5)	1.13% (18.1)	2.03% (32.4)	0.68% (10.9)
미국 성장률 (비중)	3.21% (100.0)	0.22% (6.9)	0.24% (7.5)	0.91% (28.3)	1.29% (40.2)	1.29% (40.2)

출처 연구개발의 경제성장 효과 분석, 한국은행, 금융경제연구원, 하준경, 2004년 8월

이 보고서에 따르면 선진국의 자료를 이용해 R&D와 경제성장 간의 관계를 규명했을 때 경제성장에 영향을 미치는 변수는 R&D 투입 증가율이 아닌 집약도(GDP 대비 R&D 투자 비중)인 것으로 나타났다.

하지만 한국은 R&D 집약도가 1970년대 이후 꾸준한 증가세를 보여왔음에도 불구하고 1991~2000년간 경제성장률에 대한 R&D의 기여도가 평균적으로 10.9%에 불과해 같은 기간 미국의 40.2%에 비해 크게 낮았다. 이 기간 평균 R&D 집약도는 한국 2.42%, 미국은 2.59%로 대등한 수준이었다.

R&D 집약도 상승이 R&D 투자의 기여도 상승으로 연결되지 않는 이유는 다음과 같이 지적됐다. 과거 선진국과 한국 사이에 기술격차가 존재할 때는 기초기술을 수입해 약간의 R&D 노력으로도 생산성을 늘릴 수 있는 여지가 있었지만, 기술 격차가 좁혀지면서 선진국을

쫓아가는 후발자(Follower)로서의 이익이 줄었기 때문이라는 것이다. 결론적으로 이 보고서는 한국의 R&D 집약도가 선진국에 뒤지지 않지만 R&D 투자의 기여도가 낮은 근본적인 원인으로 R&D의 양적 측면이 아니라 질적 측면에서 문제가 있다고 지적했다.

원천기술 미확보에 따른 국부 유출

한국의 R&D 투자 규모에 걸맞게 특허출원 비중과 출원증가율을 통해 바라본 한국의 무형자산 창출 노력은 세계 최고 수준에 도달해 있다. 2005년 한국의 세계 특허출원 비중은 미국, 일본, 독일, 프랑스, 영국에 이어 세계 6위(3.5%), 특허출원증가율은 중국에 이어 세계 2위(33.6%)를 기록하는 괄목할 만한 성장을 보여왔다.

그러나 이러한 활동의 실질적인 결과를 반영하는 기술무역수지를 살펴보면 한국은 원천기술과 국제표준을 확보하지 못해 수출이 증가

기술무역수지(100만 달러)　　　　　　　　**산업별 기술무역수지(억 달러)**

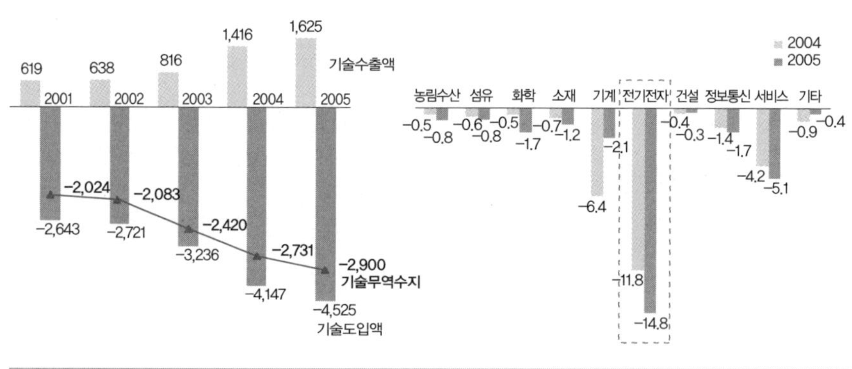

출처　과학기술부 무역통계

할수록 기술무역수지는 점차 악화되고 있다. 기술수출액은 2001년 6억 1,900만 달러에서 2005년 16억 2,500만 달러로, 기술도입액은 이 기간 중 26억 4,300만 달러에서 45억 2,500만 달러로 늘었다. 기술도입액 증가폭이 기술수출액보다 훨씬 커 기술무역수지는 크게 악화됐다. 이는 선진국과의 기술 경쟁력 차이를 좁히지 못하는 한국 R&D 시스템의 한계점을 극명하게 보여주는 사례다.

WCDMA, CDMA2000 지적재산권 보유 현황

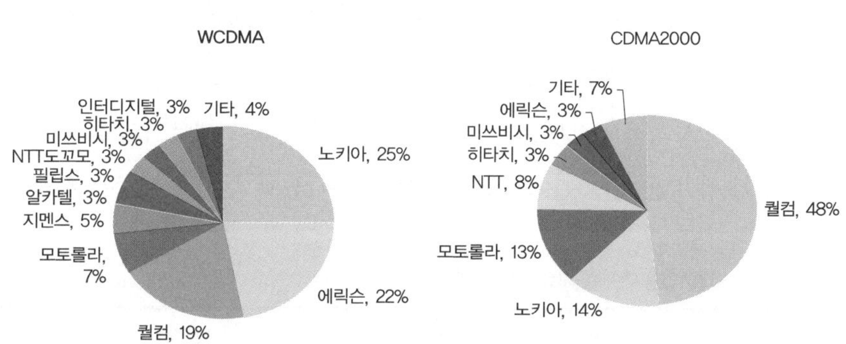

내 휴대폰 제조사 CDMA 원천기술 로열티 지불 현황(억 원)

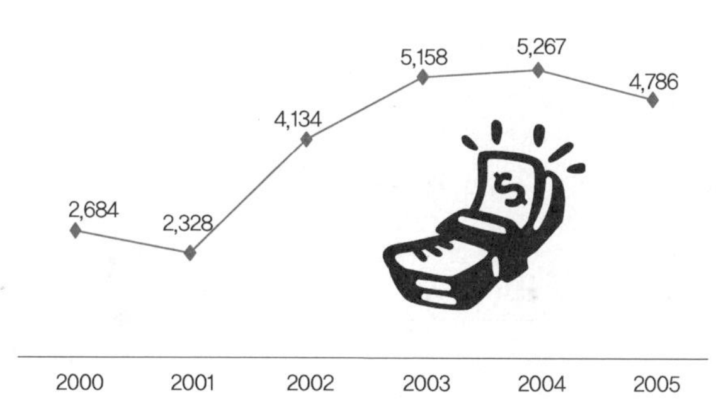

출처 '휴대폰산업, 전후방산업 위협에 대비하라', 한승진, LG 주간경제 2006년 10월 25일

개별 산업 측면에서 보면 수출 비중이 높은 전기전자 부문의 기술료 유출이 2005년 기준 14억 8,000만 달러로 가장 크다. 2000년 이후 급속히 성장하면서 한국의 수출품목 1위로 자리매김한 휴대폰의 경우 국내 경제에 효자 노릇을 톡톡히 해왔다. 그러나 WCDMA나 CDMA2000이라는 휴대폰의 양대 표준에서 국내 기업이 확보한 원천기술은 전무한 상태다. 이에 따라 한국이 1995년부터 2005년 말까지 퀄컴에 지급한 휴대폰 CDMA 원천기술 로열티 누적액은 3조 308억 원(26억 2,766만 달러)에 달한 것으로 집계됐다.

한국의 원천기술 보유 수준을 전반적으로 파악하기 위해 특허 권리의 인용지수와 과학연계지수를 살펴보면 한국의 원천기술 확보 정도가 상대적으로 낮은 수준임을 알 수 있다. 특허정보원의 분석 결과에 따르면, 1990년에서 2005년까지 미국등록 특허를 기준으로 등록

과학연계지수-특허인용지수 분석(1990~2005년)

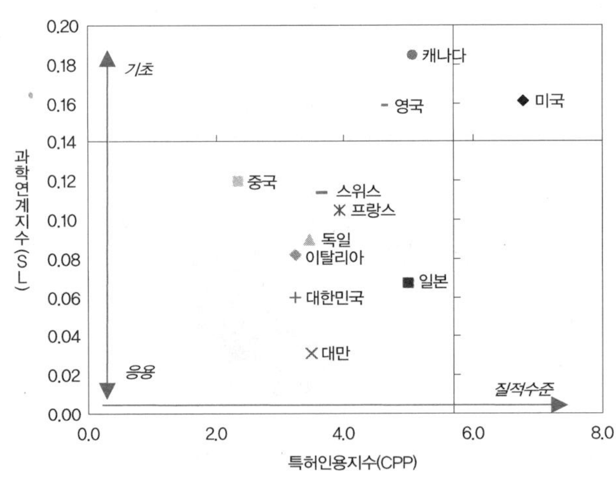

출처 특허정보원 분석

원천기술의 개념과 의의

원천기술은 제품이나 상품 개발에 필요한 핵심 기술 지식을 의미하며 경쟁우위를 위한 토대가 된다. 원천기술은 제품이나 상품 개발에 필요한 핵심적인 기술지식으로 이 지식이 없으면 제품 개발이 불가능하다. 원천기술을 보유하고 있으면 시장에서 경쟁우위를 누릴 수 있으며 높은 부가가치를 창출할 수 있을 뿐 아니라 기술을 상용화하는 과정에서 발생하는 불확실성이 감소하고, 이를 토대로 지속적인 부가가치를 창출할 수 있다. 또한 이 원천기술을 바탕으로 다른 기업들과의 전략적 제휴를 통해 네트워크 형성에서 주도권을 확보할 수 있다. 그리고 이러한 주도권은 기술 플랫폼 리더십을 강화하여 산업을 이끌어갈 수 있는 자원을 제공해 주고 또 표준화 과정을 주도할 수 있도록 해준다.

한국의 경우 이러한 원천기술의 확보가 중요한 이유는 첨단제품의 수출이 늘고, 한국의 위상이 높아졌음에도 불구하고 원천기술과 핵심 부품 도입에 대해 막대한 돈을 지급하고 있다는 점이다. 이러한 사실은 앞에서도 언급된 모방 전략의 한계점이기도 하다.

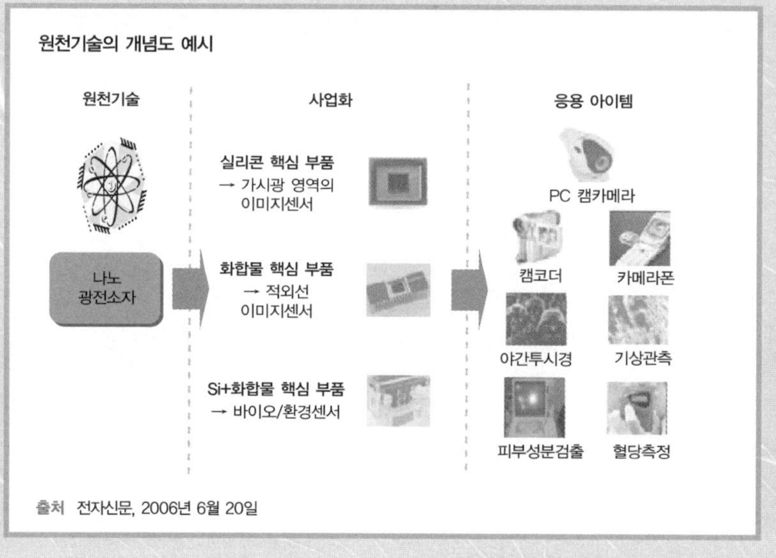

원천기술의 개념적 정의와 용어의 활용도에 비하여, 특정 기술이 원천기술이냐 아니냐를 파악하는 것은 용이치 않다. 관련 전문가들의 견해에 따르면, 특정한 기술이 ① 타 기술을 개발하는 데 많이 인용될수록, ② 기초과학과의 연계가 높을수록 원천기술에 가까우며, 퀄컴의 CDMA 기술처럼 국제표준이 되는 기술들은 대부분 원천기술로 파악할 수 있다.

상위 10개국과 중국을 대상으로 특허인용지수(CPP)와 과학연계지수(SL)를 분석한 결과, 한국은 특허인용지수가 낮아 논문의 질적 수준이 상대적으로 낮고, 과학연계지수도 낮아 응용 분야에 상대적으로 많이 치중하고 있다. 결과적으로 원천기술의 확보 정도가 비교대상 국가에 비해 낮은 것으로 나타났다.[7]

결론적으로 본 장에서 언급한 한국 혁신의 문제점은 국가 R&D 투자 규모에 비해 낮은 연구 성과와 많은 로열티 지급액에서 알 수 있듯이 무형자산 창출과 활용을 통한 가치 창출이 부족하다는 것이다. 이러한 문제점은 다음의 네 가지 측면에서 이야기될 수 있다.

- 국가 R&D 시스템의 낮은 효율성
- 국제표준 획득을 위한 노력 부족
- 지적 자산 보호기능 미흡
- 혁신인력 부족

---

[7] 과학연계지수(Science Linkage, SL)는 특허에 담긴 기술이 과학연구 성과와 얼마나 밀접히 관련을 맺고 있는지 나타낸다. 값이 클수록 기초연구 또는 원천기술 개발에 주력하고 있음을 의미한다.
인용도지수(Cites Per Patent, CPP)는 특정 특허의 등록 이후 등록되는 특허들에 의해 인용되는 평균값이다. 이 값이 클수록 원천특허를 많이 확보하고 있다는 것을 의미한다. 이러한 특허를 많이 가진 특허권자는 경쟁에서 유리한 위치를 점할 수 있다.

03

국가 R&D 시스템이 제 기능 못한다

성장의 원천으로서 무형자산의 확보 및 활용이 미흡한 첫 번째 원인으로 '제 기능을 못하는 한국의 국가 R&D 시스템'을 들 수 있다. 국가 R&D 시스템은 정부와 대학, 정부출연연구소(이하 출연연)로 이루어진 공공 부문과 상업화의 주체인 기업, 그리고 해외 부문으로 구성되어 있다.

공공 부문의 정부는 국가 R&D의 기획 및 조정, 자금지원, 시장의 실패 보완이라는 역할을 수행한다. 대학과 출연 연구기관은 기본적으로 기초연구를 수행해 개발한 기술을 기업 부문에 이전하는 역할을 담당한다. 민간 부문인 기업은 주로 이전 받은 기술을 상용화하는 역할을 담당한다. 국내 부문에서 부족한 점은 해외 부문과의 기술 및 인력 교류를 통하여 보완할 수 있다

한국은 이러한 '국가 R&D 시스템의 원활한 작동'이라는 측면에서 몇 가지 문제점을 드러내고 있다. 먼저 대학과 출연연 등 공공 부

문의 연구성과가 낮다는 점을 꼽을 수 있다. 공공 부문의 주된 역할인 기초연구 수행이 부족할 뿐만 아니라 특허나 기술료 등으로 파악한 연구 성과 역시 낮은 수준이다.

또한 상대적으로 양호한 것으로 드러난 민간 부문의 경우에도 R&D 활동이 소수 대기업 중심으로 이루어지는 양극화 현상이 심화되고 있다.

더욱이 산학연 협력과 같은 국가 R&D 구성 주체 간 협업(Collaboration)이 원활하지 않다는 것도 국가 R&D 효율성을 떨어뜨리는 원인으로 파악되고 있다.

한국의 국가 R&D 시스템 개요

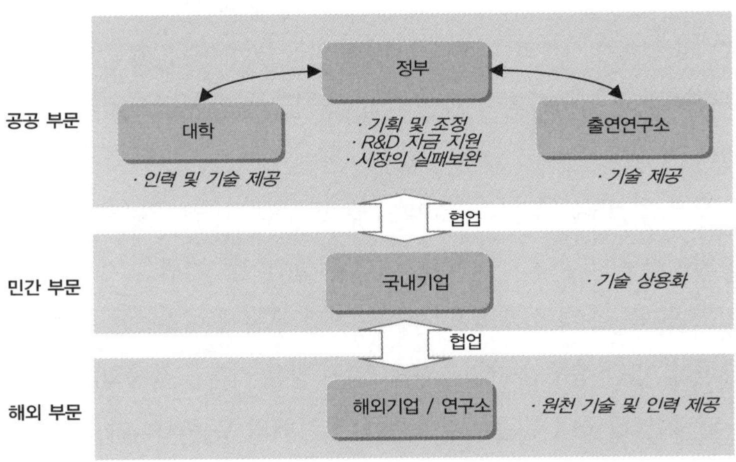

1_ 박사들이 놀고 있다

제 역할을 못 하는 공공부문의 연구 개발

국가과학기술위원회의 2005년 과학기술연구활동조사보고서에 따르면 한국의 전체 연구개발비 지출은 지난 10년 동안 민간기업 : 대학 : 공공연구기관의 비중이 대략 75 : 10 : 15 정도였다. 그러나 추세적으로 보면 민간기업의 비중이 1995년 73.1%에서 2004년 76.7%로 높아진 반면 공공연구기관 비중은 18.7%에서 13.4%로 낮아졌다. 민간부문에 비해 공공 부문의 연구개발 활동이 상대적으로 위축되고 있는 추세를 보이고 있다.

다른 나라와 비교해 보면 한국은 민간기업이 연구개발비에서 차지하는 비중이 상대적으로 높고, 대학 및 공공연구기관은 낮다는 사실을 알 수 있다. 미국은 민간기업이 연구개발비 지출에서 차지하는 비중이 2003년 기준으로 68.9%에 그쳤고 독일(69.8%) 영국(65.7%) 프랑스(62.3%) 중국(62.4%)도 한국에 못 미쳤다. 반면 10% 수준을 보이고 있는 국내 대학과는 달리 주요 선진국의 대학은 대부분 15%를 넘고 있다.

R&D 주체별 연구비 현황(%)

구분	한국 (2004)	미국 (2003)	일본 (2003)	독일 (2003)	프랑스 (2003)	영국 (2003)	중국 (2003)
공공연구기관	13.4	14.4	11.4	13.4	18.5	12.8	27.1
대학	9.9	16.8	13.7	16.8	19.3	21.4	10.5
민간기업	76.7	68.9	75.0	69.8	62.3	65.7	62.4

출처 과학기술연구활동조사보고서, 국가과학기술위원회, 2005

국가 연구개발비 펀딩 및 연구개발 주체별 현황

연구개발 주체 (2004년, 조 원)

		공공연구기관	대학	기업체	
재원 주체	정부 및 공공재원	2.79	1.84	0.82	24.5%
	민간재원	0.17	0.35	16.11	75%
	외국재원	0.01	0.01	0.09	0.5%
		13.4%	9.9%	76.7%	

출처 과학기술연구활동조사보고서, 국가과학기술위원회, 2005

2004년 기준 한국의 연구개발비는 총 22조 1,853억 원이다. 재원 조달 측면에서 보면 정부 및 공공재원 24.5%(5조 4,460억 원), 민간재원 75.0%(16조 6,309억 원), 외국재원은 0.5%(1,084억 원)의 비중을 차지한다. 또한 연구비의 사용 측면에서는 기업체가 전체 연구비의 76.7%(17조 198억 원), 공공연구기관 13.4%(2조 9,646억 원), 대학 9.9%(2조 2,009억 원)를 사용하고 있다.

재원 구분

- 정부재원 = 중앙정부 + 지방자치단체 + 국공립 연구소 + 출연기관 + 국공립대학
- 공공재원 = 사립대학 + 기타 비영리법인
- 민간재원 = 정부투자기관 + 민간기업체

연구개발 주체 구분

- 공공연구기관 = 국공립연구기관 + 정부 출연 연구기관 + 의료기관 + 기타비영리 연구기관
- 대학 = 국공립대학 + 사립대학
- 기업체 = 정부투자기관 + 민간기업체

　　2004년 한국의 연구개발비를 성격별로 분류해 보면 기초연구비 15.3%(3조 3,994억 원), 응용연구비 21.2%(4조 7,121억 원), 개발연구비 63.5%(14조 738억 원)가 소요되었다. 이 중 기초연구비는 전년 대비 23.2% 증가했는데, 이는 기초연구의 중심이 되어야 할 공공 부문의 연구 확대 덕분이 아니라 기업체, 특히 대기업이 사용한 기초연구비가 큰 폭으로 증가했기 때문이다. 기초연구비 증가액의 77.4%는 기업 부문에서 발생했다. 이러한 현상은 대학 등으로부터 기초기술 공급이 부족해짐에 따라 기업이 자체 기술개발에 나선 결과라고 볼 수 있다.

　　이에 따라 기초연구의 산실이 되어야 할 대학 및 공공연구기관의 역할이 축소되고 있다. 국가과학기술위원회의 2005년 과학기술연구활동조사보고서에 따르면, 기초연구비 지출 비중에서 2002년 28.1%였던 대학의 비중은 2004년 21.7%로 낮아졌다. 공공연구기관 역시 이 기간 중 기초연구비 지출 비중이 22.2%에서 18.1%로 떨어졌다. 반면 기업체 비중은 49.8%에서 60.2%로 높아졌다.

　　자체 연구비 내에서 기초연구비가 차지하는 비중도 국제적으로 비교해 볼 때 낮은 편이다. 아래 표에 나타나듯이 한국의 대학은 전체

주요국 연구개발투자의 기관별 · 성격별 구성비 비교(%)

구분	한국(2002)			미국(2000)			일본(2000)		
	기초	응용	개발	기초	응용	개발	기초	응용	개발
산업체	9.1	16.6	74.3	7.8	19.1	73.1	5.8	21.3	73.0
대학	**37.1**	33.2	29.8	**68.5**	24.1	7.4	**52.2**	38.5	9.3
출연연	20.5	39.2	40.4	31.9	27.2	40.9	24.8	23.8	51.3
전체	13.7	21.7	64.6	18.1	20.8	61.1	14.3	24.0	61.7

출처　과학기술활동조사보고, 과학기술부, 2003

연구비 중 37.1%의 금액만을 기초연구에 사용하고 있다. 반면 미국의 대학은 68.5%, 일본의 대학은 52.2%의 연구비를 기초연구에 투자하고 있다. 이러한 사정은 출연연도 마찬가지여서, 한국 공공 부문의 연구 분야가 본연의 목적이라 할 수 있는 기초연구에 집중되지 못하고 있는 실정이다.

박사급 인력 많아도 특허등록은 낮아

2001년부터 2005년까지 5년 동안 연구 주체별 특허등록 건수를 분석해 보면 기업이 약 73%, 공공기관이 약 5%, 대학이 약 2%, 개인 등이 나머지를 차지했다. 대학과 공공연구기관의 등록 건수가 기업

연구 주체별 특허등록 비중(2005, %)

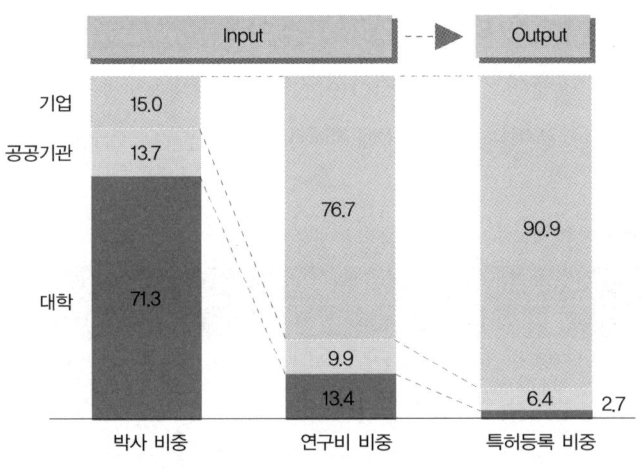

출처 우리나라 특허제도 및 정책의 개선방안에 관한 연구, 성태경, 2005. IBM 분석

에 비해 매우 낮음을 알 수 있다. 투입되는 연구비나 인력의 비중을 볼 때 문제가 심각하다. 공공기관이나 대학은 전체 연구비의 23%를 사용하고 박사급 인력의 85%를 보유하고 있음에도 불구하고 특허 등록 비중은 9%에 불과하다. 성과로의 연결이 미흡하다는 의미다. 또한 등록된 특허의 휴면율 또한 기업에 비해 매우 높은 수준이어서 공공 부문의 연구가 질적인 측면에서도 미흡한 것을 알 수 있다. 대학, 공공 연구기관의 특허 활용률은 10%에도 미치지 못하고 있으며, 사업화율은 5% 미만을 보이고 있다.

공공 부문의 연구 목적이 기초연구 중심이고 영리 목적은 아니라 할지라도 궁극적으로는 기술이전, 사업화 등에 활용될 수 있어야 하는데도 전반적인 활용률은 매우 낮은 실정이다.

연구 주체별 휴면율과 사업화율(2005년 10월, %)

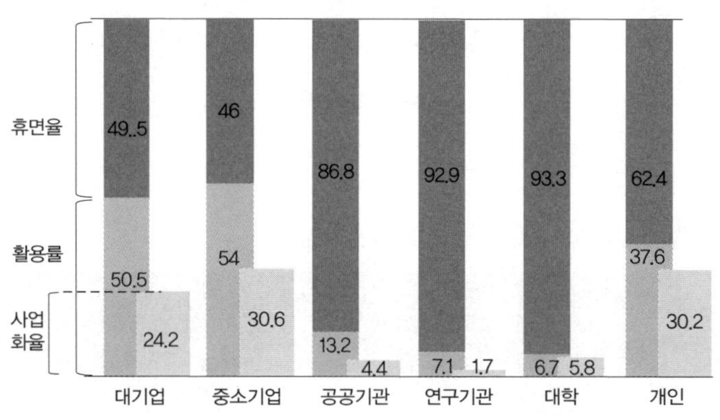

출처 미활용 특허 활용방안에 대한 연구, 한국지식재산연구원, 2005. IBM 분석
참고 활용률 : 창출된 특허 중 사업화, 기술이전, 방어 등 활용되는 특허의 비율.
　　사업화율 : 활용되는 특허 중 상업적으로 이용 가능한 형태로 전환된 특허의 비율.
　　휴면율 : 1 − 활용률

예를 들어, 지난 3년 동안 과학기술부의 연구회 소속 출연연이 보유한 미활용 기술은 총 2,774건으로 2004년의 868건, 2005년의 1,259건 등으로 증가하는 추세다. 이러한 미활용 기술을 개발하는 데 투자된 비용은 7,400억 원에 이르는 것으로 추산된다. 22개 출연연에서 3년 간 이행한 2,446건의 기술이전 중 7.2%인 175건만 상품화됐다. 특허출원 대비 기술이전은 평균 13% 내외인 것으로 2006년 국정감사 결과 드러났다.

연구비 대비 기술료 수입이 선진국 대비 매우 낮다는 것도 연구 성과의 문제점을 보여주는 한 단면이다.

아래 표를 보면 한국의 대학 및 공공 연구기관의 R&D 투자 대비 기술료 수입으로 파악한 연구 생산성은 미국에 비해 매우 저조하다는 사실을 알 수 있다. 특히 국내 대학 전체의 기술료 수입은 2004년 한 해 32억 원에 불과하다. 미국의 대학들이 한국에 비해 투자액이 많다는 사실을 감안하더라도 2004년 한 해 10.9억 달러(약 1조 원)에 달하는 기술료 수입을 기록한 것과 비교하면 한국 대학들의 연구개발 투자의 성과는 심각한 문제점을 안고 있다.

대학 및 공공기관의 R&D 생산성(2004년 기준)

구분	대학			공공연구기관		
	연구비(A)	기술료(B)	연구개발 생산성B/A(%)	연구비(A)	기술료(B)	연구개발 생산성B/A(%)
한국 (10억 원)	2,200	3.2	0.15	2,964	53.3	1.80
미국 (M$)	37,162	1,088	2.93	4,082	346	8.48

출처 '2005년도 공공연구기관 기술이전현황 조사', 산자부, 2006에서 재인용. 과학기술기획평가원 과학기술연구개발 활동조사(2005.11), AUTM Licensing Survey, FY 2004

공공 부문의 연구성과가 낮은 이유

공공 부문의 R&D 성과가 낮은 원인은 크게 R&D 기획 측면과 관리 측면에서 살펴볼 수 있다. 먼저 R&D 전략 기획 기능이 미흡하다. 정부의 공공 부문 R&D 전략 기능이 전반적으로 미흡해 핵심 및 기초기술에 대한 연구 방향을 명확히 제시하지 못했다. 또한 정부 부처 내에서도 협력 및 조율의 미비로 R&D 전반에 중복 투자가 일어났다.

과학기술 R&D 기획 · 조정 기능 미흡

R&D 기획과 조정 기능이 전반적으로 부실해진 이유는 R&D 기획 기능이 정부, 출연연의 연구기획팀 또는 전문위원 등 소수에 의해 수행됐기 때문이다. 연구 프로그램의 선정에 앞서 다양한 경로를 통해 아이디어를 발굴하는 과정이 미흡했다. 정부가 상위 수준의 연구 기획 방향을 제시하고 제안요청서까지 주도하고 있기 때문에 연구수행 주체인 출연연은 설립 목적에 적합한 연구를 기획하기보다는 세부 사업의 수행에만 전념할 수밖에 없었다.

핵심 및 기술연구에 대한 동인제시 미흡

국가 성장전략에 기초한 전략기술을 발굴하고 집중 지원하는 정부의 역할이 미흡했다. 국내 민간기업을 대상으로 설문조사를 한 결과 (2004, STEPI) 57.9%의 기업이 핵심 · 원천기술에 대한 정부 지원을 강화할 필요가 있다고 응답했다. 일본(신산업창조전략), 미국(National nanotechnology Initiative, NNI ; Advanced Technology program, ATP), 중국 (국가중점연구개발 973계획), EU(7차 Framework) 등 주요 선진국이 핵심 기술 분야 R&D 투자에 '선택과 집중' 정책을 강화하고 있는 상황에서, 대학이나 기업이 하기 힘든 에너지, 우주산업, 핵융합 등의 국가기반과 관계된(BIG SCIENCE) 분야와 함께, 기초연구와 상업화를 연계하는 응용연구 분야에 더욱 치중하도록 유도하지 못하는 것도 주된 문제점으로 드러났다.

정부 부처 내에서의 협력 및 조율 부재에 따른 R&D 중복투자

부처 간에 중복된 기능과 엄정한 평가 시스템의 미비로 인한 R&D 로드맵이 부재한 점, 유망 기술 분야에 대한 주도권 경쟁으로 인한 부처 간의 협력 부족이나 부처 내의 임의적인 R&D 추진, 1995년에 마련된 산업기술 R&D 지원체계의 방대함으로 인해 나타난 선택과 집중의 한계 등으로 R&D 중복투자가 발생하고 있다. 공공 분야의 중복투자 실태는 국가과학기술위원회의 국정감사에서 매년 지적받아 왔지만 제대로 시정되지 않고 있다.

공공 분야 중복투자 현황

연도	중복투자 현황
2003년	• 국가 R&D 사업 분석 보고서에 따르면 국과위 산하 기획조정위원회가 비효율적으로 간주된 177개 사업을 심사한 결과 과기부의 연구 성과 지원 사업(연간 약 100억 원), 산자부의 산업기술기반 구축 사업(연간 약 950억 원), 중기청의 중소기업 기술이전사업(연간 약 65억 원)등 3개 사업이 중복투자
2004년	• 126개 국가 연구개발 사업 평가 결과 9개 부·청의 14건 37개 국가연구개발 관련 사업이 중복되거나 연계성을 확보하지 못한 것으로 나타났다. • 산업자원부의 공통핵심기술개발사업 38개 과제 가운데 18개(47%)는 연구 착수 이전 동일내용의 특허가 있었다.
2005년	• 국과위가 실시한 2006년 국가 연구개발 사업 평가결과에 따르면 보건의료 분야 5개, 환경기술 분야 2개, 국제협력 분야 5개 등 총 5개 분야 18개 사업(총 7,326억 원)에서 부처 간 중복투자가 진행됐다.

출처 국과위 국정감사 자료, 2003, 2004, 2005

　　R&D 기획 측면과 함께 관리 측면에서도 문제점이 발생하고 있다. 성과 관리와 관리체계 그리고 역량 강화를 위한 지원 측면에서의 문제점이 그것이다.

단기 위주의 성과 관리

출연연의 경우 프로젝트 기반 시스템(Project Base System, PBS)이 문제의 원인으로 지적되고 있다. PBS는 1990년대 이후 국가 R&D 예산 증가에 따른 연구 역량 제고를 목적으로 국가 연구개발 사업에서 경쟁의 필요성, 연구개발예산의 투명성, 효율성에 대한 요구가 제기되어 1996년부터 본격적으로 시행되었다. PBS는 연구 사업비의 편성, 배분, 수주 및 관리 등 연구기관의 제반 운영 시스템을 프로젝트(연구 또는 사업과제) 중심 체제로 운영하는 것을 말한다. 연구 사업비 측면에서 정부가 경상운영비를 직접 운영하지 않고 연구기관에서 조달하는 개념이다.

　　그러나 PBS 시행 이후 운영비의 대부분인 인건비 확보 문제가 대두돼 국가목표와 연계된 대형 장기연구 프로젝트의 안정적 수행여건이 저하됐다. PBS로 인해 개인 중심의 연구 분위기가 확산됐고 부족한 인건비를 확보하기 위해 출연 연구기관의 연구원들은 다수의 소형 연구 과제를 수행하게 되었다. 출연연 발전협의회의 표본조사에 따르면 2004년 기준으로 연구원 1인당 평균 3.2개 정도의 과제를 수행했다. 5개 이상을 수행하는 연구원의 비율도 17%에 달하는 것으로 나타났다. 연구원 1인이 다양한 분야의 다수 연구 과제를 수행하게 됨으로써 '날림연구'를 초래했다. 7개 이상 연구를 수행하는 연구원 비율도 3.6%나 됐다.

구분	연구원 수(명)	비율(%)
1~2과제	126	35.6
3~4과제	168	47.5
5~6과제	47	13.3
7과제 이상	13	3.6
계	354	100.0

출처 출연연 연구발전협의회 표본조사 결과, 2004

대학도 짧은 기간에 성과를 내어 차기 연구개발 예산을 확보하는 데 유리한 응용·개발 분야에만 연구를 치중하고 있는 것이 문제점으로 파악됐다. 정부의 과학기술 정책이 차세대 성장 동력 사업이나 대형 국가연구개발 실용화사업 등 5년 안에 뚜렷한 성과를 내는 형태를 추구하기 때문에 대학이 10년 이상 바라보는 기초연구에 매진할 수 있는 환경이 조성되지 않고 있다. 그 결과 기초연구에서도 상대적으로 단기적인 성공확률이 높고 확산기에 있는 정보통신 분야에 치중하고 있다.

정부의 효율적인 R&D 관리체계 제시 미흡

정부는 연구기관 간의 차별화, 민간 부문과의 차별화를 유도할 효율적인 R&D 관리체계를 제시하는 데도 부족함을 드러냈다. 예를 들어 정부는 과기부 산하의 출연연구소를 종합적으로 관리하기 위해 출연연구소에 대한 후견 역할을 담당하는 연구회 제도를 도입했다. 예컨대 기초기술연구회는 기초 원천기술을 연구하는 한국과학기술연구원(KIST)을 포함한 4개 연구기관을 지원하고 산업기술연구회는 국가전략 분야에 속하는 한국기계연구원, 전자통신연구원 등 7개 연구원

을 후견하고 있다. 거대 과학기술을 다루는 공공기술연구회는 표준
과학연구원과 항공우주연구원 등 8개 기관을 종합 관리하고 있다.

그러나 연구회 제도는 특성에 따른 지원체계의 차별성이 부족한데
다 조정 및 재량 권한이 미약하다는 점 때문에 소속 연구기관의 특성
에 맞는 개방적이고 유연한 운영이 어려웠다. 연구회를 만든 중요한
취지의 하나인 성과확산 사업의 경우를 보더라도 예산 비중이 미미
한 수준에 머물러 효율적 관리체계로 자리잡지 못했음을 보여준다.
2003년 국과위가 국가 연구개발 사업을 조사 분석한 결과 정부의
R&D 금액의 1% 정도만 성과확산 사업에 쓰인 것으로 나타났다.

정부 R&D 지원 중 성과확산 사업 예산 비중(억 원, %)

구분 (억 원, %)	2001년		2002년		2003년	
	금액	비율	금액	비율	금액	비율
정부 R&D	45,283	100	46,984	100	50,415	100
성과확산 사업	509	1.1	485	1.0	485	1.0

출처 2003년 국가연구개발사업 조사 분석 및 평가 결과, 국과위

공공 부문의 R&D 연구 역량 제고를 위한 제도적 지원책 미비

출연연의 경우 먼저 인력 확보와 활용 측면에서 문제점을 드러내고
있다. 2006년 국과위의 국정감사 자료에 따르면, 연구원들은 출연연
의 연구 환경 불안정성과 인센티브 부족으로 인해 대학교수 자리가
생길 때마다 빠져나가고 있다. 이로 인해 출연연의 이직률은 일반 직
장의 3.5배에 달했다.

또한 해외 주요 연구기관들은 연구 수요 변화에 대응하고 협동 연
구를 촉진하기 위해 외부 인력을 적극적으로 활용하는 데 비해 국내
출연 연구기관들의 외부 인력 활용률은 산학연 협동 과정의 대학원

생을 제외하면 7.8%에 불과했다. 독일의 막스플랑크 연구회 66.5%, 일본의 AIST 56.6%, 미국의 NIH 42.0%와 극명하게 대비된다.

　정부 예산의 효과적 집행을 통한 역량 강화도 미흡하다. 미국 NASA 연구진이 10년짜리 프로젝트를 수행할 경우 프로젝트 종료 3년 전부터 다른 프로젝트를 따내기 위한 제안 작업에 몰두한다. 다음 프로젝트를 따내지 못하면 펀딩의 절반이 삭감되기 때문이다. 반면 국내 출연연은 경쟁을 통해 프로젝트를 따내는 일이 거의 없기 때문에 연구자들은 중장기 프로젝트를 따내기 위한 제안 작업을 하지 않는다. 관련 전문가의 인터뷰에 의하면 출연 연구기관의 기관장들은 연구가 실패하거나 펀딩을 받지 못할 경우 정부에서 도와줄 것이라고 안일하게 생각하기 때문에 출연연의 생산성은 떨어질 수밖에 없다고 지적하고 있다.

　대학도 상업화가 가능한 연구를 촉진할 교수 성과 관리체계가 미흡하다. 국내 대학의 성과 관리 체계가 실질적인 평가보다는 계량화된 지표에 지나치게 의존하고 있기 때문이다. 성과 관리 항목 중 기업의 수요와 연결된 연구에 대한 평가 등의 항목이 거의 없어 교수들의 연구활동이 계량화된 지표를 채우기 위한 논문 투고 위주로 진행됐기 때문이다. 기업이 활용 가능한 연구를 이끌어내지 못하게 된 것이다. 또한 대학의 연구 예산 지원에서 엄정한 평가에 따른 '선택과 집중' 보다는 보편적인 배분 형태의 지원이 이루어지는 등 대학 간 경쟁을 유도하는 정부 예산의 차별적 집행도 미비하다. 성과에 기초한 차별적 지원은 대학 간의 경쟁과 연구의 질적 향상을 유도하는 전제 조건임에도 불구하고 이러한 차별적 지원의 정책 의지나 평가체계 등이 미흡한 것으로 지적된다.

2 _ R&D 없는 한국 기업들

연구 역할이 증대되고 있는 민간 부문에서는 대기업 중심으로 양극화 현상이 심화되는 구조적 취약성을 안고 있다.

아래 그림에서 보듯이 기업 부문의 연구개발비 중 상위 20개사 비중은 벤처 붐이 한창이던 2000년대 초반을 제외하고 50%를 넘는 수준이다. 특히 상위 5개사만의 연구개발비 비중이 전체의 40%에 육박하고 있다. 실질적으로는 상위 3개사만 합쳐도 50%가 넘을 것이라고 말하는 사람도 있다.

연구비뿐 아니라 인력 측면에서도 상위 기업의 집중도는 비슷한 양상을 보이고 있다. 2004년의 경우 기업 부문에서 일하는 박사급 연구원들의 36.7%가 상위 5개사에서 일했다. 기업 부문에서 일하는 전체 연구원 숫자를 기준으로 보면 29.9%가 상위 5개사에서 근무하는 것으로 나타났다. 일부 우량 대기업에 연구 인력이 집중 배치됐다는 사실은 다

기업 부문 내 상위기업 연구개발비 비중 추이(%)

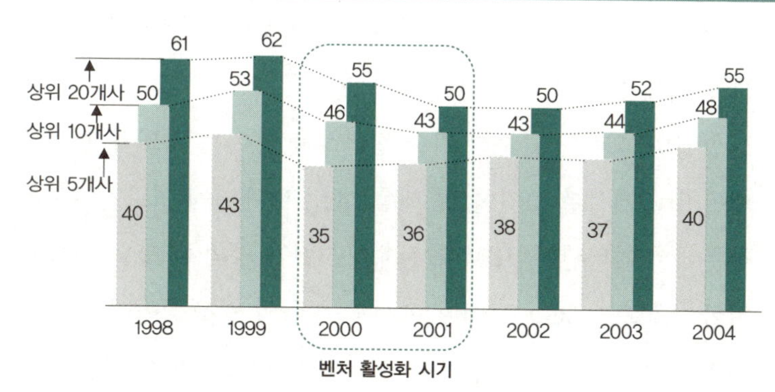

출처 과학기술연구활동조사보고서, 과학기술부, 2005

구분	연구원 집중도		박사연구원 집중도	
	2003년	2004년	2003년	2004년
상위 5사	27.5	29.9	33.3	36.7
상위 10사	30.9	33.7	41.3	44.5
상위 20사	35.9	38.8	48.4	51.4

른 기업들의 연구 인력이 상대적으로 빈약할 수밖에 없다는 얘기다.

3_무늬만 협력이 판친다

혁신에 있어 새로이 부각되는 특성 중 하나는 다양한 주체 간의 협업
(Collaboration)이 필요하다는 것이다. 특정 기업을 중심으로 정부, 대
학, 출연연 등 공공 부문, 고객, 해외 부문, 산업 내외의 기업 등이 협
업의 대상이 된다. 대학, 출연연 등과는 기술 협력 차원에서, 고객과
는 새로운 아이디어 발굴 측면에서, 업종 내외부의 기업과 중소·벤
처기업과는 기술개발·생산·마케팅 등 다양한 차원에서 혁신을 위
한 협업이 가능하다. 해외 부문과는 국내에 부족한 원천기술 등의 확
보를 위해 협력이 필요하다.

협업의 효과는 단순히 기술 접근성을 높이는 정도가 아니라 아이
디어 창출에서부터 기술 및 제품 개발, 마케팅에 이르기까지 다양한
부문에서 나타난다. IBM이 전세계 700여 명의 CEO를 대상으로 실
시한 '글로벌 CEO 서베이'에서도 협업의 중요성이 제기되었는데,
협업을 하면 재무 마케팅 측면에서 다양한 효과를 기대할 수 있을 뿐
아니라, 외부 아이디어의 활용 수준이 높은 기업이 실적 우수 기업에

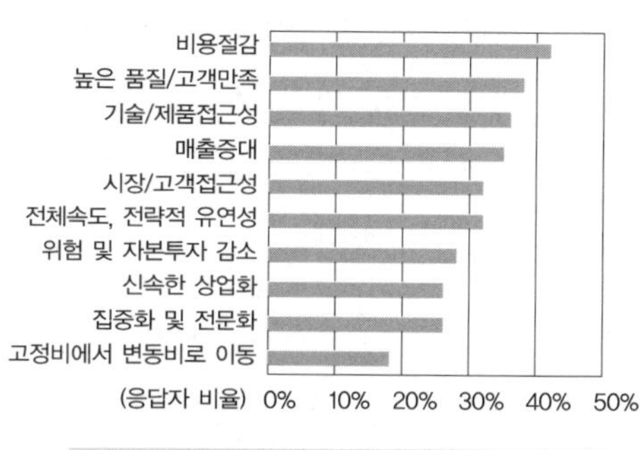
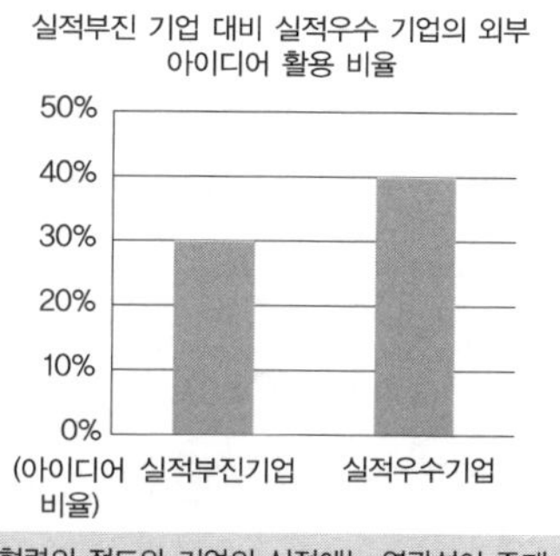

출처 IBM Global CEO Study 2006

속해 있어 협업이 기업 실적에도 연관성이 있음을 보여주고 있다.

산학연 협력 미흡

협업의 중요성에도 불구하고 국내 협업 수준은 상당히 미흡한 것으로 보인다. 먼저 지적할 것이 산학연 협력이다. 한국의 혁신체계를 지칭하는 말 중 '각개약진형'이라는 단어가 있듯이 대학은 교수, 연구소는 연구원, 기업은 내부 인력을 중심으로 각각의 연구활동만 수행하고 있다. 공공 부문의 기술이전 현황을 살펴볼 때 2005년 말 전체 공공연구기관의 보유 기술 4만 2,213건 중 8,754건이 민간으로 이전되어 기술이전율은 20.7%(공공연구소의 기술이전율 30%, 대학의 기술이전율 9.3%)을 기록했다. 2002년 14.3%에 비해 많이 증가하였으나 미국의 28.3% 캐나다의 41.6%에 비하면 아직도 낮은 수준이다.

산학연 협력이 미흡한 원인으로 다음을 들 수 있다.

- 기업 수요에 부합하는 연구가 부족하다. 공공 부문과 민간의 연구 분야가 중복되어 있는 경우가 많으며, 기업 니즈에 부합하는 연구보다는 정부 연구비 획득을 위한 공동 연구 제안 등이 많다. 이로 인해 자체 연구개발 역량을 갖춘 대기업은 독자 연구개발을 추진하게 되며, 대학이나 출연연을 불신하는 경향까지 발생하고 있다.

- 대학의 지원체계 측면에서는 산학협력 과정에 기업과 교수 개인 간 개별적이고 비공식적인 접촉에 의해 이루어지는 경우가 많아서 제도적인 체계성과 연속성이 미흡하다. 대부분의 대학에 산학협력단이 설치되어 있으나 이와 관련된 조직관리 운영 시스템이 미흡한데다, 대학 간 또는 대학 내에 산재되어 추진되고 있는 각종 산학협력 사업의 관련 정보가 체계화되어 있지 않아 산업체의 이해와 참여가 어려운 상황이다.

- 교수의 업적 평가 측면에서도 산학협력의 성과가 교수의 업적평가에 제대로 반영되지 않아 산학 연계를 유도하지 못하고 있다. 이를 개선한 모대학의 경우 '가족회사' 지원과 같은 산학협력 실적을 교수평가에 반영하기 시작하자 교수 1인당 협력기업 수가 20여 개 늘어난 것으로 나타났다.

국내 대학의 교수 업적평가 항목 및 비중(%)

평가 기준	연구	교육	산학협력	사회봉사	합계
S대학	50	30	10	10	100
H대학	50	30	–	20	100

출처 '창조적 인재강국 실현을 위한 과학기술인력 육성전략', 국가과학기술자문회의, 2005

● 대학과 출연연에 산학연 관련 전문 인력이 부족한 것도 주요 원
  인이 될 수 있다. 산업자원부(2005년)가 114개 공공연구소와 145
  개 대학을 대상으로 한 조사결과 연구 관리 및 기술이전 전담인
  력을 1명 이상 보유한 곳은 전체 응답기관 중 66%(146개 기관)이
  며, 전혀 보유하고 있지 않은 기관도 34%(75개 기관)에 달한다.
  기술개발 및 이전 지원 인력은 2004년 평균 3.2명에서 2005년에
  는 4.2명으로 증가했으나 미국 8.2명, 일본 14.3명, 캐나다 8.3
  명에 비해 부족한 편이다. 기술개발 및 이전 지원 인력 중 기술
  이전만을 지원하는 전담 인력 비중은 2005년에 11.2%로 2004년
  의 17%보다 감소해 평균 0.5명에 불과한 실정이다.

대기업과 중소기업 간 협력 부족

국내 대기업과 중소 · 벤처기업 간의 협력도 상당히 부족하다. 구체
적인 데이터를 제시하기는 어렵지만 대기업과 중소 · 벤처기업 간에
는 상생협력보다는 부당요구, 기술도용, 위험전가 등 양자간 협력을
저해하는 사례가 많이 발생하고 있다.

예를 들어 대기업이 보유하고 있는 휴면특허 활용 측면을 보더라
도 협력 관계는 매우 취약한 편이다. 대기업이 보유한 특허 가운데
20% 정도는 이전 가능한 휴면특허인데, 이 중 9.7%만이 중소기업으
로 기술이전이 추진되고 있다는 조사 결과도 있다. 그렇지만 이러한
수치도 특허를 중소기업에 넘겨주는 것에 대한 대기업 인센티브가
없어 실제 기술이전 실적은 전무한 실정이다.

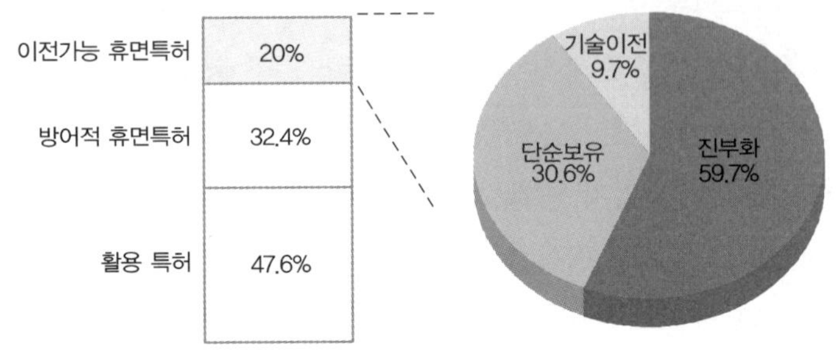

출처 우리나라 특허제도 및 정책의 개선방안에 관한 연구, 성태경, 2004년 특허다출원 상위 300개사 대상 조사 결과

해외 부문과의 협업 부족

마지막으로 해외 부문과의 협업에서 나타난 문제점을 국내에 진출한 해외 기업 R&D센터를 통해 살펴보자.

국내에 설립된 해외기업 R&D센터의 수는 지속적으로 감소하고 있으며, 실질적인 연구개발 활동을 통한 국내 기술 향상이라는 취지도 무색해지고 있다.

UNCTAD에 의하면 주요 글로벌 기업들은 평균 6.3개(2005년 기준)의 해외연구소를 운영하면서 전체 R&D 예산의 16%인 670억 달러(2002년 기준)를 해외에서 지출하는 것으로 조사되었다. 한국에도 외환위기 이후 글로벌 R&D센터의 진출이 크게 늘어 2005년 8월 말 898개가 설립됐다. 중국 내 글로벌 R&D센터 수가 750여 개임을 감안할 때 한국이 유치한 R&D센터 수는 규모상 적지 않은 수이다. 그러나 한국의 글로벌 R&D센터 수가 증가했음에도 불구하고 신규 설립

한국에 설립된 글로벌 R&D센터 설립 · 폐쇄 추이

구분	설립			폐쇄			순증
	단독	합작	계	단독	합작	계	
2000	21	155	176	1	–	1	175
2001	21	117	138	2	9	11	127
2002	11	81	92	4	14	18	74
2003	17	45	62	5	48	53	9
2004	10	22	32	9	33	42	−10

출처 과학기술부 국정감사자료, 2005

건수는 2000년 이후 해마다 감소해 2004년에는 32건으로 2000년 176건의 1/5 수준에도 미치지 못하는 것으로 나타났다. 이에 반해 2000년 1건에 불과했던 연구소 폐쇄 건수는 2000~04년간 125개로 늘었으며, 특히 합작의 경우 그 정도가 심한 것으로 나타났다.

국내에 진출한 글로벌 R&D센터들이 기초연구보다 개발업무에 치중하고 있는 것도 문제다. 과학기술정책연구원 조사에 따르면 R&D 활동 가운데 기초연구 비중이 10% 이하인 연구소가 전체의 63%를 넘는다. 게다가 연구원이 20명도 안 되는 외국기업 연구소가 60%에 달했다. 또 외국인 연구원은 연구소당 0.19명에 불과하고, 특히 박사급 외국인 연구원은 조사 대상 209곳에서 10명 남짓이었다. 이에 따라 최신 기술과 지식을 이전해 줄 수 있는 해외 인력이 부족하다. 또 연구보다 개발 및 지원업무에 주력하기 때문에 특허 출원이 부진한 편이다. 글로벌 R&D센터의 특허등록 건수는 연평균 3건 정도에 그치고 있다. 최근 3년 간 특허등록 실적이 5건 이하인 경우도 68.4%에 달한다. 게다가 85%의 국내진출 외국연구소가 기술이전 실적이 전무하고, 29.2%의 연구소가 지재권을 전혀 갖고 있지 않은 것으로 나타났다.

이러한 원인으로는 해외 기업의 R&D센터 유치에 필요한 한국 시장의 규모나 인력 등 개별 기업의 니즈에 부합하는 요소가 부족하고, 까다로운 행정 절차도 문제인 것으로 대한 상공회의소의 조사 결과 드러났다.

국내에 R&D센터를 보유한 외국기업의 88.1%가 "R&D센터를 운영하는 데 애로사항이 있다"고 밝혀 R&D센터 운영 과정에서의 장애 요인이 설치시 애로(57.4%)보다 높게 나타났다. R&D센터 운영에 따른 애로 요인으로는 '연구전문인력 확보 곤란(59.6%)'이 절반 이상을 차지했다. 그 다음으로 '행정기관과의 마찰(14.6%)', '까다로운 정부 지원 인센티브 수혜기준(6.7%)', '지속적인 사후관리 부족(5.6%)' 등의 순으로 조사되었다. 응답기업들은 R&D센터 설치시 애로사항으로 '복잡한 행정절차로 인한 시간인력 낭비(48.3%)', '한국진출 및 설립절차에 대한 정보부족(39.7%)' 등을 꼽기도 했다.

해외 R&D 투자시 고려 요인　　　　　　　　**한국 내 R&D센터 설치계획이 없는 이유**

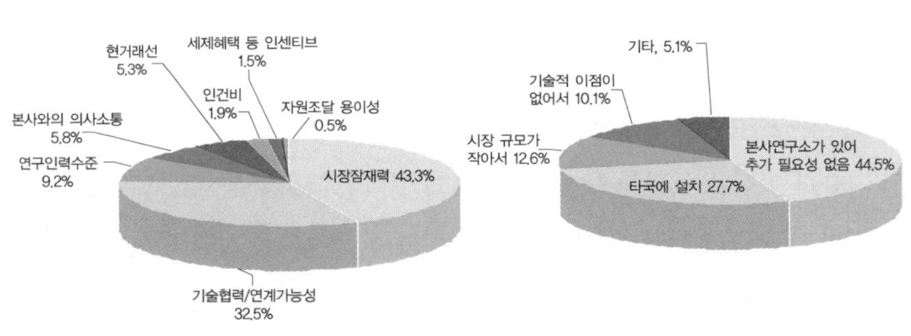

출처 외국기업의 국내 R&D센터 투자실태 조사, 대한상공회의소, 2006

인텔, 한국 R&D센터 철수

정보통신부는 2006년 11월16일 세계 2위 휴대폰 업체 모토로라가 서울 양재동 소재 한국 R&D센터를 설립키로 했다고 밝혔다. 이는 한국을 동북아 R&D 허브로 키우겠다는 계획 아래 정통부가 유치한 13번째 외국기업 R&D센터라는 '자화자찬' 도 곁들였다. 그러나 그 시각 정통부가 유치한 1호 외국기업 R&D센터인 인텔 R&D센터는 한국 철수를 위한 준비를 하고 있었다.

인텔 R&D센터 한국 철수는 예고된 실패작

정부는 지난 2003년 한국을 '동북아 R&D 허브' 로 만들기 위한' 첫 작품' 으로 인텔 R&D센터를 유치하기 위해 상당한 공을 들였다. 노무현 대통령도 2003년 미국 순방 당시 인텔 최고경영자와 직접 면담을 실시했을 정도다. 그러나 2004년 3월 인텔 R&D센터가 문을 열 때부터 국내 IT 업계 일각에서는 회의적인 시각이 없지 않았다. 당시 국내 한 IT 업계 관계자는 '인텔이 한국에 온 것은 한국의 여건이 최상이기 때문이 아니라 한국 정부의 적극적인 지원약속이 있었기 때문' 이라는 분석을 내놨다. 때문에 인텔 R&D센터의 한국 철수는 정부의 조급한 유치 정책이 빚은 '예고된 실패작' 이란 게 전문가들의 시각이다.

외국계 기업 관계자들조차 R&D센터 운영에 문제가 많다고 지적하고 있다. 한 외국계 기업 관계자는 "심지어 외국계 기업 R&D센터 종사자들 사이에서도 '과연 이 R&D센터는 무엇을 하는 곳인가' 라는 자조적인 질문을 할 정도"라고 털어놨다. 외국계 기업 R&D센터 전반에 대한 비판 여론도 증폭될 전망이다. 인텔을 비롯한 국내 외국기업 R&D센터들은 그 동안 '무늬만 R&D센터' 란 지적을 받아왔다.

출처 한국경제신문 2006년 11월 23일

04

표준을 선점하는 나라가
시장을 장악한다

1_ 원천기술만으로는 부족하다

표준의 기본적인 기능은 제품과 서비스의 주요 특성을 명확히 함으로써 경제적 불확실성을 떨어뜨리고 이에 따라 생산성 향상과 비용 절감을 가져오는 데에 있다.

표준으로 인해 기술의 보급과 활용, 지식 확산, 생산비용 감소, 궁극적으로 생산성 증가를 통한 경제적 효과를 창출할 수 있다. 이와 관련하여 영국 통상산업부(DTI)와 표준협회(BSI)는 영국의 표준화 활동이 영국 경제에 연간 약 25억 파운드(45억 달러)의 가치를 창출하고, 노동생산성 향상(1948~2002년)에 약 13%를 기여하고 있다고 발표했다(2005년 6월). 독일표준협회(DIN)는 국가표준화가 경제에 미치는 효과가 독일 GDP의 1%에 해당하고 연간 160억 유로에 이른다고 분석했다(2000년 4월).

표준은 정보와 지식의 전파를 촉진하고 기술 혁신의 기반을 제공하는 중요한 원천이기도 하다. 현대의 비즈니스는 표준에 의존해서 성능, 안전성, 신뢰성 및 품질 등에 영향을 미치는 제품과 서비스의 주요 특성을 명확히 정의하기 때문이다. 또한 표준은 각기 다른 여러 생산자들 간의 호환성을 지원하는 핵심 규격을 명확히 정의해 준다. 소비자들에게 정보와 안전성을 제공해 시장이 효율적으로 작동할 수 있도록 한다. 국제적으로도 표준은 무역을 장려하고 세계화를 촉진시키는 역할을 한다.

표준이 효율성을 증대시키는 이유를 좀더 자세히 살펴보면 다음과 같다.

첫째, 표준화는 호환성을 증대시키고, 불확실성을 감소시킨다. 표준이 결정되기 전까지는 많은 불확실한 요소가 있어 구매를 망설이게 된다. 기업 입장에서는 제품과 관련한 보완재나 인프라와 관련된 투자가 더디게 된다. 이는 제품의 확산을 느리게 할 뿐 아니라 제품의 발전 속도를 늦추므로 결과적으로 초기에 투자한 기업만 손해를 보고 시장에서 퇴출될 가능성이 높아진다. 반대로 표준이 결정되고 나면 소비자들의 고착화(lock-in, 특정 제품의 사용법이나 특성에 대해 소비자가 묶이게 되는 현상)에 대한 우려가 불식되고 신속한 제품 생산과 제품 개선이 이루어져 산업 전체가 발전할 수 있게 된다.

둘째, 표준은 제품의 다양성을 증대시킨다. 표준이 결정되면 기업들은 시장을 장악하기 위해(for the market) 싸우는 것이 아니라 시장 안에서(within the market) 경쟁을 하게 된다. 시장 안에서 경쟁한다는 의미는 핵심 기술의 표준을 장악하기 위한 경쟁보다는 더 좋은 상품, 부품, 보완재를 만들어 이른바 믹스앤매치(mix and match)를 통한 다

휴대폰 충전기 표준화를 통한 비용절감과 소비자 편익 증대

국내에서 휴대폰의 대중화가 본격적으로 시작된 1990년대 말이나 2000년 대 초까지만 해도 휴대폰을 구입하면 당연히 충전기가 제공됐다. 제조사와 모델에 따라 휴대폰 충전기는 각양각색이었고, 급히 휴대폰을 충전할 일이 생겼을 때 찾게 되는 편의점에도 수많은 휴대폰 충전기가 놓여 있어서 실수로 엉뚱한 단자에 연결했다가 휴대폰이 고장 나는 일도 잦았다.

이러한 상황이 자주 발생하자 정보통신부에서는 하나의 충전기로 국내 모든 단말기를 충전할 수 있는 표준형 충전기의 표준 제정을 결정하게 되었다. 이에 2000년 6월 한국정보통신기술협회(TTA)에 휴대폰 충전구조 표준화 추진 위원회를 설치하고 단말기 표준충전기준을 마련했다. 단말기 표준충전방식은 24핀 입출력 접속단자를 단말기 아래쪽에 채택, 제조업체나 모델에 상관없이 어느 단말기에나 사용할 수 있도록 한 것이다.

표준형 충전기 시험기관이 지정되고 충전기의 표준형 인증이 이루어지자 정보통신부는 2002년 8월부터 시범적으로 단말기와 표준형 충전기를 분리하여 판매하도록 했고, 2003년 4월부터 출시되는 모든 휴대전화는 의무적으로 충전기를 별도로 분리 판매하도록 의무화했다. 2005년 10월 기준으로 TTA에서 충전기표준화 인증을 받은 기업은 휴대전화 제조 3사를 포함한 30여 개 업체로 국내만 연간 3,500억 원의 비용절감 효과를 거두고 있다.

언제 어디서나 휴대폰을 충전할 수 있는 환경이 조성되어 가용률과 효율성이 극대화 되었을 뿐 아니라 최근에는 디지털 카메라, MP3를 비롯하여 다른 휴대용 디지털 기기까지도 휴대전화 충전기로 충전할 수 있는 기술이 개발되고 있다. 이어폰을 비롯한 다른 휴대용 주변 기기의 표준화가 성공한다면 국가적으로 엄청난 비용절감 효과를 얻을 수 있을 것이다. 이러한 한국의 휴대폰 충전기 표준화는 미국이나 일본 등 선진국에서도 성공하지 못한 사례로 이들 선진국에서 벤치마킹할 정도로 대표적인 표준화 성공 사례로 꼽힌다.

양한 결합을 만들어냄으로써 더 높은 부가가치를 가진 제품을 만들어내기 위해 노력한다는 것이다. 이는 서로 다른 표준을 가지고 많은 제품을 개발함으로써 낭비되는 연구개발 노력을 미리 회피한다는 의미다.

셋째, 표준은 여러 가지 비용을 감소시킨다. 우선 규모의 경제를 추구할 수 있게 되어 원가가 낮아지고, 전문화를 통해 좋은 품질의 제품을 저렴하게 공급할 수 있게 된다. 소비자의 입장에서도 제품마다 다른 기능이나 원리를 새로 익힐 필요가 없어져 학습비용(learning cost)이 감소하게 된다.

국제표준의 선점은 시장의 독식을 의미

승자 독식(Winner takes it all)이란 용어가 21세기 글로벌 시장에서의 국제표준만큼 어울리는 분야는 없다. 20세기의 표준화가 기계화와 자동화를 위해 호환성과 편의성을 제고하려는 대량생산을 위한 '규격의 단일화'였다면, 21세기의 표준은 선도 기술을 개발한 후 기술장벽을 구축하고 시장선점 및 확대를 위한 강력한 무기로 패러다임이 변했다.

제조업체 입장에서 자사제품이 업계표준이 될 경우 막강한 시장지배력을 가지고 거의 독점에 가까운 높은 수익을 올릴 수 있을 뿐 아니라 향후의 시장 전개에 상당한 영향을 미칠 수 있다. 특히 일정 규모 이상의 시장 확보와 제품 간 호환성을 필수적으로 요구하는 네트워크형 제품이 주종인 인터넷 및 정보통신기술 분야에서는 국제표준의 획득이 곧 시장선점으로 직결된다.

출처 산업자원부 기술표준원, 기술백서, 2006

이제는 기술을 먼저 개발한 기업이나 국가보다 국제표준을 선점하는 쪽이 시장을 장악하는 시대가 왔다. 첨단기술 간 경쟁은 국제표준을 획득해야 승리하는 것이며, 국제표준으로 채택되면 상호 운용성 확보에 핵심적인 역할을 할 뿐 아니라 전세계에 기술을 수출할 수 있는 든든한 교두보를 확보할 수 있게 되기 때문이다.

우수한 원천기술만으로는 국제표준을 선점하지 못하는 경우가 많다. 국제표준 확보를 위해서는 좀더 많은 노력이 필요하다. 대표적인 예로 휴대전화 통신기술은 일본이 세계 최초로 개발한 PDC방식이 유럽연합(EU)의 GSM방식이나 미국의 CDMA방식보다 기술적으로나 효율성에서 모두 앞선 것으로 평가받았음에도 불구하고 EU가 국제 표준기구에서 적극적으로 활동을 펼친 결과 GSM 방식이 먼저 국제 표준이 됐고 PDC 방식은 휴대전화 시장에서 경쟁력을 잃게 되었다. GSM 방식은 전세계 이동통신시장의 65%를 장악했으며, 원천특허를 보유한 유럽의 노키아는 세계 시장 점유율 35%로 세계 1위 기업이 됐다.

기술 혁신이 가속화되고 있는 국제환경 속에서 지속적인 경제성장을 위해서는 R&D를 통한 원천기술 확보, 표준 선점, 이를 통한 시장

원천기술만으로는 안 된다 '표준 확보 노력의 중요성'

2006년 11월 언론 보도에 따르면, IPTV 국제표준화 회의에 유럽방식이 단일 규격으로 상정돼 국제표준이 유력한 것으로 확인됐다. 이에 따라 미국 표준을 따랐던 한국은 세계 최고 수준의 IPTV 구현 기술을 갖고도 관련 셋톱박스와 장비 개발에서 유럽 기업보다 불리하게 됐으며 상용서비스 지연까지 겹쳐 세계 IPTV 주도권 경쟁에서 밀려날 위기에 처했다.

관련 업계 및 학계·정부에 따르면 IPTV 국제표준화를 주도하는 ITU-T의 IPTV 포커스그룹 회의가 2006년 7월과 10월 개최한 1·2차 회의에는 유럽 DVB 방식의 IPTV 표준만 단독으로 올랐다. 더욱이 IPTV 상용화가 다급한 미국 통신사업자는 자국 ATSC방식 IPTV 표준 대신에 유럽 표준을 수용하는 쪽으로 가닥을 잡은 것으로 알려졌다. IPTV 포커스그룹은 2007년 세 차례 추가 회의를 거쳐 7월 즈음에 IPTV 표준 초안을 제안할 계획이며 현 분위기로는 유럽 표준 채택이 확실시 된다. ETRI의 한 관계자는 "유럽 측은 MHP 미들웨어와 데이터방송 표준을 갖고 있는데다 상용서비스가 있다는 점을 내세워 유럽 IPTV 표준을 채택할 것을 강력히 요구했다"고 밝혔다. IPTV 포커스그룹 구조 및 요구사항 워킹그룹(WG1) 의장인 C 교수도 "2006년 10월 부산에서 열린 2차 회의에도 유럽계의 파상공세가 상당했으며 IPTV 표준화 주도권 싸움에서 유럽의 힘이 강력하다"고 말했다.

미국 표준을 따라 IPTV 시범서비스에 나선 한국만 표준화에서 고립될 가능성이 커졌다. 국내 셋톱박스와 장비업계는 미국 방식 시장이 대폭 줄어들어 내수와 수출을 병행하기 어렵게 되며 이는 되레 내수용 판매가 인상으로 이어져 국내 IPTV 상용화에 걸림돌로 작용하는 악순환이 우려됐다.

이에 대해 정통부 관계자는 "유럽이 낮은 기술을 가지고도 상용 서비스 경험만을 앞세워 강하게 밀어붙이는 게 사실"이라며 "우리도 2007년 1월 열리는 3차 회의에 대비해 강력하게 표준으로 제안할 부분을 다음 달까지 마련할 것"이라고 말했다. 그렇지만 기술 수준이 높은데도 부처 간 갈등과 법제화 미비 등 내부 갈등으로 몇 년을 허비해 국제무대에서 보여줄 사례가 없다는 게 치명적인 결함으로 작용했다.

출처 전자신문 2006년 11월 30일

확보와 수익 증대를 통해 다시 기술개발을 할 수 있는 선순환 구조의
확보가 무엇보다 중요하다.

2_ 'KS'가 곧 국제표준이다

국제표준과 국가표준의 연동 추세

최근의 표준화 동향을 보면 주요국들은 자국의 표준을 확고하게 만
드는 것이 국제표준으로 나아가기 위한 선결 조건으로 인식하고 있
으며, 자국의 표준을 국제표준과 연계해 국제경쟁력을 제고하고자
노력하고 있다.

　세계무역기구(WTO)는 각 국가별 표준이 글로벌마켓 형성에 장애
가 되지 않도록 기술장벽협정(Technical Barrier to Trade, TBT)을 통해
그 나라의 기후적 요인이나 국방보건상의 특수한 경우를 제외하고는
국제표준을 의무적으로 수용하도록 규정하고 있다. TBT 협정 이후
국제간 무역에서 국제표준과 직·간접적으로 연관된 제품이 세계 교
역량의 80%를 차지(OECD 보고서)할 정도로 국제표준의 중요성이 증
대되고 있다. 이에 각국은 국가별 특성에 적합한 추진 주체를 통해
국가 차원에서 정부와 민간이 힘을 모아 국내표준을 통일하고 자국
표준으로 국제표준을 선점하려는 경쟁을 벌이고 있다. 예를 들어 EU
의 민간기구인 유럽표준화위원회(CEN)와 유럽전기표준화위원회
(CENELEC)는 표준정책에 관한 한 회원국 정부나 민간단체를 실질적
으로 통솔한다.

표준정책 수립을 뒤늦게 시작한 중국은 2001년 WTO에 가입하자
마자 '국가질량감독검험검역총국' 이라는 통합 표준인증기관을 장관
급으로 신설하고 국가표준 통합에 나섰다. 이 기구는 1년도 안 돼 중
국의 각종 인증제도를 'CCC 인증' 으로 강제 통합했다. 2002년부터
는 중국시장에 진출하는 세계 각국 기업에 CCC 마크를 받도록 법으
로 강제하여 자국 산업을 보호하는 무역장벽으로 활용하고 있으며,
국제표준을 선도하려는 의욕을 보이고 있다.

한국의 경우 2000년 국제표준과 부합된 국가표준(KS)이 51.7%에
불과했으나, 국가표준의 국제표준 연동 노력을 지속적으로 추진한
결과 국가표준 중 99.6%를 국제표준과 일치시켰다.

국제규격(ISO/IEC)과 한국산업규격(KS) 부합률 및 건수 추이

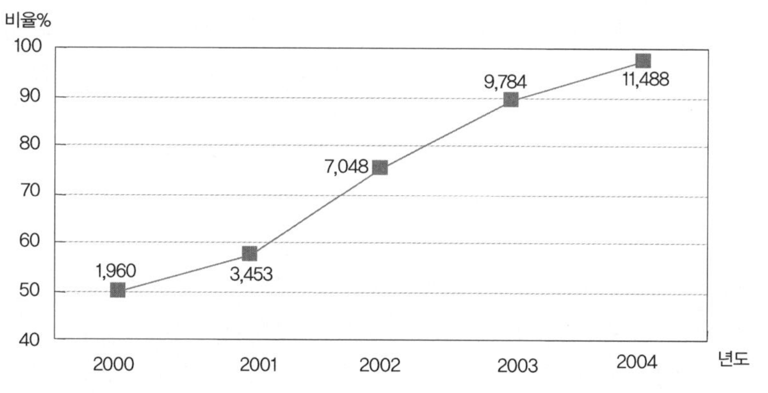

출처 국가규격 및 적합성 평가체계의 혁신 방안 연구, 산업자원부, 2006

민간표준이 국제표준의 시발점

또 하나의 경향은 민간에 의해 수립된 표준이 국가와 국제표준의
주요한 기초가 된다는 사실이다. 선진국의 경우 1900년대 초부터 개

민간 컨소시엄에 의한 표준화 주도 사례

2006년 11월 21일 LG전자와 대우일렉트로닉스(이하 대우일렉)는 양사가 공동 주관
하는 '2006 LnCP(Living network Control Protocol) 컨소시엄 발표회'를 열고 중소업
체들과 연합전선을 구축, 홈네트워크의 표준을 선도하기 위한 준비에 박차를 가했다.
2005년 5월 홈네트워크 기술의 비표준화로 인한 개발부담과 시장확대 장애를 극
복하기 위해 LG전자와 대우일렉이 주축이 돼 결성된 `LnCP 컨소시엄'은 지난해
경동나비엔, 귀뚜라미, 한국하니웰 등 32개사 참여한 데 이어, 올해에는 한국루슨
트, 지멘스, 퍼스텍아이엔씨 등 12개사가 추가로 참여했으며, LG전자와 대우일렉
을 비롯 올해까지 컨소시엄에 합류한 44개사에 이어 내년에는 20개사 이상을 추
가 회원사로 확보, LnCP를 홈네트워크의 업계 표준으로 확립시킨다는 계획이다.
이를 통해 올해 9조 원에서 2007년 12조 원으로 확대되는 국내 홈네트워크 시장
은 물론 내년 100조 원대 시장을 형성할 것으로 전망되는 세계 시장에서 주도적
인 입지를 확보한다는 방침을 세워두고 있다.
한편 LG전자는 지난 8일 미국의 대표적인 전력선 통신 규약기구인 '홈플러그 얼
라이언스' 이사회에 가입했고 대우일렉은 'OSGi(Open Service Gateway
Initiative) UFK(User Forum Korea)' 운영위원으로 활동하는 등 국내외에서 다양
한 홈네트워크 표준화 작업을 수행하고 있다.

별기업의 사내표준을 기초로 민간에 의한 자율적인 단체표준화 활동을 추진해 왔으며, 단체표준을 국가표준에 반영토록 하고 있다. 한국의 경우 단체표준화 기반이 취약하다. 국가표준의 한계성을 극복하고 소비자의 다양한 욕구와 새로운 분야의 표준화 수요에 적극 대응하기 위해 정부 주도 하에 단체표준화를 추진했으나 단체표준이 크게 활성화되지 못하고 있는 실정이다.

3_ 국제표준 활동이 부족하다

한국은 지금까지 국제기구의 의장이나 간사 진출 등 국제표준 획득을 위한 영향력 제고 측면에서의 노력이 미흡하다고 볼 수 있다.

국제표준은 표준의 유엔으로 불리는 국제표준화기구(ISO), 국제전기기술위원회(IEC) 양대 기구가 전체 국제표준의 85%를 제정하고 있다. 자국표준을 국제표준에 반영하기 위해서는 양 기구에 대한 영향력과 발언권이 거의 절대적인 역할을 한다. 특히 ISO의 경우 새로운 기술이 국제표준으로 제안되려면 전체 155개 회원국 가운데 5개국이상의 동의를 얻어야 가능할 만큼 기구 내 외교 역량 확보는 국제표준을 확보하는 데 절대적이다. 2005년 한국은 ISO 이사국 진출과 함께 IEC 정책기술 이사회 이사국에 선임되는 성과를 이루었다. 한국은 국제표준을 주도하기 위해서는 기술적 우위 외에도 표준화 회의에 적극 참가하고 우호세력을 규합하는 일이 필수적이란 인식으로 지난 수년간 ISO, IEC 기술위원회 901건 가운데 860개의 위원회에 가입했다. 정회원 가입위원회는 707개로 2000년 72.8%에서 2005년

78.4%로 증가하여 세계 7위권에 진입했다.

그러나 기술위원회 국제의장 수임은 2000년 1명에서 2006년 11명으로, 간사 수임도 2명에서 2006년 15명으로 확대되었음에도 불구하고 ISO, IEC 양대 기구 산하 902개 위원회의 의장, 간사직 1,804개석 가운데 2%에 불과하다. 의장, 간사직이 국제표준 제안을 주도하고 국제표준의 제정 및 개정 방안을 논의하는 과정에서 회원국의 동향을 파악하고 전략적으로 대응할 수 있는 핵심 요직임을 감안하면 초라한 수치다.

한국의 특허출원은 연간 10만 건 이상이지만 국제표준 제안은 사실상 미미한 상황이다. ISO(일반사업 분야), IEC(전기전자 분야)의 국제표준 2만여 건 중 우리 기술 반영 건수는 총 100여 건에 불과한다는 점이 이를 단적으로 보여주고 있다.

미흡한 국내 표준 관리 체계

국제표준 확보의 시발점인 국내표준의 체계적인 관리가 부족하며 이로 인한 중복 인증 등의 비효율이 존재하고 있다.

먼저 한국의 대표적인 표준인 한국산업규격(KS)이 있음에도 불구하고 19개 부처 88개 법령에 관련된 1만 6,000여 종의 정부규격을 만들어 사용하고 있다. 이 중 1/4가량은 KS에 어긋난다. 산업표준화법 제4조의 규정에 따르면 각 부처에서 기술기준 제정시 KS 규격과의 부합을 위하여 산업자원부장관(기술표준원장)과 협의토록 규정하고 있으나 실질적으로는 잘 이루어지지 않고 있다.

표준이 중요한 이슈가 되면서 2000년 수립된 제1차 국가표준 기본

계획에 따라 표준정책의 최고기구로 국무총리를 위원장으로 하는 국가표준심의회가 신설되었다. 그러나 국가표준심의회는 2000년 11월 23일 1차 기본계획을 확정한 뒤 5년 동안 단 한번도 열리지 않았다.

또한 각 부처에서 제정하여 운영하는 정부규격에 대한 DB가 구축되어 있지 않고 실시간으로 정부규격 변동사항에 대한 자료 협조 부족으로 정확한 정부규격 현황 파악도 미흡한 상황이다. 게다가 각 부처의 규격을 국제규격과 부합하게 만들기 위한 정부규격 개정이 활발하게 이루어져 규격 간의 이원화(국제표준 부합과 국내표준 통일의 이슈)가 계속 발생하고 있기 때문에 이를 조율할 정책의 구심체가 필요하나, 해당부처의 법령별 전담부서 및 정부 규격별 전담부서의 지정은 지지부진한 상태다.

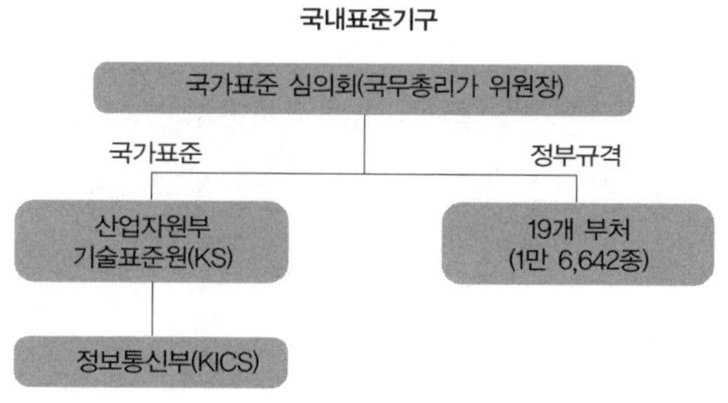

국제표준과의 부합 문제에서도 표준 관리 체계가 통일되어 있지 않은 점이 지적된다. 국제표준과 관련된 대표적인 3대 기구는 ISO, IEC, ITU인데 ISO, IEC에 대응하는 국내기관은 산자부 소속의 기술표준원이며, 통신 관련된 ITU 대응 기관은 정보통신부로 이원화되어 있다. 결론적으로 한국의 국가표준은 2개 부처에서 관리하며, 여기에 다수의 정부규격이 존재하고 있는 상황이다.

국제표준 관련 대표 기구

기구명	표준 분야	회원국 수	보유규격	관련 국내기관
국제표준화기구(ISO)	일반산업	148개국	1만 4,251종	산자부 기술표준원
국제 전기기술 위원회(IEC)	전기전자	62개국	5,204종	산자부 기술표준원
국제 전기통신 위원회(ITU)	전기통신	189개국	4,300종	정보통신부

출처 산업자원부 기술표준원, 기술백서, 2006

현재 국내에서 시행되고 있는 인증제도는 전기용품, 가스용품과 같은 법정 강제인증이 있고 KS인증, 환경마크, 고효율에너지기자재 인증과 같은 법정 임의인증이 있다. 순수하게 민간이 운영하는 Q마크와 같은 민간인증까지 포함하면 약 140여 개의 인증제도가 있다.

2006년 1월 산업자원부에서 발간한 보고서에 따르면, 제조기업이 중복인증을 획득함에 따른 인증비용 손실액이 약 7,900억 원이며, 매출 손실은 약 9조 원에 이를 것이라고 전망하고 있다. 이렇듯 각 부처에서 KS와 다른 기술기준에 의한 다양한 인증제도를 운용하고 있어, 중복인증으로 인한 소비자 혼란 및 기업의 부담을 초래하고, 국제적 신뢰 저하의 요인이 되고 있다.

시험인증 역량의 부족

국제표준을 확보하기 위해서는 해외에서 시험 및 인증을 받을 수 있어야 하는데, 표준 관련 시험과 인증 역량이 부족해 국제표준 확보 경쟁력의 열세로 작용하고 있다. 선진국에서는 첨단 시험·검사 능력을 무역상 기술 장벽으로 이용하고 있으며, 선진국이 요구하는 적합성 평가 능력을 갖추지 못하면 수출시 수입국에서 시험·검사를 받아야 한다. 따라서 수출 지연과 과다한 시험·검사 비용 부담으로 경쟁력을 상실할 수도 있다. 제품당 시험인증 소요비용은 생산원가의 2~10%(2000, OECD보고서)로 세계 시험·인증 시장은 연간 7,700억 달러로 추정된다.

국내에서 최고 권위의 '토종' 시험·검사기관은 화학, 전기전자, 건자재, 생활환경, 원사직물, 기기유화, 의류 시험연구원 등 7곳의 산업자원부 소속 기술표준원의 산하기관이다. 그러나 이들 기관은 국제표준으로 규정된 전체 시험방법 6,082개 중 59%(3,582개 규격)만을 국내에서 수행할 수 있다.

기업이 만든 제품이나 신기술이 국제표준에 맞는지 여부를 시험·검사하고, 인증해 주는 일은 표준을 떠받치는 인프라다. 이것이 미흡하면 국제표준을 만드는 것 자체가 어렵다. 운 좋게 표준을 선점했다 해도 국내외 기업이 이를 잘 지키고 있는지 평가할 수 없어 표준을 유지하기도 힘들다.

국내 시험·검사 역량이 낙후된 이유는 첨단 고가장비와 고급 인력 부족에 있다고 한다. 민간이 투자하려 해도 국내 시장 규모로는 장비가 너무 비싸 채산성을 맞추기 어렵다. 따라서 시험·검사 인프라의 구축은 상당 부분 정부 몫이 될 수밖에 없다. 그러나 정부 산하 7대 시험·검사기관의 육성을 위해 지원하는 예산은 기관당 1년에 약 7억 원으로 개선이 요구되는 상황이다.

05

삼성 · LG도 특허분쟁에 당했다

1_ 특허분쟁의 사냥감으로 전락한 한국 기업들

지재권 확보뿐 아니라 이를 보호하는 기능 또한 최근에 중요해지고 있다. 국내 기업과 해외 기업 간 특허분쟁이 증가하고 소송 패소로 인한 피해도 증가하고 있다. 국제 특허분쟁은 기업의 주력 분야에 관한 것이 많고 분쟁 사실이 알려질 경우 다른 기업으로부터 소송을 당할 수 있는 잠재적 가능성이 있기 때문에 기업들이 비밀로 하는 경우가 많아 정확한 수치를 알기는 어렵지만, 높은 증가세에 있는 것으로 알려지고 있다.

최근에 발생한 주요 피해 사례를 살펴보면 휴대폰 분야에서 GSM 3세대 이동통신(WCDMA) 분야의 핵심 특허 4,200건을 보유하고 있는 미국의 인터디지털이 삼성전자에 GSM과 2.5세대 유럽통화 방식(GPRS) 휴대폰 판매에 대한 로열티 소송을 제기하여 미국 중재법원으

최근에 발생한 특허 관련 해외 분쟁 사례

분야	발생시기	요구업체	대상기업	분쟁내용
PDP	2004. 11. 1	마쓰시다 (일본)	LG전자	• 특허권 침해 협의로 동경세관에 LG전자 PDP 통관보류 요청 • 2005년 4월 크로스 라이선스 계약체결로 타결
	2005. 12	파나소닉	LG전자	• 파나소닉이 LG전자를 상대로 PDP 특허침해 소송을 제기했으나, 상호간의 크로스 라이선싱으로 마무리
LCD	2004. 7	프랑스CEA (원자력 위원회)	삼성전자	• CEA는 삼성이 자사의 VA방식 화질보전 기술관련 LCD 특허를 도용했다며 파리법원에 소송을 제기 • CEA는 2003년 5월에 미국 델라웨어 주 연방법원에도 소송 제기
반도체	2006. 7	램버스(미)	하이닉스	• 램버스가 하이닉스를 상대로 특허침해 소송 제기 • 미국 연방법원 배심평결에서 램버스사는 10건의 특허에 대한 침해를 인정, SDRAM, DDR, DDR2 메모리 제품에 대해 3억 690만 달러 손해배상 판결 • 손해배상액 3억 690만 달러에서 1억 3,360만 달러로 감액 승낙 발표
휴대폰	2006. 9	인터디지털 (미)	삼성전자 LG전자	• 인터디지털이 삼성전자측에 GSM과 2.7세대 유럽통화방식(GPRS) 휴대폰 판매에 대한 로열티 지급을 요구하자 삼성전자가 불응, 법원에 조정을 신청 • 2006년 9월 6일 미국 중재법원은 삼성전자가 인터디지털에 1억 3,400만 달러의 로열티를 지급해야 한다는 조정 결정을 내림 • 삼성전자측은 인터디지털의 로열티 요구가 부당하다고 판단되며 연방법원에 항소할 계획이라고 밝힘 • 2006년 1월 인터디지털은 LG전자와 2억 8,500만 달러 규모의 로열티 계약을 이끌어냄
MP3P	2004. 2	오디어엠펙 (미)	거원시스템	• 특허로열티 지급 요청을 지급하지 않으면 미국 내 판매 가처분 신청할 것이라고 위협
	2003. 10	시스벨 (이탈리아)	삼성전자, LG전자, 디지털웨이	• 시스벨은 유럽판매 단말기 대상 0.4~0.5달러의 로열티 요구
위성 DMB	2004. 5	도시바	삼성, LG전자, 기륭전자, 현대오토넷	• 도시바는 도시바 규격을 따르는 위성 DMB에 대해 단말기 가격의 2%를 로열티로 요구했으나 국내 업체들의 수량정액제 요구를 수용 • 수량정액제 : 단말기 판매수량에 따라 일정한 금액을 부과하는 로열티 부과 방식
CDMA	상시	퀄컴	CDMA	• 퀄컴은 국내 CDMA제조업체에 다음과 같은 로열티를 요구함 : 5.25%(내수), 5.75%(수출)

출처 특허정보원

로부터 1억 3,400만 달러의 로열티 지급배상 판결을 받아냈다. 또한 동일한 분쟁과 관련하여 LG전자로부터도 2억 8,500만 달러의 로열티 계약을 이끌어냈다.

반도체 분야에서는 미국의 램버스가 하이닉스를 상대로 자국 법원에 특허침해 소송 제기하여 배심평결에서 10건의 특허에 대한 침해를 인정받아 SDRAM, DDR, DDR2 메모리 제품에 대해 3억 690만 달러 손해 배상 판결을 받아냈고 이후 손해배상액을 3억 690만 달러에서 1억 3,360만 달러로 감액하는 것을 승낙한다고 발표했다.

늘어나고 있는 특허분쟁에 비해 한국기업과 정부의 대응은 부족한 것으로 나타났다. 특허청 자료에 의하면 일반 기업 대상으로 한 조사에서 특허 전담부서 설치율은 19%로 미국(96%), 유럽(83%)에 비해 크게 부족한 것으로 조사됐다.[8]

대기업에 비해 중소기업의 준비가 더 취약하여 특허와 밀접한 연관이 있는 기업을 대상으로 한 전경련 조사에서는 전담부서 설치율이 대기업 61%(52개사), 중소기업은 39%(27개사)였다. 일반 기업을 대상으로 한 조사에서는 대기업 33.8%, 중소기업 15.3%로 나타났다.

특허에 대한 방어 능력이 거의 없는 중소기업에 대한 정부의 지원도 개선이 시급한 것으로 나타났다. 특허분쟁을 예방할 수 있도록 중소기업을 지원하는 정부기관으로 공익 변리사센터와 특허청, 특허정보센터가 있다. 공익변리사센터에서는 기술 가치를 평가하고 기존 특허와 중복 여부 상담 등을 한다. 하지만 이 서비스는 중소기업에도

---

[8] 한국의 경우 산업자원부 등(2004), 미국과 유럽의 경우는 유럽특허청(2003)을 참조했다. 응답기업 수는 한국 2,053개, 미국 202개, 유럽 1,199개다.

해당되지 않는 소기업, 영세자영업자, 영세개인만을 대상으로 하기 때문에 중소기업에 실질적인 도움을 주지 못하고 있다. 지원 인력도 매우 부족하다. 공익변리사센터에 배정된 인원은 6명이지만 실제로는 평균 4명이며, 근속연수도 6개월 정도에 불과하다. 예산도 부족하여 센터에 근무하는 변리사는 대기업에 비해 상대적으로 적은 연봉을 받을 수밖에 없어 오래 남아 있지 않는다.

특허청에서는 기술번호 검색을 통해 기술의 중복 여부를 확인할 수 있도록 도와주고 있다. 그러나 DB 구축 및 전산화 등과 관련된 문제로 인해 실제로는 제대로 운영되지 않고 있다. 대기업이 중소기업의 부품을 사용하여 제조 수출하는 경우, 해당 중소기업에서는 자신들의 부품이 특허를 침해했는지 세밀히 검토하지 않기 때문에 대기업이 국제 특허분쟁에 걸리는 경우도 있다.

한국의 지재권 보호의 취약성을 극명하게 보여주는 자료가 있다. 이 자료에서는 선진국의 지재권 보호정책이 강화되었을 때 한국은 가장 큰 손실을 보는 나라 중 하나가 될 것으로 본다. 110쪽 표에서 보는 바와 같이 세계은행은 우루과이라운드에서 타결된 지적재산권 협정(Trade-Related aspects of Intellectual Property, TRIPS)[9]의 협약내용이 각국 간의 기술 무역에 완전하게 적용될 경우 한국은 가장 큰 손실(순 로열티 15조 원 적자)을 입을 것으로 지적하고 있다.

---

[9] 지적재산권협정(지재권)이란 특허권, 의장권, 상표권, 저작권 등 이른바 지재권에 대한 최초의 다자간 규범으로서 지재권의 국제적 보호를 강화하고 침해에 대한 구제수단을 명기한 규정이다.

TRIPS 규정 적용시 각국의 예상 특허 수입(또는 비용, 100만 달러)

국가	Net patent rents	U.S.-owned FDI Assets	U.S. receipts from Unaffiliated Royalties and License Fees
미국	19,083	n/a	n/a
독일	6,768	−1,180	100
스위스	2,000	−102	0
프랑스	3,326	n/a	n/a
오스트레일리아	1,097	−279	2
아일랜드	18	−267	14
뉴질랜드	−2,204	−83	4
포르투갈	−282	97	n/a
그리스	−7,746	51	n/a
네덜란드	241	−1,503	32
스페인	−4,716	−341	47
일본	5,673	−2,533	783
영국	2,968	−1,369	29
캐나다	−574	−2,396	69
파나마	n/a	309	n/a
이스라엘	−3,879	6	0.6
콜롬비아	n/a	1,190	n/a
남아프리카	−11	25	11
한국	**−15,333**	**270**	**388**
멕시코	−2,550	3,465	148
인도	−903	139	63
브라질	−530	3,505	124
아르헨티나	n/a	721	64
칠레	n/a	1,062	n/a
중국	−5,121	687	n/a
인도네시아	n/a	1,966	181

출처 World Bank, 2000, 주요국의 특허정책 변화와 정책적 시사점, 손수정, 2006에서 재인용

2 _ 지적재산권 보호 없이 콘텐츠 사업은 요원하다

음반, 게임, 영화 등 문화 콘텐츠, 소프트웨어 산업 등 지적재산권(이하 지재권) 보호가 중요한 산업에서 지재권이 제대로 보호되지 않아 큰 피해가 발생하고 그로 인해 산업 발전이 저해되고 있다. IMD 조사 결과에 따르면 2006년 한국은 61개국 중 지재권 보호 수준이 44위를 기록하고 있다. 지재권이 제대로 보호되고 있지 않음을 알 수 있다.

국내 소프트웨어 산업에서 저작권 피해 현황은 연간 300억 원대로 나타나고 있다. 캐릭터 산업에서도 불법복제 시장 규모는 2004년 기준 2조 원 규모로 전체 캐릭터 산업 시장(7조 원)의 30%에 달하고 있다. 국산 캐릭터의 내수를 기준으로 할 경우에도 시장 3.5조 원 대비 복제 규모는 1조 원으로 비슷한 양상을 보이고 있다.

이러한 저작권 침해는 향후 성장 가능성이 큰 콘텐츠 관련 산업의 커다란 저해 요인이 됨은 두말할 필요가 없다.

소프트웨어 저작권 피해 현황(2002~05년)

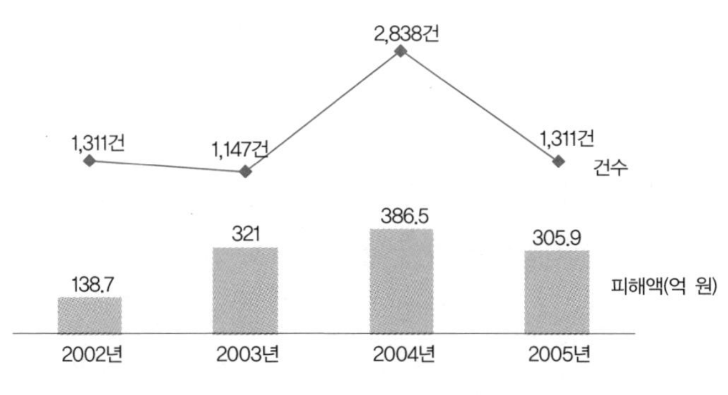

출처 한국소프트웨어저작권 협회

지재권 보호 부족의 원인은 다음과 같이 파악할 수 있다.

첫째, 지재권 보호에 대한 소비자 인식 부족이다. 좀더 정확히 이야기하면 국내 소비자의 인식 수준은 높으나 실제적인 행동으로 이어지지 않는다는 것이다. 저작권심의위원회 조사 결과 소비자의 97%가 저작권은 보호되어야 하는 권리라고 대답했다. 또 84%가 저작권 보호가 충분히 이루어지지 않고 있다고 대답했다. 저작권 보호에 대한 인식은 대체로 높다. 하지만 그렇게 대답한 응답자 중 실제 인터넷에서 복제파일을 다운로드해 본 경험이 있다고 답한 비율이 60.4%에 달한다. 다른 사람의 글이나 이미지를 허락 없이 이용한 적이 있다는 응답도 39.5%에 이르렀다. 보호에 대한 인식이 실제적인 행동으로 이어지지는 않는 것이다.

둘째, 기업의 지재권 보호에 대한 인식이 부족하고 지재권 보호에 대한 시스템도 부족하다. 과거 모방형 혁신전략 시절에 모방 위주의 기술혁신을 시도해 왔기 때문에 지재권 활용에 비해 지재권 보호의 중요성에 대한 인식이 부족하고, 지재권 침해에 대해 사전 방어를 하기보다는 침해로 인한 피해 발생 후 사후 처리에 더 주력하고 있다. 삼성, LG 등 몇몇 대기업을 제외하고는 실질적인 지재권 보호 능력이 취약한 편이다.

셋째, 정부의 지재권 보호를 위한 지원 기능이 취약하다. 지재권 창출, 활용, 보호에 대한 세부 정책은 잘 수립되어 있으나 예산 배분은 창출 쪽에 집중되어 있어 지재권 보호에 대한 인식과 지원이 상대적으로 부족하다. 미국과 일본의 경우 지재권 창출과 활용에 대해서는 기본적으로 시장 기능에 맡겨두되 보호에 대해서는 정부가 적극적으로 개입하여 지원하는 정책을 취하고 있다.

06

혁신인력이 부족하다

경제 사회의 패러다임이 산업경제 사회에서 지식경제 사회로 전환되고 있다. 이에 따라 비교우위를 결정짓는 요인도 자본과 노동, 천연자원 등의 물적자원에서 지적재산이나 인적자원 등의 무형자산으로 바뀌고 있다. 기업에서도 경쟁력의 원천으로서 인적자원과 지식, 기술, 기능 및 태도 등을 점차 중요시하고 있다. 기업은 외부 환경의 변화에 적극적으로 대응하기 위해 혁신을 추구하고 있는데, 여기서도 인적자원, 특히 혁신을 주도할 혁신인력에 대한 중요성이 강조되고 있는 상황이다. IBM이 국내 주요 기업 임원(CXO)을 대상으로 한 설문에서도 내부 인력 문제가 혁신의 주요 장애 요인 중 하나로 나타났다. 기업의 혁신을 위하여 인력과 관련된 문제를 어떻게 해결하느냐가 중요한 것으로 조사되었다.

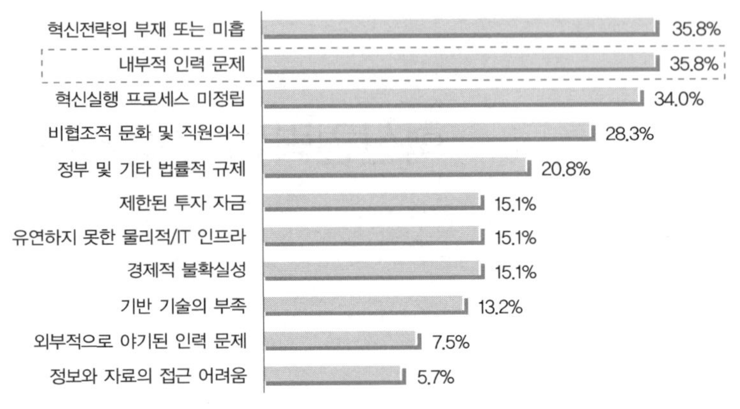

출처 국내 기업 임원(CXO) 대상 설문조사, IBM, 2006, 9

1_ 대졸자 많아도 고급 인력이 없다

한국의 인력 수급 현황을 보면 기본적인 인력 공급은 충분한 것으로 판단된다. EIS 자료를 토대로 분석한 결과 한국은 2005년 기준 25~64세 대졸자 비율은 EU 국가와 미국, 일본 등과 비교할 때 3위를 기록하여 세계 최고 수준인 것으로 나타났다. 또한 인구 1,000명당 이공계 졸업자 수에 있어서 1위에 위치하고 있을 만큼 높은 수준을 유지하고 있다.

25~64세간 대졸자 비율(%)   **인구 1,000명당 이공계 졸업자 수(명)**

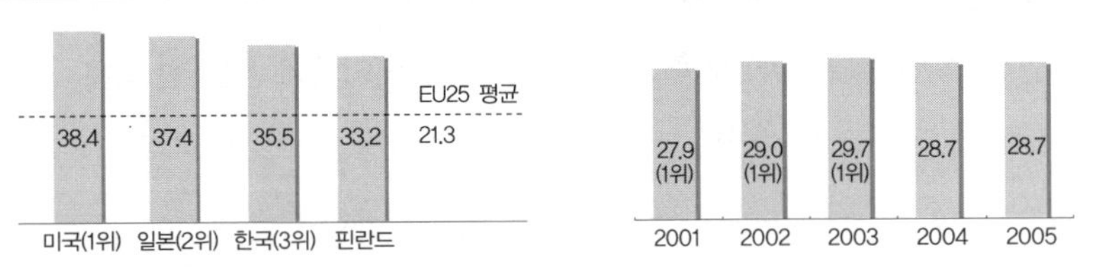

참고 분석 대상 : EU25개국, 스위스, 아이슬란드, 노르웨이, 불가리아, 루마니아, 터키, 미국, 일본, 한국(34개국)

하지만 고급 R&D 인력과 같은 혁신인력은 부족한 것으로 나타났다. OECD 조사를 보면 R&D 인력 수는 다른 선진국에 비해 적은 것으로 나타났다. 또한 과학기술부의 조사에 의하면 연구원 중 박사급 연구원의 비중도 2000년 이후 계속 정체됐다(116쪽 도표 참고).

한국과학기술기획평가원(KISTEP)은 2005년 중장기 인력 수급 전망 조사에 따르면 향후 과학기술 인력 수급은 전문학사나 학사는 각각 30만 6,000명, 25만 9,000명으로 초과 공급될 것이나, 대학원졸 이상의 고급 핵심 인력의 공급은 부족할 것으로 예측했다.

이는 인력의 양적 공급은 충분하나 정작 필요한 인력은 부족한 스킬불일치(skill mismatch) 문제가 향후에 더욱 심각해질 것임을 예고하는 것이다.

기술경영 인력을 키워라

R&D 인력뿐 아니라 연구개발 과정을 전반적으로 기획 관리하며 혁신 산출물을 상업화하는 기술경영(Management Of Technology, MOT)[10] 인력도 부족한 것으로 나타났다. 전문적인 기술경영 인력의 부족으로 애써 개발한 기술이 사업화되지 못하거나 연구개발에 오랜 시간과 노력이 필요한 원천기술보다는 응용기술에 치중하는 등의 문제가 발생하고 있다.

예를 들어 산업계 전반에 걸친 기술 마케팅 및 기술의 상업성 평가

---

[10] 기술경영이란 엔지니어링과 경영 두 분야를 연결, 통합하는 것으로서 글로벌 경제에서 효과적으로 경쟁하기 위해 기술 중심의 경영을 다루는 학문이다.

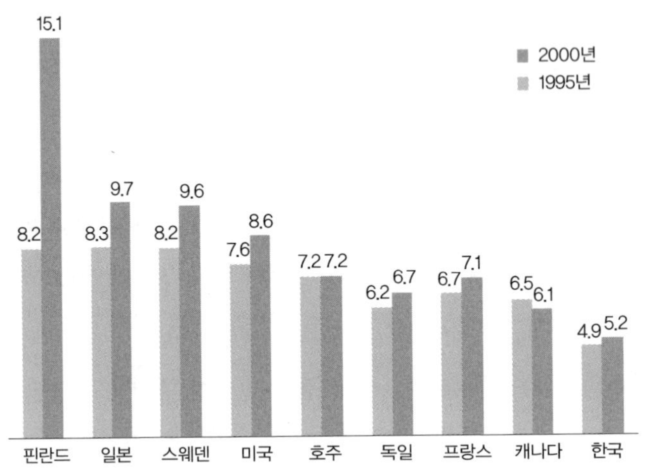

출처 OECD Science, Technology and Industry Outlook, 2002

연구원 중 박사급 인력 비중(%)

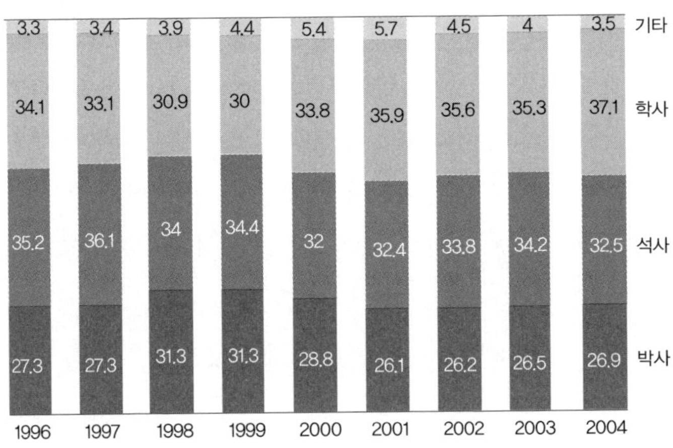

출처 과학기술연구개발활동조사보고, 과학기술부 · KISTEP

를 담당할 인력, 창업보육센터의 경우 중소·벤처기업를 벤처캐피털과 연계시키고 경영지원을 할 수 있는 인력, 그리고 기술이전을 담당할 수 있는 인력 등이 그것이다.

이러한 기술경영 인력의 부족 원인은 기술경영에 대한 전반적인 인식이 부족하다는 것에 기인한다. 한국은 아직까지 기술은 기술자가, 경영은 경영자가 해야 한다는 이분법적인 사고방식 때문에 기술경영에 대한 사회 전반적인 인식이 부족하며, 육성 프로그램도 부족하다.

미국과 일본의 기술경영 강조 추세

미국의 경우 1986년 국립연구위원회 주도로 '기술경영 태스크포스(Task Force)'를 구성, 기술경영 활성화 논의를 본격적으로 시작했다. 1990년 이후 기술경영 과정 개설대학이 급속히 늘었고 현재 300여 대학에서 연간 1만 명 이상이 기술경영 학위를 취득하고 있다. 또한 미국 국가경쟁력위원회(COC)는 과학과 경제학을 동시 전공하는 전문 과학 석사를 전국 주립대학으로 확산하도록 권고하는 등 기술경영 교육을 강조하고 있다.

일본은 대미 경쟁력 약화의 원인을 기술 사업화 인재의 육성 부족으로 인식하여 최근 기술경영 프로그램 도입을 적극 나서고 있다. 지난 2003년 일본 경제산업성은 오는 2007년까지 연 1만 명 수준의 기술경영 인력 양성을 목표로 하는 '기술경영 교육 진흥 계획'을 발표했다. 이를 위해 기술경영 교재 및 교육과정 개발을 70여 개 전문기관에 위탁, 추진하고 있으며 샤프, 캐논 등 50개 기업과 와세다, 게이오 등 30개 대학 공동으로 기술경영 컨소시엄을 구성, 공조하고 있다.

국내 대학원의 기술경영 관련 교육 현황

구분		일반대학원	특수대학원	전문대학원	합계
대학원 수	경영대학원	94	114	11	219
	MOT	4	11	3	18
연간 교육인원	경영대학원	2,705	6,551	1,036	10,292
	MOT	53	173	166	392

출처 MOT 전문 인력을 키워라, 디지털타임스, 2006년 6월

한국의 기술경영 관련 대학 교육은 과학기술 그 자체만을 가르치는 이공계 교육과 과학기술에 문외한 일반적인 경영 관리만 배우는 상경계 교육으로 양분되어 있다. KAIST를 제외하고는 많은 경우가 협동 과정이나 야간대학원의 전공으로 개설되거나 일부 과목이 대학원 과정에 개설되고 있다. 대학원 수도 18개로 미국(300여 개)에 비해 크게 적고 배출되는 인원도 300~400명 수준으로 매우 적은 편이다 (미국의 경우 연 1만 2,000여 명 수준). 또한 교수진 확보나 교육과정 개발도 미흡한 수준이다.

2_ 똑똑한 인재가 한국에 부족한 이유

한국의 인력 수급 현황을 한마디로 이야기하면 평균적인 인력의 공급은 풍부한 데 반해 혁신에 필요한 고급 인력이 부족하다는 것이다.

다음 그림은 한국의 혁신인력 현황을 단적으로 보여주는데 중간 수준의 지식과 기술을 가지고 있는 인력의 공급은 과잉 상태이나 혁신에 필요한 지식과 기술을 가진 인력의 공급은 부족한 상태라는 것을 의미한다.

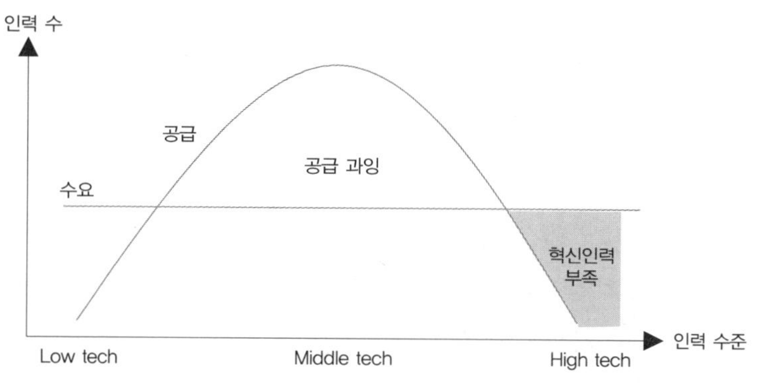

혁신 필요 인력 또는 혁신인재라고 했을 때는 반드시 박사학위를 가진 R&D 인력이나 기술경영 인력만을 의미하는 것은 아니다. 미국의 NII에서도 혁신에 필요한 인력(혁신가, Innovator)을 사회와 시장, 그리고 개인이 혁신을 위해 무엇이 필요한지를 파악하여 혁신을 창조하고 나아가 창조된 혁신 산출물을 실용화시키는 사람이라고 정의했다. 즉 제조업뿐 아니라 서비스업에 대해서도 새로운 혁신 가치를 창조하고 이를 실용화(상업화)할 수 있는 인력이라면 혁신인력이라고 할 수 있다. 다만 본 보고서에서는 논의를 위해 주로 과학기술 분야의 고급 R&D 인력을 그 대상으로 한정한다.

혁신인력이 부족한 원인은 크게 다음과 같이 요약할 수 있다.

첫째, 혁신을 고려한 교육체계가 미비하다. 과거 산업화 과정에서 지향했던 모방자 전략에 적합한 획일적이고 평준화 지향적인 교육은 현재 혁신에 필요한 인력 공급을 저해하고 있다.

둘째, 우수 인력의 이공계 기피 현상이다. 낮은 연봉, 미래 비전의 부재, 경력 개발의 어려움 등은 이공계 기피로 이어지며 우수 이공계 인력 공급 감소의 원인이 된다.

셋째, 두뇌유출(Brain Drain) 현상 심화다. 하이테크 인력의 해외 유출이 증가하는 반면 해외 혁신인력의 유입은 감소하고 있다.

넷째, 혁신인력의 편중 및 노동유연성 부족 현상이다. 혁신인력은 대학과 소수 대기업, 수도권으로 집중되고 있다. 노동유연성 부족으로 인해 기업입장에서의 혁신인력 수급이 쉽지 않다. 다음에서 각각의 원인을 자세하게 살펴보고자 한다.

획일적 교육정책이 인재를 망친다

획일적이고 평준화 지향적인 교육정책과 교육 시스템의 낮은 질, 기업과 사회의 수요를 제대로 반영하지 못하는 대학 교육 등으로 인해 혁신에 필요한 인력 양성이 부족하다.

형평성을 강조한 교육정책

교육 정책 방향성이 기업 혁신 촉진이라는 경제적인 측면보다는 사회적 측면에 초점을 맞추고 있어 기업 혁신 지원 기능이 미흡하다. 특히 국민 정서를 감안하여 형평성을 중시하게 되어 교육 정책의 초점이 평준화와 규제에 맞추어져 있다. 평준화 정책과 과도한 규제로 인한 교육 기관의 자율성 침해는 우수 인력이 교육 수준에 대해 불만을 가지도록 할 뿐만 아니라, 전반적인 학력 저하를 초래했다.

입시 위주의 중등 교육

대학 진학 위주의 중등 교육으로 인해 중, 고등학교의 입시 기관화, 사교육의 지나친 과열이 발생했고 이것은 혁신에 필요한 문제 해결 능력, 창의성 개발과 같은 기본적인 사고 능력의 향상을 저해했다. 이러한 경향은 대학 교육에까지 이어지고 있다.

혁신 수요를 반영하지 못하는 대학 교육

혁신인력의 가장 큰 공급원인 대학이 외부의 혁신 수요를 교육에 제대로 반영하지 못하는 것도 혁신인력 부족의 중요한 원인이다. IMD의 2005년 발표 자료에 따르면 대학이 경쟁적인 사회 요구에 부합하는 정도에서 60개국 중 52위로 나타났다. 대학이 기업 부문의 혁신 수요를 잘 반영하지 못하는 것을 단적으로 보여준다고 할 수 있다.

이에 대한 원인으로 먼저 대학의 지나친 아카데미즘(academism)[11]을 들 수 있다. 연구 기능과 함께 대학의 주요한 역할인 교육 기능이 실용성을 너무 등한시하고 아카데미즘을 지나치게 강조함으로써 기업과 사회의 니즈에 둔감한 보수적이고 경직된 교육 풍토를 갖게 되었다. 둘째, 특성화가 부족한 학과구성을 들 수 있다. 대부분의 대학이 천편일률적으로 똑같은 학과를 가진 종합대학 형태를 보이고 있다. 카네기 고등교육 분류체계[12]에 따라 분석해 보면, 학문 분야를 광범위하고 종합적으로 가진 정도(종합대학 정도)는 75%로 미국, 일본의

---

[11] 아카데미즘이란 전통적이고 보수적인 입장을 고수하고자 하는 학풍이나 관료적인 학문 태도를 말한다.

[12] 대학 유형을 분류하는 대표적인 기관인 카네기재단의 고등교육 분류체계 카네기재단이 미국의 복잡한 고등교육에 대한 체계적인 연구를 위해 1973년 '고등교육기관 분류'라는 보고서에서 사용한 고등교육기관에 대한 분류체계다.

65%와 비교할 때 높은 수준이다. 셋째, 기업과 사회의 요구와 대학 커리큘럼 간에 괴리가 심하여 대학을 졸업한 인력을 기업에서 활용하기 위해서는 재교육에 많은 시간과 비용이 소요된다.

이공계 기피 현상은 사회적 보상 낮은 탓

자연계 수능 지원 인원이 1997년 34만 명에서 2002년 20만 명 이하로 급감함에 따라 이공계 대학 경쟁률이 95년 1.4대 1에서 2001년 0.7대 1로 낮아졌다. 이는 이공계 기피현상을 단적으로 보여주는 것인데, 이러한 수치보다 더 중요한 것은 우수 인력이 이공계를 기피한다는 것이다.

이에 대한 원인으로 이공계 출신에 대한 사회적 보상이 낮다는 점을 꼽을 수 있다. 이공계 석·박사 출신이 의사나 변호사 등 다른 전문직에 비해 소득이 낮다든가, 사회 요직에서 이공계 출신이 차지하

대학수학능력시험 계열별 점유비

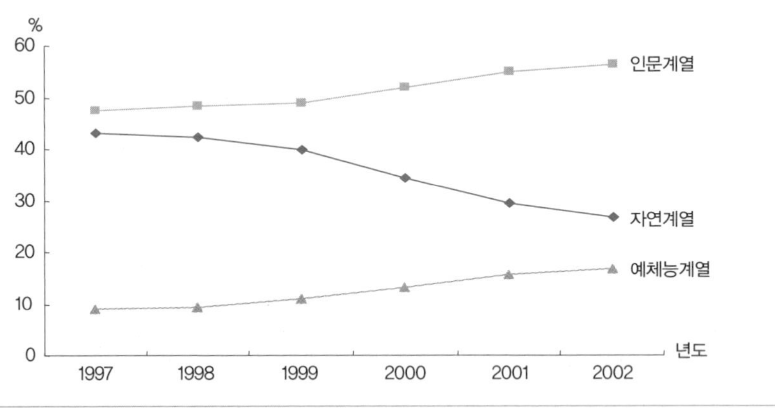

출처 대학입장에서 바라본 이공계 기피, 직업과 인력개발, 이본수

는 비율이 낮다고 생각하는 등 이공계 출신에 대한 사회적 지위가 낮다고 인식하고 있다. 또한 신기술의 대두, 기존 기술의 고도화로 인해 이공계 인력이 졸업 후 갖게 되는 경력 개발에 대한 부담감이 가중되고 있다.

학생들의 학문에 대한 마인드 변화도 한 몫하고 있다. 수학 과학 등의 과목이 공부하기 어려우며 수능 시험에서 점수를 올리기 어려운 것으로 인식되고 있다. 문화, 연예, 오락 등에 대한 관심이 커지면서 과학, 기술에 대한 관심은 상대적으로 낮아지고 있다.

한국을 떠나는 두뇌들

하이테크 인력의 해외유출이 증가할 뿐 아니라 해외로부터의 유입이 감소하는 것도 혁신인력 부족의 원인이 되고 있다. IMD의 두뇌유출 정도를 국제적으로 비교한 결과 한국의 두뇌유출이 심각한 것으로 드러났다. 2006년 발표한 두뇌유출지수에서 4.91을 기록해 조사 대상 58개국 중 38위를 기록했다. 또한 10년 동안 유출지수의 변화도 −2.03%를 기록, 두뇌 유출이 크게 심화된 집단에 속한 것으로 드러났다. 이는 두뇌유출이 계속 증가하고 있는 것을 의미한다. 두뇌유출지수는 고등교육을 받은 인적자원이 해외로 나가려는 경향이 얼마나 강한지를 나타내는 것인데, 두뇌유출 경향이 강할수록 0에 가까운 값을, 그렇지 않을수록 10에 가까운 값을 갖는다.

OECD가 발표한 자료에서도 한국의 하이테크 인력의 유출이 심각하다는 사실을 알 수 있다. 미국에서 활동하고 있는 OECD 회원국들의 연구인력 수가 2000~01년 대비 2003~04년에 얼마나 증가했는지

IMD 두뇌유출지수

구분	1996	2006	변화 폭
호주	6.77	6.10	−0.67
중국	4.20	3.22	−0.98
프랑스	7.77	5.51	−2.26
독일	7.22	6.36	−0.86
인도	3.07	6.76	3.69
아일랜드	5.15	8.14	2.99
일본	7.89	6.75	−1.14
한국	**6.94**	**4.91**	**−2.03**
대만	6.75	5.43	−1.33
미국	8.80	7.84	−0.96

출처 The world Competitive Yearbook, IMD, 각 년도

미국에서 활동하는 각국 연구인력 증감률(2000~01년 대비 2003~04년)

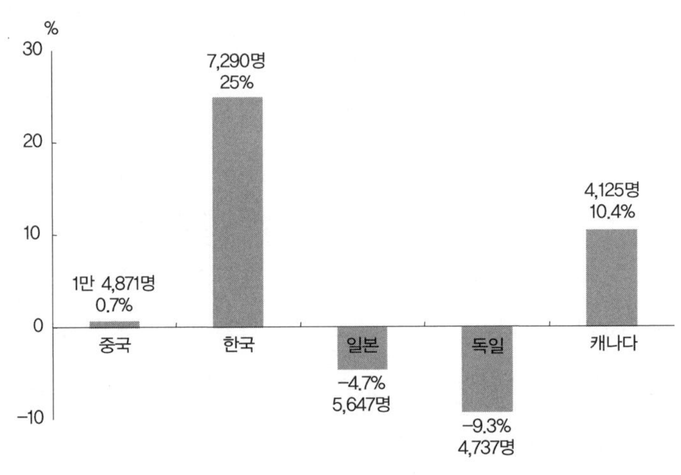

출처 OECD

에 대해 분석한 결과 한국의 경우 무려 25%(7,290명) 증가했다. 중국, 일본, 독일, 캐나다 등과 비교해 볼 때 월등히 높은 수치다. 이는 미국이 가지고 있는 세계 일류 수준의 교육 시스템과 다수의 글로벌 기업 등이 다른 나라의 연구인력보다 한국의 연구인력들에게 더욱 매력적으로 작용한 것으로 보인다.

인력의 편중과 노동 유연성 부족

혁신인력은 숫자가 부족할 뿐만 아니라 대학, 소수 대기업, 수도권에 집중돼 출연연, 중소기업, 지방의 혁신인력 부족을 야기하고 있다. 또한 우리 사회의 노동유연성 부족으로 인해 혁신인력의 원활한 활용이 더욱 어려워지고 있는 실정이다.

혁신 인력의 편중 현상

2005년 기준으로 박사급 연구원의 71.3%는 대학에 몰려 있다. 이와는 대조적으로 연구개발에서 대학보다 큰 비중을 차지하고 있는 기업이 보유한 박사급 연구원의 비중은 15%에 불과하다. 출연연의 경우에는 상황이 더욱 좋지 않다. 이러한 인력편중 현상의 원인은 근본적으로 출연연이나 소수 대기업을 제외한 기업들이 제공하는 넓은 의미의 보상 수준이 상대적으로 낮기 때문이다.

출연연의 경우 PBS제도 시행 후 연구원 간 경쟁과 노동 강도는 강화된 반면 연구원에 대한 처우는 더욱 낮아졌다. 연구기관별 정원이 정해져 있던 과거와 달리 프로젝트별로 연구사업 참여자를 결정하는 PBS제도는 인건비 절감을 위해서 외부인력을 참여시키는 것이 불가피하다. 따라서 상당수 연구원의 비정규직화가 진행되어 연구원의 고용 안정성을 떨어뜨렸다. 또한 상대적으로 낮은 보상으로 인해 보다 나은 연구 환경과 직업 안정성을 제공하는 대학으로의 이직이 늘고 있다. 내부 육성 체계가 미흡하여 갓 박사학위를 받은 인력을 역량 있는 연구원으로 길러내지 못하는 것도 출연연을 떠나는 원인 중 하나다.

소수 대기업으로의 인력집중 현상도 문제다. 한국 중소기업 연구소들의 75% 이상이 박사급 연구개발 인력을 한 명도 보유하지 못하고 있다. 보상과 연구 인프라의 경쟁우위를 바탕으로 소수 대기업이 혁신에 필요한 인력을 독점하고 있기 때문이다. 혁신인력들이 수도권과 대전 지역으로 집중되는 추세가 계속되어 지방에 위치한 기업의 인력난이 가속화되고 있다.

노동유연성 부족

혁신인력의 편중 현상과 더불어 노동유연성이 떨어지는 현상도 혁신인력과 관련된 문제점 중 하나다. IBM이 실시한 기업임원(CXO) 대상 설문조사 결과 응답자들은 기업 입장에서 혁신인력의 원활한 공급을 저해하는 가장 큰 이유로 산업 내 노동유연성 부족을 꼽았다.

현실적으로 동종업계에서 경력을 쌓은 혁신인력을 1차적인 채용 대상으로 삼는 최근의 경향이 이러한 답변이 나오게 된 배경으로 볼 수 있다. 혁신인력들이 사실상 다른 경쟁업체로 이동하기가 매우 어려운 것이 현실이다. 이해관계에 따른 제약이나 외부 인력에 대해 배타적인 시각을 가지고 바라보는 기업문화가 여전히 존재하고, 새로운 혁신인력이 기업에서 잘 적응하고 역량을 제대로 발휘하도록 하

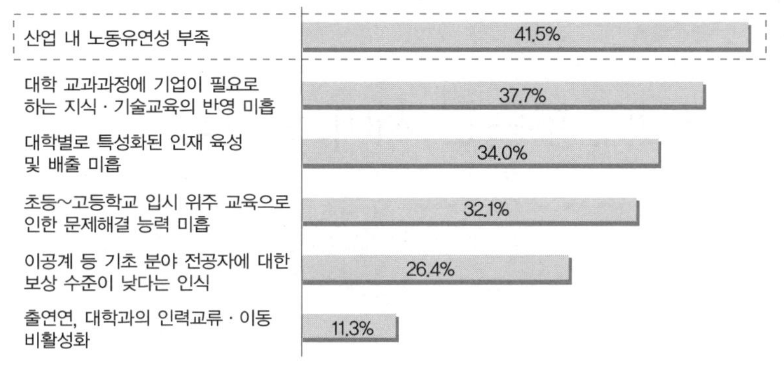

출처 국내 기업 CXO 대상 설문조사, IBM, 2006년 9월

기 위한 멘토링 및 경력개발 시스템이 아직 미흡한 수준이기 때문이다. 이러한 상황이 노동유연성을 저하시키고 기업의 혁신인력 공급 문제를 더욱 악화시킨다고 볼 수 있다.

07

혁신이 부족한 서비스 산업

1 _ 서비스 산업에 매진하고 있는 세계

국가 경제에서 서비스 산업의 중요성이 날로 커져가고 있다. 전세계적으로 서비스 산업이 국가 GDP에서 차지하는 비중은 절대적이며 선진국에서의 서비스업 비중은 이미 GDP의 70%를 상회한다.

또한 국민소득 증대, 산업구조 고도화, 인구 고령화 등으로 인한 서비스 수요는 점차 증가하고 있으며, 고용창출 측면에서도 제조업의 1.6배에 달하는 효과를 냄으로써 국가 경제에 중요한 역할을 담당하고 있다.

한국의 경우, 1970년대 서비스 산업 비중은 GDP의 44%에 그쳤으나 그 이후로 성장을 거듭하여 2000년대에는 56.2%의 점유율을 기록하게 되었다. 고용 면에서는 62.7%의 비중을 차지하고 있어 그 중요성이 점차 중요해지고 있다.

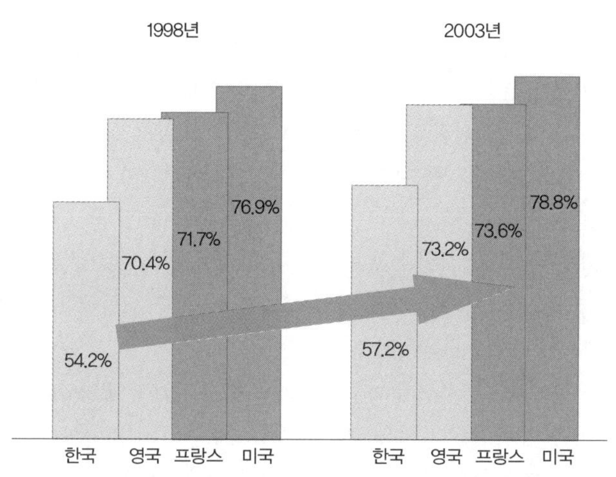

출처 OECD

한국의 GDP 대비 서비스업 및 제조업 비중 추이

구분	1970년대	1980년대	1990년대	2000년대
서비스업	44.0%	47.4%	52.0%	56.2%
제조업	21.6%	27.5%	27.1%	27.8%
기타	34.4%	25.1%	20.9%	16.0%

출처 OECD

　　세계 각국은 서비스 산업 혁신을 통한 부가가치 창출을 위해 많은
노력을 기울이고 있다. 서비스 산업과 제조업의 상호의존성도 점차
증대되고 있으며, 제조업 성장을 위해서도 서비스 산업의 경쟁력을
높여야 한다는 인식이 확산되고 있다. 따라서 세계 각국은 서비스 시
장을 적극적으로 개방하고 국가 차원에서 주력 서비스 산업을 육성
하기 위한 투자를 아끼지 않고 있다.

싱가포르, 아시아의 '의료 허브' 및 '교육 허브' 지향

세계의 혁신 열풍 속에서 싱가포르가 돋보이는 이유는 부족한 물적·인적 자원을 최대한 활용해 선진국들과 어깨를 나란히하고 있기 때문이다. 인구 424만 명, 1인당 GDP 3만 달러를 바라보는 싱가포르는 아시아의 네 마리의 용 가운데 단연 돋보인다.

싱가포르는 1965년 독립 이후 중반까지 약 30여 년에 걸쳐 절대적으로 부족한 자원과 도시국가로서의 한계를 극복하고 경제성장을 거듭해 국제적인 교역·물류·금융 중심지로 발돋움했다.

그러나 동아시아 금융위기 이후 싱가포르 경제는 과거 30여 년과 같은 고도성장의 시대가 이미 끝났다는 사실을 깨닫고, 중국의 고성장, 동아시아 외환위기 여파 등 대외경제 환경 급변에 따른 취약성에 노출됨에 따라 근본적인 성장전략의 변화가 필요한 현실을 직면하게 되었다. 이에 21세기 지식기반경제로의 이행을 가속화하기 위해 보건의료 및 교육 부문에서 아시아 '허브'를 추구하게 되었다.

싱가포르의 '의료 허브'란 세계적 제약회사의 R&D 센터를 유치하고, 국립심장센터, 암센터 등 의료기관의 전문성을 향상시켜 환자에게 신뢰감을 부여하고, 높

싱가포르 개요

· 인구 424만 명
· IMD 조사 2005 국가 경쟁력 3위(2004년 2위)
· 경상 GDP(2005년) : 1,155억 달러
· 1인당 GDP(2005년) : 2만 5,137달러
· 총(상품)교역량 : 4,300억 달러
 (2005년 수출 2,298억 달러,
 수입 2,002억 6,000만 달러)
· 경제성장률 : 6.4%(2005년 실적치)

싱가포르의 서비스 산업 성장

출처 싱가포르 통상산업부(MTI)

은 수준의 보건의료서비스를 제공하여 '브랜드'를 확립하겠다는 것이다.

이를 위해 세계적 의료기관과 제휴, 2012년까지 연간 100만 명의 해외 환자를 유치하고 연간 15억 달러의 부가가치를 창출하겠다는 구체적인 목표를 세우고 있다.

한편 싱가포르 정부는 인적 자원 육성이 국가발전을 좌우할 수 있는 주요한 열쇠라고 보고 아시아의 '교육 허브'를 구축하고자 외국의 유명 교육기관을 적극 유치하는 데 주력하고 있다. 2006년 현재 유럽의 경영 대학원인 인시아드를 비롯 MIT, 존스홉킨스, 조지아 공대 등 12개의 세계 최고 교육기관의 분교를 유치 또는 교육과정을 개설했고, 2015년까지 15만 명의 외국인 학생을 유치한다는 목표 달성을 위해 착실히 준비 중에 있다.

싱가포르의 사례는 우리에게 새로운 성장 동력으로서 지식기반서비스 산업의 육성, 선택과 집중의 필요성, 산업간 연계 등의 시사점을 던져준다.

서비스 산업 혁신을 위해 노력하는 아시아 국가들

국가(육성 부문)	지원 방안과 성과
태국(의료)	수출진흥국에서 의료 업무 담당 외국인 입국자 위한 신속처리 비자 발급 2005년 외국환자 128만 명 유치
싱가포르(교육)	월드 클래스 대학 프로그램 추진 2015년 외국 유학생 15만 명 유치 계획 인시아드 MIT 등 최고 12개 대학 유치
말레이시아(관광)	글로벌 '아시아의 진수' 캠페인 추진 2007년 말레이시아 방문의 해 해외 로드쇼 인센티브 제공 등을 통해 아시아 관광대국 자리매김
뉴질랜드(문화)	〈반지의 제왕〉을 필두로 영화 산업 집중 육성 영화와 관광을 결합한 문화산업 지원 서비스 수지 적자 문제 개선
UAE(두바이, 비즈니스 서비스 · 금융)	자발알리 자유무역지대 조성 4무(세금, 외환제한, 노동정의, 스폰서) 추진 100개국 2,200개 회사 유치

출처 매일경제 2006년 9월 5일

제조업보다 낮은 국내 서비스 산업의 혁신 수준

국내의 경우 서비스 산업의 중요성에 비해 혁신 수준은 제조업보다 상대적으로 낮다. 이로 인해 생산성, 무역수지, 제조업 지원 측면에서 여러 가지 문제점을 낳고 궁극적으로는 전체 국가경쟁력 저하를 초래하는 것으로 분석된다.

산업별 혁신 수준을 측정하기 위해 EIS(European Innovation scoreboard) 지수 중 하나인 산업혁신지수(Innovation Sector Index, ISI, 최소치는 0이고 최대치는 1, 숫자가 클수록 혁신수준이 높음)를 도출한 결과 2005년 기준 국내 서비스 산업의 혁신 수준(0.39)은 제조업(0.57)에 비해 상대적으로 낮게 나타남을 알 수 있다.

산업혁신지수로 본 산업별 혁신 수준

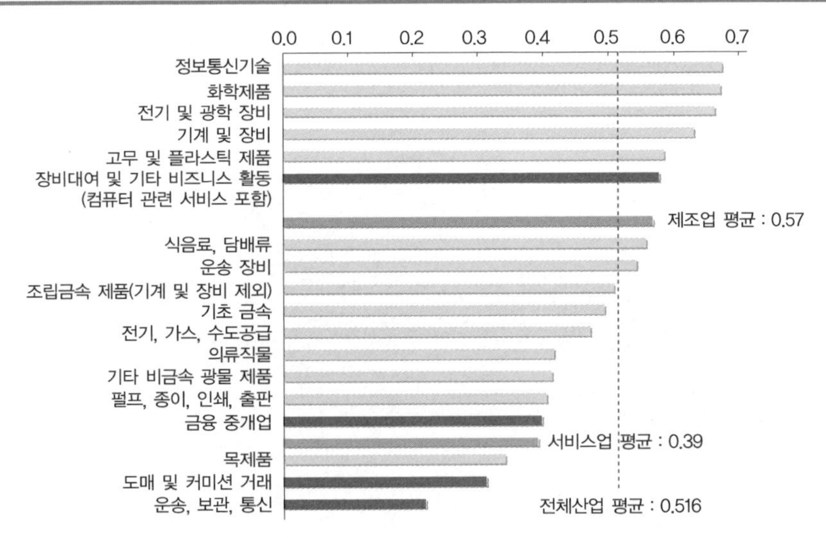

출처 과학기술정책연구원, IBM 분석

　서비스 산업의 낮은 혁신 수준으로 인해 초래되는 문제점은 서비스 산업의 노동생산성 저하, 서비스 무역수지 적자폭 확대, 서비스 산업의 제조업 지원기능 저하 등이다. 이러한 문제점들은 서비스 산업뿐 아니라 제조업의 생산성 향상까지 저해하여 전반적인 국가경쟁력 하락을 초래하는데, 이에 대해 좀더 구체적으로 살펴보자.

서비스 산업의 낮은 노동생산성

서비스 산업의 낮은 혁신 노력으로 인해 국내 서비스 산업의 노동생산성은 선진국에 비해 매우 낮다. 국내 제조업의 생산성과 비교해도 매우 낮아 모든 산업의 경쟁력 향상에 있어 제약요인이 될 가능성이 크다. 현재 국내 서비스 산업의 생산성은 주요 선진국의 1/3 수준에 불과하다. 국내 제조업과 비교하면 71%(1995~2002년) 수준이다. 서비스 산업의 생산성 증가율도 제조업에 비해 상대적으로 낮은 편이어서 IMF 사태 이후 향상된 금융·보험 분야의 생산성 향상을 제외하면 거의 0에 가까운 수준이다.

서비스 산업의 노동생산성 국제 비교(1995~2002년 평균)

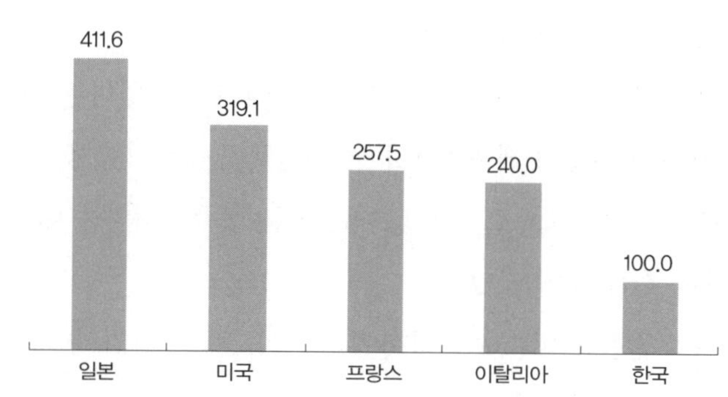

주요국의 노동생산성 증가율 비교(2000~2004년 연평균, %)

구분	한국	미국	영국	프랑스	독일
전산업	3.0	1.8	1.5	0.9	1.1
제조업	6.6	1.8	3.8	2.8	2.9
서비스업	1.0	1.7	1.8	0.5	0.4
– 금융/보험	7.5	2.2	1.8	0.7	–1.7
– 부동산/사업서비스	–6.0	1.9	2.9	0.6	–0.4
– 교육	–5.4	–0.4	–1.5	–1.2	–1.7
– 보건/사회복지	–2.1	0.8	0.9	0.9	1.6

출처 한국생산성본부, 생산성 국제비교, 2004

서비스 산업의 낮은 생산성에 따른 비용 부담은 결국 기업 및 가계, 국가 경제 전체로 전가된다.

예를 들어 한국의 낙후된 금융시스템은 외환위기를 불러온 주요한 원인의 하나가 되었다. 만약 디자인 산업이 제조업처럼 세계일류로 발전했더라면 섬유 · 신발 산업이 지금처럼 쇠락하지는 않았을 것이다. 국내 서비스 산업은 대다수 업종에서 규모가 영세하고 기술진보나 규모의 경제 효과가 제조업에 비해 낙후해 정보통신 등 일부 업종을 제외하고는 생산성의 절대 수준이나 증가 속도가 매우 저조하다.

서비스 산업의 무역수지 악화

두 번째 문제점은 서비스 무역수지가 악화되고 있다는 것이다. 서비스 산업의 비중이 제조업보다 높고 전체적으로 상승하는 추세임에도 불구하고 지속적으로 흑자를 내고 있는 상품수지와는 대조적으로 적자폭을 확대해 가고 있다.

이와 같은 서비스수지 악화에는 교육, 의료, 사업서비스 등 고부가가치 서비스업종의 해외 의존도 급증이 주요 원인으로 작용했다. 해

국내 서비스 산업의 무역수지 추이(억 달러)

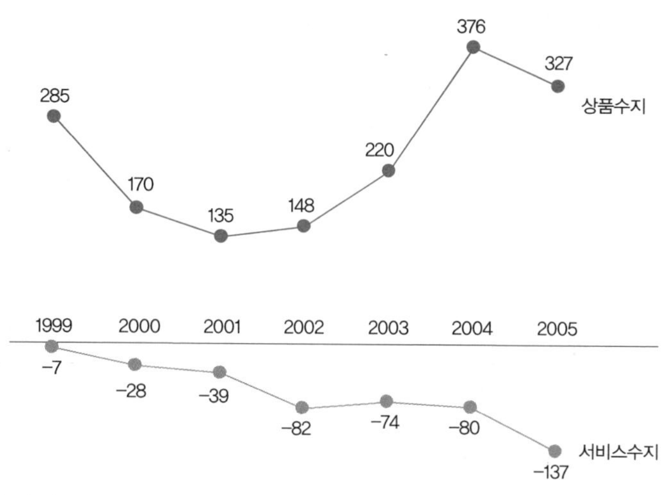

출처 한국은행

국내 서비스 산업 부문별 무역 수지(2002~03년 누적, 억 달러)

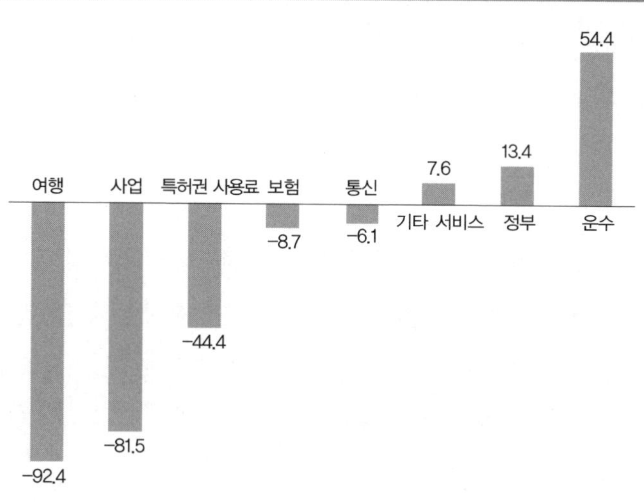

출처 OECD, 서비스산업 성장을 통한 고용 확대방안, 전국경제인연합회

외유학 및 일반여행에 따른 여행수지와 기업컨설팅, 설비유지 보수 등 사업서비스수지, 특허권 사용료 등이 서비스수지 적자의 가장 큰 부분을 차지하고 있다. 특히 사업서비스, 금융서비스의 국내 경쟁력이 높지 않기 때문에 국제적으로 공인되고 표준화된 해외서비스의 이용이 불가피하다. 이와 같이 세계 수준의 대표 서비스 부재가 서비스수지 적자의 주요 요인으로 작용하고 있다.

제조업 지원 역량 미흡

제조업의 사업 성과와 효율의 극대화를 위해서는 서비스 산업의 높은 지원 역량이 필요하다. 하지만 한국에서 서비스 산업 지원 역량은 미흡하다. 한국은행 자료에 따르면 금융, 보험 업종과 부동산, 사업 서비스 업종에서의 전방 연관 효과(감응도 계수)가 매우 높은 것으로 나타나고 있다. 이는 국내 금융 및 사업 서비스 산업의 낮은 경쟁력은 결국 수요자인 제조업의 생산성을 저해하는 요인으로 작용함을 의미한다. 일본은 낙후된 서비스업으로 인해 산업 간 임금 동조화에 따른 물가 상승, 서비스 비용 증대 및 낮은 효용, 전략적 성장 산업 부재의 문제를 겪었고 '잃어버린 10년'이라는 장기 불황에 빠진 바 있다.

우리의 경우 기업의 사업 실패에 따른 국가 경제적 위험을 충분히 완충할 수 있는 정도의 금융 산업이 조성되어 있지 않다. 기업의 사업 및 자금 운용에 다양성을 제공할 수 있는 고도의 금융상품 및 서비스도 충분하지 않다. 금융업이 리스크를 부담해 제조업을 지원하는데 한계가 있다는 것이다.

낙후된 서비스업으로 인해 아웃소싱 확대도 지연되고 있다. 대기업은 물류, IT, 디자인 등의 분야에서 수준 높은 서비스 파트너를 구하지 못해 아웃소싱을 하기보다는 내부 조직으로 해결하려 한다. 이로 인해 사업서비스 업체는 일거리의 부족으로 인해 충분히 성장하지 못하는 악순환이 반복되고 있다. 제조업의 비용경쟁력 저하 역시 서비스업의 비효율성에서 초래된 부분이 있다. 예를 들어 국내 기업의 물류비용은 매출액 대비 12.5%로 선진국의 5~7%에 비해 월등히 높아 기업 경쟁력 악화의 원인이 되고 있다

2_ 서비스 산업의 혁신이 더딘 이유

서비스 산업에 대한 높은 규제 수준

서비스 산업에 대한 규제의 예로 진입규제, 수도권 입지규제, 개발제한, 출자총액제한제도, 전기 등 공공적 서비스의 공기업독점 규제, 각종 서비스에 대한 가격 통제, 영업 등에서의 인허가 규제 등을 들 수 있다. 국내외 경쟁자의 시장진입을 가로막는 까다로운 인허가 규제는 기존 사업자와 관련 협회 등 이해집단의 기득권 보호를 위한 수단으로 오용되는 경우가 많다. 이해집단의 이익과 맞물려 있어 공통의 합의를 이끌어내기 어려운 상황이다. 국내에서의 각종 규제로 인해 개방 수준이 상대적으로 낮은 컨설팅, 법률 등 사업 서비스 영역은 경쟁력이 취약하고, 서비스수지 적자의 원인이 되는 것이다.

제조업 중심 지원

한국은 역사적으로 정부의 정책 지원이 제조업에 집중되어 왔다. 또한 서비스 부문의 혁신은 제조업과는 엄연히 다른 특성을 지니기 때문에 다른 시각에서 육성방안을 만들 필요성이 있는데, 현재 이에 대한 차별적인 접근이 이루어지지 못하고 있다. 예를 들면 서비스마인드 구축과 같은 인식의 전환 없이 시설 개선 등에만 지원이 집중되는 것 등이다. 세제 및 자금지원 면에서도 제조업과 서비스업 간의 차별이 존재하는데, 2003년까지의 전기요금을 예로 들면 제조업은 산업용, 서비스업은 일반용으로 구분되어 산업용은 원가보다 낮은 요금(원가회수율: 96.1%)이 적용되었던 반면, 일반용은 원가보다 높은 요금(원가회수율: 133.7%)이 적용됐다. 서비스업에 대한 차별이 존재했던 것이다. 기술과 무형자산에 주로 의존하고 중소기업 비중이 높은 서비스업의 특성상 제조업과는 차별화된 자금 지원이 필요한데도 별도의 금융 지원 방안이 없었다. 외국인투자지원제도 또한 제조업 위주로 운영되고 있어 제조업은 업종에 관계없이 외국인투자지역으로 지정될 수 있는 반면 서비스 산업은 지정가능 업종이 산업지원서비스, 관광, 물류업 등에 한정되어 있는 상황이다.

서비스 산업의 낮은 혁신투자

서비스업의 R&D 투자 총액은 10년 전에 비해 약 6~7배가량 증가했으나 여전히 제조업의 1/10 수준에 불과하다. 선진국과 비교해 볼 때도 열악한 수준이다. 이는 서비스 업체들의 경쟁력 강화 동인이 약하

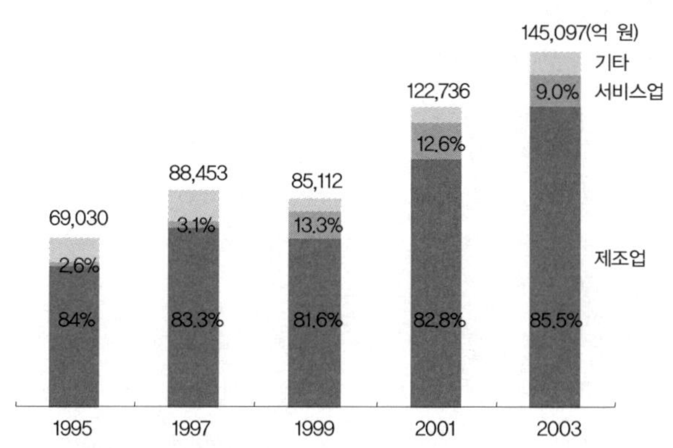

출처 산업기술주요통개요람, 한국산업기술진흥협회

주요국 기업의 R&D 투자 중 서비스 부문 비중

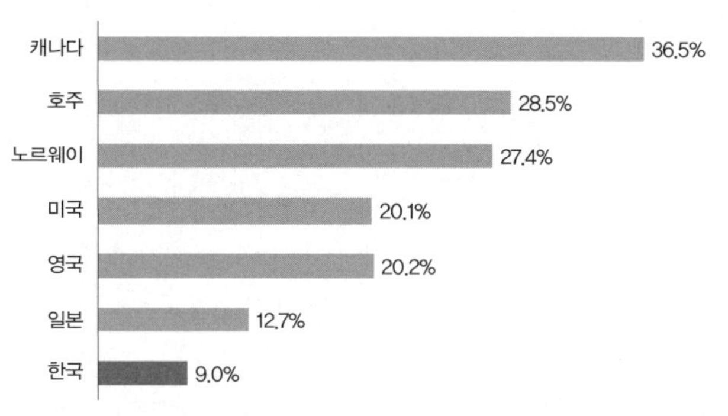

출처 대한상공회의소, 서비스업 성장적신호와 대응과제(2005). 캐나다, 호주, 노르웨이, 미국(1997년), 영국(2002), 일본, 한국(2003)

고 투자 여력이 없어 별도의 R&D보다는 타 혁신업체를 모방하는 수
준에 그쳤기 때문이다. 또한 서비스 산업 대부분이 내수에 의존하여
시장 규모가 협소하며 90% 이상의 업체가 10인 미만의 영세 업체라
는 사실도 그 원인이 될 수 있겠다.

금융 R&D 혁신 – 아메리카은행의 혁신센터

아메리카은행의 선구자적 도전 : 실제 비즈니스 환경을 서비스 혁신을 위한 테스트 베드로 활용

기업들은 서비스 상품의 무형성, 생산과 소비가 동시에 일어난다는 점, 상품 출시 전 고객 검증을 통한 상품·서비스의 수정 보완이 어렵다는 점 등 서비스 산업의 태생적 특성을 들어 제조업 대비 서비스 산업의 혁신 투자가 저조한 이유를 설명하려 한다.

그러나 아메리카은행(Bank of America)은 서비스 산업에서도 얼마든지 혁신을 위한 연구와 투자가 가능하다는 사실을 여실히 보여준 대표적인 사례다. 아메리카은행은 2000년 혁신과 개발(Innovation & Development)팀을 조직하고 미국 애틀랜타(Atlanta)에 위치한 20개의 지점을 혁신적인 서비스 상품 개발을 위한 테스트 베드로 지정했다. 20개의 지점은 익스프레스 센터(Express Center), 파이낸셜 센터(Financial Center) 및 일반업무 센터(Traditional Center)로 구분되어 각 지점에서는 다양한 혁신적인 상품·서비스 및 프로세스 아이디어가 테스트되었다. 각 테스트 베드를 통해 검증된 상품 및 서비스는 이후 전 지점, 전 고객을 대상으로 제공되었고, 과학적 검증을 거친 아메리카은행의 상품·서비스는 이후 높은 고객 만족 및 이윤을 창출할 수 있었다.

이러한 연구 방법은 리스크가 높아 성공률이 높은 실험만을 대상으로 할 수밖에 없는 한계점이 존재하나 서비스 산업에서의 R&D가 어떤 형태로 이루어져야 하는지에 대한 본보기로서 큰 의미를 가진다. 또한 실제로 비즈니스가 일어나는 환경을 혁신적 서비스 상품 개발을 위한 실험장으로 활용한 아메리카은행의 결정은 실패시 자사 브랜드 이미지에 미치게 될 타격을 고려해 본다면 서비스 회사로서 굉장한 모험을 감수한 그 자체로 혁신적인 시도였다고 볼 수 있다.

익스프레스 센터	파이낸셜 센터	일반업무 센터
• 스피드와 현대적 느낌을 강조, 예·출금업무와 같은 일상적인 업무시간 단축에 중점	• 주식거래 및 포트폴리오 관리, 전용 공간으로 높은 품격과 서비스 품질을 중시, 입구 접객원 배치, 무인 지급기 설치 등 대기 중 여유활동 공간 마련	• 일반적 서비스 실시 • 혁신적 아이디어 적용 및 결과 모니터링

전문 인력 부족

서비스 산업의 경우 제조업에 비해 전문 인력 부족이 더욱 심각하다. 전문 인력의 부족은 금융, 의료, 법률 등 고급 서비스의 국제적 경쟁력을 약화시킨다. 특히 금융시장이 고도로 다각화되고 글로벌화 되면서 금융업이 '지식기반 산업'이라는 특성이 날로 중요해지고 있는 시점에서 국내 금융전문가의 수가 매우 부족한 실정이다. 싱가포르와 비교해 보았을 때 국내 금융회사의 보조 인력을 제외한 전문 인력 비중은 턱없이 낮은 편이다. IMD에서 발표한 금융인력 관련 순위를 보아도 싱가포르는 15위를 기록한 반면 한국은 45위에 그쳤다.

전문 인력 부족 현상의 원인으로는 우선 정부 및 기업의 투자 저조를 꼽을 수 있다. 과거 정부와 기업의 직업훈련은 제조업 중심의 기능 인력 양성에 주력했다. 한국의 산업구조가 선진국형 산업구조로 변동하는 데 대비한 미래 전문 인력 육성정책이 제대로 수립되지 못했다. 중장기 수요를 예측한 국가적 차원의 인력 양성 전략이 없었다는 것

한국과 싱가포르 금융회사의 전문 인력 비중 비교

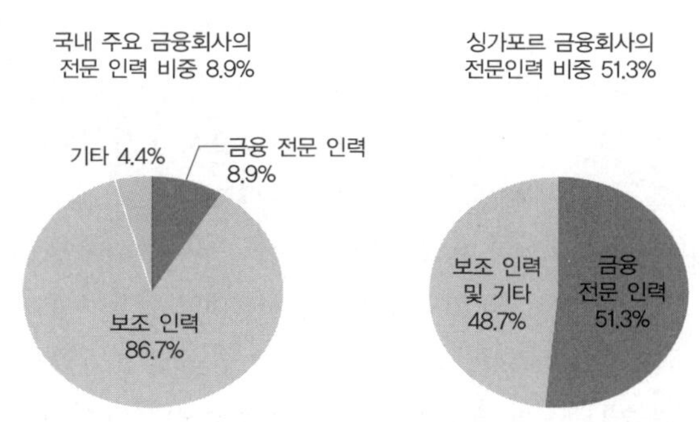

출처 문화일보, 2006년 1월 16일

새로운 시도 : 서비스 사이언스의 태동

2004년 12월 미국 국가경쟁력위원회는 '미국을 혁신하라(Innovate America)'를 발표하며 글로벌화로 인한 경쟁국의 도전을 따돌리기 위해 미국이 혁신의 중요성을 재인식해야 함을 강조했다. 특히 서비스 부문에서 비즈니스 프로세스 설계, 조직 및 경영에 대한 투자 부족이 큰 문제라고 지적했다. 이에 미국은 서비스 기업 및 서비스 산업에 대한 연구 투자를 강화하고 있다. '서비스 사이언스(Service Science)'라는 신학문을 제창하고, 유명 대학들을 중심으로 앞다투어 관련 교육 과정을 개설하고 고급 서비스 인재 양성에 나서고 있다.

서비스 사이언스란 서비스 주도의 경제가 요구하는 기술과 능력을 개발하고 서비스의 변화와 혁신을 이루기 위해 컴퓨터 과학, 경영, 산업 공학, 비즈니스 전략, 경영과학, 사회과학, 법 과학 등 이미 확립된 분야의 학문을 접목해 서비스 산업을 새로이 탐구하려는 시도다. 서비스 산업의 비중이 갈수록 커지고 있지만 아직은 기업과 개인의 서비스 역량이 현장경험과 개인의 역량에 좌우되는 수준이기 때문에 서비스 산업의 비중에 걸맞은 체계적인 연구와 적재적소의 인력 양성이 시급하다는 판단이 그 시초다.

IBM은 2002년부터 미국·유럽·중국 등에서 서비스 사이언스 교과과정을 개설하고 연구를 지원하는 데 연간 1,000만 달러 이상을 투자하고 있다. 학계와 공동 연구 및 교과과정 개설을 위해 세계 약 30여 개의 대학과 연구 중에 있다. 미국 노스캐롤라이나 대학, UC버클리, 중국 청화대학 등 전세계 주요 대학들에서 연구진을 구성 및 서비스 사이언스 학과 과정 개설 논의가 활발히 이루어지고 있다. 또한 서비스 사이언스 과목을 개설하려는 대학에 연구내용을 공개하고 전문 인력도 파견해 주고 있다. 국내에서는 한국 IBM이 서울에서 서울대·KAIST와 공동으로 '서비스 사이언스 심포지엄'을 개최했다.

현재 삼성 SDS가 KAIST 등의 대학원 과정에 '서비스 사이언스' 과목을 개설하기 위해 노력 중이다. 한국 IBM도 2006년 서강대와 협정을 맺고 서비스 사이언스 학문연구 진흥에 협력하기로 했다. 서강대는 2007년 초 대학원 과정에 서비스 사이언스 과목을 개설할 예정이다. 서강대 경영전문대학원에서는 서비스 사이언스 연구센터를 두고 학문 정립을 위해 공동연구를 수행해 나갈 계획이다.

서비스 사이언스를 학문으로 정립하려는 시도는 최근 한국뿐 아니라 세계적으로 확산되고 있는 산학협력의 흐름이라고 할 수 있다. 과학과 소비자를 연결하려는 시도로 21세기에 절실하게 요구되고 있는 핵심 과제라고 볼 수 있다. 서비스 사이언스 학문 정립을 위해서는 과학기술뿐 아니라 사회, 심리, 경영학 등에 이르기까지 인문학 전반의 협력이 동반돼야 하는데 과학기술, 인문학 간의 협력이 학문 정립의 관건이 될 것이다. 기업은 물론 과학기술계, 교육계 등 모두가 참여해 '서비스 사이언스' 학문 정립이 성공적으로 이루어질 경우 초등·중등 교육 등에 미치는 영향이 매우 클 것으로 예상된다.

이다. 현재 운영되고 있는 관련 연수기관의 질도 낮은 상태다.

다음으로 전문서비스 업종의 폐쇄성을 지적할 수 있다. 소수 엘리트 위주의 폐쇄적인 법률, 의료 등 전문 서비스 업종의 인력 수급 및 양성체계로 인해 전문 인력이 부족하게 되었다.

국내 서비스 산업이 내수에 집중되어 있어 프로페셔널의 경험이 제한된다는 것도 문제다. 변호사의 경우 미국의 여러 주의 각기 다른 법과 이해관계 속에서 법률 사례를 접하고 글로벌한 서비스 범위를 유지해 온 미국 변호사와 국내 변호사 간의 경쟁력 차이가 발생하고 있다.

08

죽음의 계곡에 빠진 한국 벤처들

벤처기업이란 개인 또는 소수의 창업자가 주축이 되어 위험성은 크지만 성공할 경우 높은 기대수익이 예상되는 신기술과 아이디어를 독자적인 기반 위에서 사업화하기 위해 창업한 신생 중소기업을 뜻한다. 벤처기업특별법에서는 벤처기업을 중소기업기본법 제2조에 합당한 중소기업으로서 벤처캐피털 투자기업, 연구개발 기업, 신기술개발기업, 벤처평가우수기업의 네 가지 유형 중 한 가지에 속하는 기업이라고 규정하고 있다. 벤처기업은 그 특성상 연구소, 대학 등 기술을 바탕으로 한 연구개발 인력 출신의 비중이나 R&D 집약도가 일반 기업에 비해 높은 편이어서 외부환경에 대해 유연한 대처능력을 보유하고 있다.

2002년 들어 벤처거품이 빠지면서 벤처기업 수도 급격히 줄었으나, 이후 침체기를 점차 극복하면서 그 수도 다시 증가세를 보이고 있다.

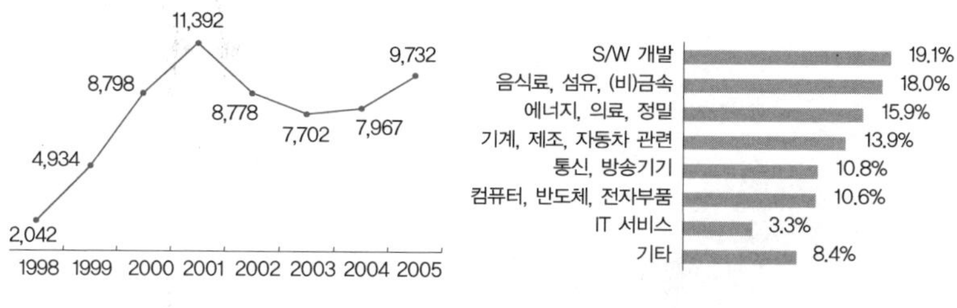

출처 벤처산업과 벤처경영, 김병균, 이정길, 2005   출처 벤처기업 정밀 실태조사, 중소기업청, 2005

벤처기업의 업종별 분포를 살펴보면, 소프트웨어 개발업체가 19.1%로 가장 큰 비중을 차지하며 나머지 기업은 대부분 첨단 및 일반 제조업 부문에 고르게 분포되어 있다.

벤처기업은 국가 성장의 원동력이라고 한다. 대기업과 같은 막대한 자금과 인력은 없지만, 대기업에는 없는 민첩성과 새로운 아이디어가 있다. 대부분의 벤처가 상장과 같은 큰 성공을 거두는 것은 아닐지라도 이들이 만들어낸 새로운 상품이나 아이디어는 설령 해당 벤처가 망하더라도 국가 경제의 새로운 활력소와 단서를 제공한다. 국내 혁신에서의 문제는 이러한 벤처가 제 구실을 못한다는 데에 있다.

최근의 한국 벤처 상황은 한마디로 이야기해서 '죽음의 계곡(Death Valley)[13]에 빠져 있다고 할 수 있다. 'Death Valley' 라는 용어는 원래 상업화를 위한 자금을 제때 조달하지 못하는 것을 지칭한다. 연구개

---

[13] 이와 유사한 개념으로 '캐피털 캐즘(Capital Chasm)' 이 있다. 초기(Pre-seed, seed) 단계에 있는 기업이 성장하기 위해 개인 투자자가 감당할 수 있는 수준 이상의 자금이 필요한 상황에서, 벤처캐피털이나 다른 자금원을 찾기 이전의 금융 공백을 가리키는 말이다.

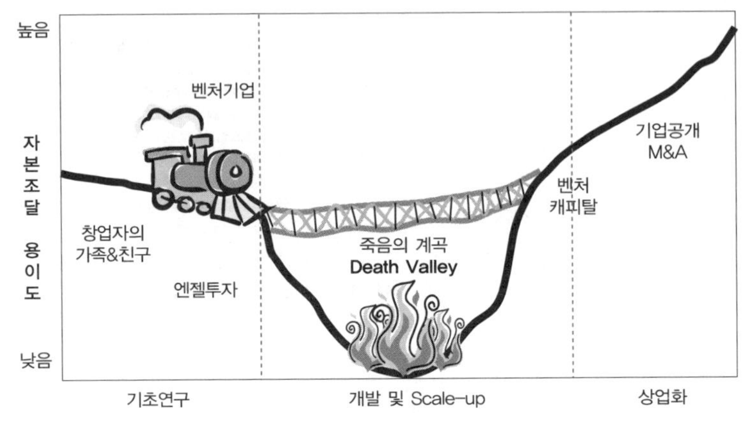

발 성과의 상업화 준비 과정에 있는 대부분의 중소 벤처기업은 미래 수익성에 대한 불확실성, 정보의 비대칭성, 기술 가치평가의 어려움 등으로 인해 자금조달 측면에서 큰 문제에 봉착하게 된다. 연구개발 자금의 10~100배에 달하는 상업화 자금을 조달하는 과정에서 죽음의 계곡이라 부르는 벤처기업의 위기현상이 나타날 수 있다. Death Valley란 말이 현재 벤처가 처한 모든 문제를 대변하지는 않지만 현 상황을 적절히 대변한다고 볼 수 있다.

1 _ 위험자본의 기능이 부족하다

벤처 부진의 첫 번째 원인으로는 위험자본(Risk Capital)의 기능 약화를 들 수 있다. 2000년 이후 벤처캐피탈의 신규 투자금액 및 대상기업의 수는 지속적으로 감소해 왔으며, 최근 정체 현상을 보이고 있다. 실제로 2000년에서 2005년에 이르는 5년간 벤처캐피털의 투자대상 벤처기업 수는 1,901개에서 524개로 감소했다. 투자금액 역시 2조 원에서 6,651억 원으로 줄었다. 이는 위험자본이 벤처기업에 재원을 공

벤처캐피털 신규 투자 추이

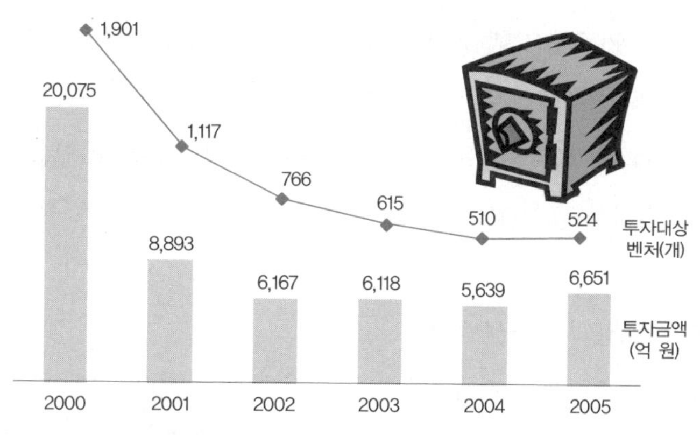

출처 전자신문

벤처캐피털의 피투자업체 업력별 투자 비율(%)

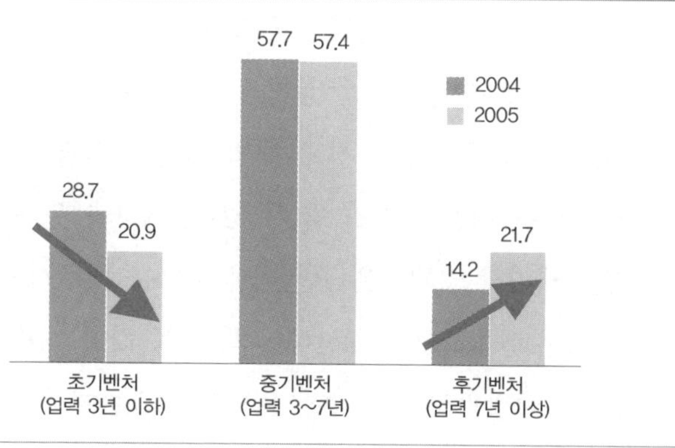

출처 전자신문

급하는 기본적인 기능을 제대로 수행하지 못하고 있음을 보여주는 것이다. 게다가 벤처거품이 꺼진 이래로 시장에서는 리스크가 높은 업력 3년 이하인 초기 벤처기업보다는 어느 정도 시장성이 검증된 업력 7년 이상의 후기 벤처기업으로 자금이 몰리는 현상이 나타나고 있다. 2004년에 28.7%에 달하던 벤처캐피털의 초기벤처 투자비율은 2005년에 20.9%로 감소했으며, 14.2%에 불과하던 후기벤처 투자비율은 21.7%로 증가했다. 이와 같이 위험자본이 장기투자가 아닌 안정성 위주의 소극적인 투자 행태를 보임으로써 고위험, 고수익(High Risk, High Return)을 추구하는 본연의 기능이 점차 약화되고 있음을 알 수 있다. 위험자본의 기능이 약화된 원인을 좀더 구체적으로 살펴보자.

자금 조달의 구조적 문제

먼저 위험자본의 자금조달에 구조적 문제가 있다. 국내 벤처캐피털이 자금을 조달하는 경로를 살펴보면 미국 벤처캐피털과 비교해 볼 때 연기금의 비중이 낮고 정부 비중이 높다는 사실을 알 수 있다. 미국의 연금 비중은 43.5%인 데 반해 한국의 연기금 비중은 15.4%에 불과하고, 정부 비중은 미국이 3.4%인 반면 한국은 31.1%로 큰 차이를 보이고 있다.

일반적으로는 위험자본은 장기적인 관점에서 자금을 운용해야 하기 때문에 연기금과 같은 장기 대형 자본의 역할이 중요하고, 정부 비중이 높다는 것은 문제가 될 수 있다. 정부를 통해 자금을 조달한 국내 벤처캐피털 업체들은 3년 내에 50%를 의무적으로 투자하고 5년 이후에는 벤처조합을 해산해야 하는 등 각종 제재를 받기 때문이다. 따라서 시장원리에 입각한 장기적인 관점에서의 투자나 고위험 투자가 어려운 것이다.

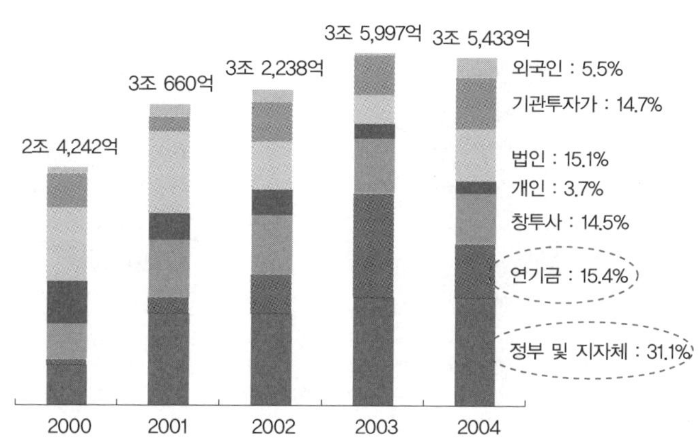

출처 '벤처캐피털의 기술가치평가능력 제고방안 연구', 과학기술부, 2005

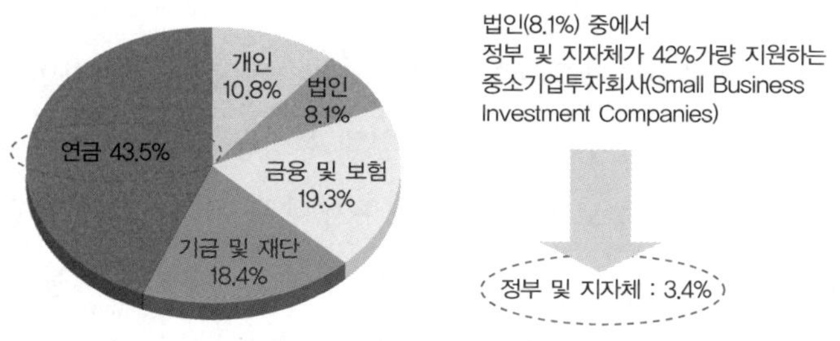

출처 National Venture Capital Assosiation

투자회수 수단의 미비

두 번째로 투자회수 측면에서의 문제점을 지적할 수 있다. 2004년 기준으로 국내 벤처캐피털이 투자를 회수하는 경로는 코스닥을 통한 기업공개(IPO)가 40%로 가장 큰 비중을 차지하고 있다. 그 다음으로

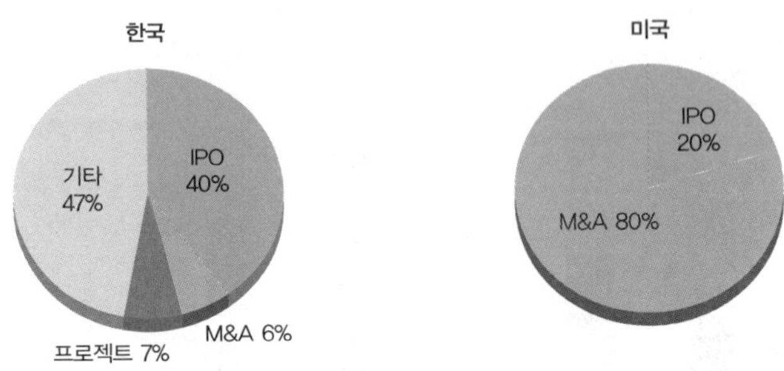

출처 과학기술부, '벤처캐피털의 기술가치평가능력 제고방안 연구', 2005
참고 프로젝트는 영화, 게임, 신기술산업 등에 단기적으로 투자하고 회수한 실적 집계. 기타는 주식의 제3자 매각, 장외매각, 환매 (buy-back, 역구매), 감액, 채권회수, 대손 등을 포함함

M&A(6%)와 프로젝트(7%) 등이 있다. 반대로 미국 벤처캐피털의 경우 IPO를 통한 자금 회수 비중은 20%에 불과하며, M&A의 비중이 무려 80%를 차지하고 있다.

벤처캐피털이 자금회수를 코스닥 IPO에 많이 의존하면 상장소요 기간도 길 뿐 아니라 전반적인 침체 현상을 겪고 있는 국내 코스닥 시장의 상황을 놓고 볼 때 투자회수가 매우 어려워진다. 또한 단기적 인 코스닥 시장 상황에 따라 자금사정이 좌지우지되는 등 재무 안정 성 측면에서 위험요소가 커질 수밖에 없다. 반면 M&A의 경우 벤처 의 성장 단계와는 상관없이 해당 벤처의 가치 증대와 자금회수를 가 능하게 한다는 점에서 매력적인 자금회수 수단임에 분명하다. 이러 한 수단이 활성화되어 있지 못한 만큼 위험자본의 투자 성과를 악화 시키고 결국 투자 부진을 초래하는 것이다.

기술 평가 역량 부족과 부채 위주의 금융 지원

세 번째 원인은 벤처기술 평가 역량의 부재에서 찾을 수 있다. 위험자본은 기술평가를 통한 기술담보에 근거해 사업화 자금을 지원해야 되는데, 국내 위험자본은 이러한 평가 역량이 부족하다. 이로 인해 일반 담보에 의한 부채(Debt Financing) 위주로 자금을 지원해 주고 있어 일반 담보가 부족한 벤처의 어려움을 가중시키고 있다. 위험자본의 벤처기술 평가 역량이 부족함에 따라 벤처기업의 기술 담보 위험이 과대평가 되고 있으며, 이는 위험자본이 벤처기업에 대해 낮은 투자 성향을 보이는 결과를 초래하고 있다.

대출의 방식에 있어서도 일반 담보 대출은 증가하고 있는 반면 기술 담보 대출은 지속적으로 감소하고 있다. 2005년 정보통신연구진흥원 국정감사 자료에 따르면, 기술신용보증기금과 연계되어 지원되는 기술 담보 대출실적은 2004년에 410개 과제, 1,334억 원 규모였던 것에 비해 2005년(1~8월)에는 201개 과제, 725억 원에 그쳤다. 그러나 일반 담보 대출의 경우 2004년에 93개 과제, 848억 원 규모였던 것이 2005년(1~8월)에는 97개 과제에 1,074억 원을 기록해 전년 실적을 추월했다.

또한 금융감독원 자료에 따르면 2005년 기준 중소기업의 전체 자금조달 금액 중 직접금융 대비 간접금융 조달 비중이 98%에 달하고 있는데, 부채에 의존적인 구조는 장기적이고 고위험 성격의 혁신투자를 막는 결과를 초래한다.

2 _ 효과 없는 정부 지원

정부가 그 동안 의욕적으로 추진한 벤처 정책은 일부 성과가 있었지만 다양한 문제점이 노출되었는데, 크게 다음과 같이 요약할 수 있다.

첫째, 인위적으로 벤처기업 기준을 정하고 이에 맞추어 벤처기업을 법적으로 지정한 다음 각종 정책적 시혜를 집중하는 과정에서 부적격 기업이 선정되는 등 여러 가지 문제가 발생했다. 정부의 벤처기업 정책이 광범위해지고 벤처기업과 중소기업의 차이가 불분명해짐에 따라 정책의 효율성이 낮아진 것도 또 다른 문제점으로 볼 수 있다.

둘째, 벤처 정책이 개별기업의 성장 과정에 초점을 맞추어 종합적이고 연속성 있게 추진되는 것이 아니라, 정책 자체에 초점을 맞추어 일회적이고 비연속적으로 추진되고 있어 정책의 실효성이 저하되고 있다.

셋째, 벤처기업의 해외투자 유치 및 마케팅 지원, 창업보육센터 등 각종 정책들이 여러 부처에서 유사한 형태로 중복 진행되는 경우가 많아 혼선을 빚고 있다. 과잉지정의 문제도 심각하다. 예를 들어 중소기업청이 추진하는 벤처촉진지구의 경우 전국적으로 무려 25개 지구가 지정되어 한국의 실리콘밸리 형성이라는 당초 취지에 부합하지 못하고 있다.

벤처기업에 대한 대표적인 지원 정책 중 하나인 창업보육센터의 경우, 전문경영인의 부족과 과잉지정 및 중복으로 인해 낮은 효율성이 문제가 되고 있다. 국내 창업보육센터의 현황을 살펴보면 외환위기 직후 그 수가 늘기 시작하여 벤처 붐이 일었던 1999~2000년에 급증했다가 이후 설립 수가 둔화되기 시작했다. 그렇지만 전국적으로

국내 창업보육센터 현황(2005년 기준)

구분	현황			입주 업체 수	소관
	계	가동	설립 중		
창업보육센터	291	291	–	3,972	중소기업청
테크노파크	14	8	6	340	산업자원부
S/W 기술센터 등	35	35	–	433	정보통신부
신기술창업보육센터	1	1		90	과학기술부
문화산업지원센터	10	10	–	300	문화관광부
계	351	345	6	5,135	

출처 '중소기업 관련통계', 중소기업청, 2005

과다하게 지정되어 있고, 유사 사업이 중기청, 정통부, 산자부 등에 의해서 동시에 추진되고 있어 운영의 효율성과 효과가 떨어지고 있는 상황이다. 또한, 국내 창업보육센터 매니저의 역할은 임대관리 수준에 그쳐 주요한 임무인 벤처캐피털 연결, 경영 지원 등의 역할을 제대로 해내지 못하고 있다. 이에 반해 미국의 창업보육센터들은 대부분 경영지도(97%), 재무회계 지원(65%), 기술상담(50%) 서비스를 제공하는 등 국내 상황과 극명한 대조를 보이고 있다.[14]

미국 벤처캐피털의 경우 벤처기업의 성장과 가치 증대가 공통의 목적이라고 인식하고, 벤처기업의 창업 및 운영에 관한 애로사항을 도와주고 있다. 과거 투자 경험에서 쌓은 인적 네트워크를 활용하여 헤드헌터의 역할을 수행하기도 하며, 인지도가 낮은 벤처기업에 특정 분야 전문가를 스카우트하거나 마케팅 노하우를 전수하여 IPO나 M&A시 벤처기업 가치를 극대화할 수 있는 수완을 발휘하기도 한다.

영국의 '비즈니스 링크' 서비스는 신설기업의 경영 상담을 위한

[14] 미국 창업보육협력위원회

제도로서, 연구개발형 기업이나 신설 기업이 일상적으로 직면하는 여러 문제점을 해결하기 위해 도입한 것이다. 이를 통해 정부 각 기관이 실시하는 다수의 중소기업 지원 시책의 창구를 일원화하여 중소기업 경영자가 더욱 편리하게 정부의 지원 정책을 이용하도록 하고 있다. 비즈니스 링크 서비스는 주식회사 형태로 설립되어 있으며, 주요 출자자는 통상산업부로서 그 밖에 지방자치단체와 상공회의소 등도 출자하고 있다.

3_고리 끊긴 벤처 성장 메커니즘

벤처기업은 끊임없는 자기혁신을 추구하고 벤처 생태계 내의 경제 주체들(정부 및 공공기관, 금융기관, 대학, 연구소, 타 기업 등)과 긴밀한 상생 관계를 갖출 때 성장이 가능하다. 하지만 일부 벤처기업의 도덕적

벤처 성장을 위한 메커니즘

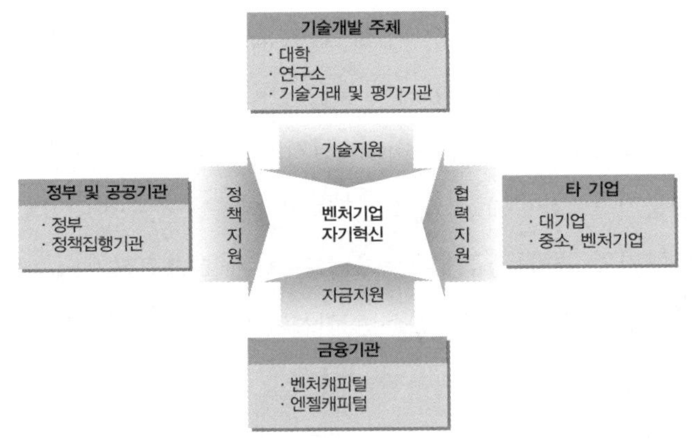

해이로 인해 벤처성장에 필요한 자기혁신이 정체되고 있다. 또한 대기업 횡포에 따른 벤처기업의 피해 사례도 여전히 발생하고 있어 상생의 벤처 생태계 발전을 저해하고 있다.

도덕적 해이로 인한 자기 혁신 정체

벤처기업 지원을 위해 마련된 기술신용 보증기금과 관련된 사례가 대표적이라고 할 수 있다. 국내 기술신용 보증기금에서는 2001년부터 2005년 중순까지 808개 벤처기업을 대상으로 2조 2,122억 규모 회사채 담보부증권(Primary CBO)에 보증을 했다. 그러나 보증받은 기업 중 48곳은 주식투자, 부동산, 골프회원권 매입 등 다른 용도로 전체 금액의 1/3에 달하는 756억 원을 사용했고 31개 기업주는 소유 부동산을 매각하고 해외로 도피하는 등 심각한 도덕적 해이 현상이 나타났다. 이로 인해 대위변제한 금액은 8,046억 원에 이르며 추가 부실 감안시 1조 원이 넘을 것으로 추정된다.

또한, 코스닥 기업 가운데 2005년 한 해 횡령사고를 확인했다고 공시한 기업만도 12개에 달한다. 이 중 대표이사가 횡령을 저지른 기업도 7개나 된다. 2005년 증권선물위원회가 주가조작, 분식회계 등의 불법행위로 검찰에 고발 조치한 벤처기업 사례만 해도 16건에 달하는 실정이다.

대기업 횡포로 인한 상생 협력 저해

최근 들어 대기업 및 중소기업 간 상생협력위원회가 설립되고, 대기업과 중소기업 및 벤처기업 간 상생 협력을 도모하는 많은 프로그램들이 시행되고 있다. 그러나 현실은 대기업이 벤처기업과의 협력을 도모하기보다는 오히려 부당요구, 기술도용, 위험전가 등을 통해 유망한 벤처기업이나 중소기업에게 피해를 주고 있다. 이와 같은 벤처 생태계의 발전저해 현상은 결국 벤처기업의 성장을 가로막게 되는 장애요소로 작용하게 된다.

최근 중소기업중앙회가 조사한 자료에 따르면 단가 인하 요구 등 전통적인 대기업 횡포 유형 외에 지나친 경영 간섭, 환율 변동에 따른 결제 수단의 일방적 변경 등 새로운 유형도 다수 포함된 것으로

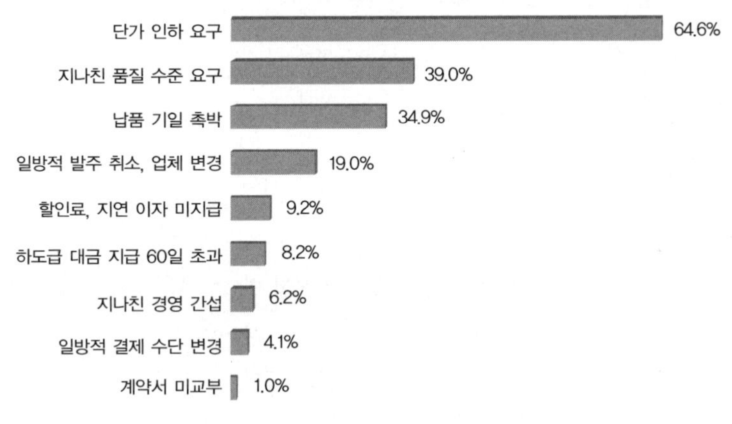

출처 중소기업중앙회, 2007년 4월 195개 업체 복수 응답 결과. 동아일보 기사 재인용

알려졌다. 이에 앞서 중기중앙회가 2007년 4월 대기업의 1차 협력 중소기업 195개사를 대상으로 실시한 '2007년 중소기업의 대기업 납품애로 실태조사' 결과에서도 '대기업의 지나친 경영 간섭'과 '납품 대금 결제 통화 변경' 등 이전에는 없었던 피해 사례를 호소한 중소기업이 늘고 있는 것으로 나타났다. 중소기업중앙회의 한 임원은 "대기업의 우월적 횡포가 더욱 지능화되고 있다"고까지 말했다.

미국의 벤처 생태계(Venture ecosystem)

미국 벤처기업의 주된 자금 조달원인 벤처캐피털은 신중한 투자 결정으로 대상을 선정한 후 자금을 회수하기까지 자금과 경영에 대한 광범위한 지원을 수행하고 있다.

엄밀한 투자 의사 결정

투자 대상을 발굴할 때 벤처캐피털의 노하우와 네트워킹, 기술동향 파악 분석 등이 복합적으로 영향을 미친다. 벤처캐피털은 네트워크 및 전문가를 활용하여 기업의 사업계획서를 사전 검토하여 기업을 선정하고, 평가단계인 정밀실사를 통한 면밀한 검토를 거쳐 투자 여부를 결정한다.

안정적 자금 지원

우선투자자인 벤처캐피털이 단계별로 이루어지는 투자 라운드에 지속적으로 참여하고 있다. 이는 업계에서의 기본적인 신뢰 문제다. 일단 투자가 결정되면 벤처캐피털은 창업자의 은행부채와 개인보증 등 일체의 채무를 해소해 주고 창업자로 하여금 유한책임만을 지도록 한다. 벤처캐피털은 투자의 대가로 경영권을 확보할 정도의 지분을 획득한다.

사후 경영관리 지원

벤처캐피털리스트는 이미 여러 벤처에 대한 성공과 실패의 경험을 바탕으로 창업자가 간과할 수 있는 문제에 대해 조언을 해준다. 일부의 경우 벤처캐피털리스트가 일정 기간 피투자기업의 CEO 등 경영진으로 직접 참여하기도 하며, 벤처캐피털이 가진 네트워킹을 이용해 인력 채용을 책임짐으로써 최고의 창업팀을 구성하기도 한다.

결국 각각의 관계는 신뢰(Trust) 및 명성(Reputation)을 기반으로 이루어지며, 배임행위나 기회주의 행동에 매우 엄격한 편이다. 미국의 벤처캐피털리스트는 기술, 경영, 법률 등 다방면의 경험 및 전문성을 갖추었을 뿐 아니라 생태계 내에 광범위한 네트워크를 구성하고 있다. 이러한 벤처투자 활성화가 가능한 까닭은 사회적 인식 및 정부의 규제, 법률 등을 모두 포함한 기업 문화가 성숙하기 때문이다.

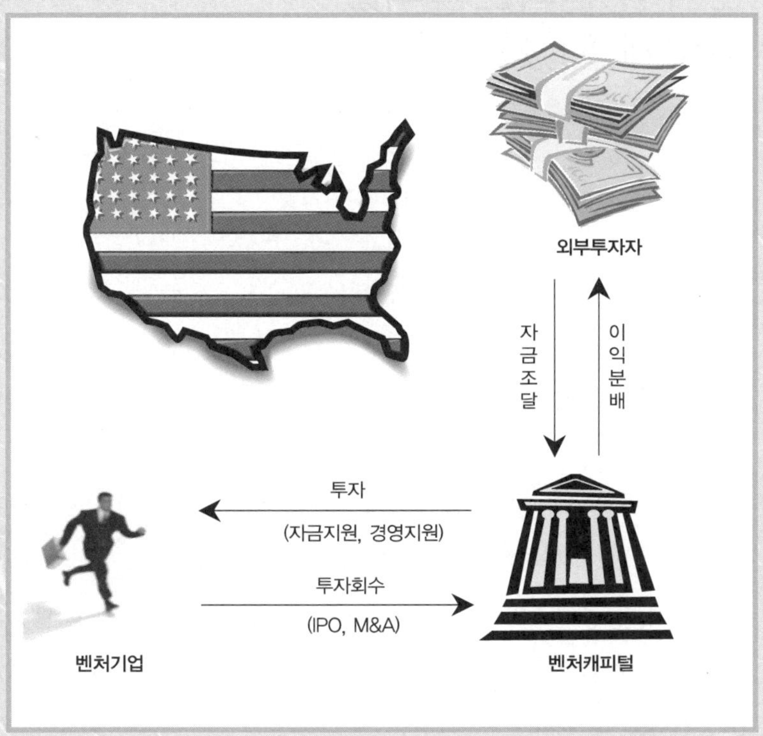

출처　벤처캐피털의 기술가치평가능력 제고방안 연구, 과학기술부, 2005

09

한국의 실리콘밸리는 어떻게 되었는가?

1_ 왜 혁신클러스터인가?

혁신클러스터는 대기업과 하청업체 위주로 이루어졌던 기존 산업클러스터의 한계를 극복하기 위한 새로운 대안으로서 기존 구성주체들 외에 대학, 공공연구기관, 컨설팅 회사, 지식집약 서비스 회사, 브로커 등 지식 취급 조직까지 포함하는 광범위한 개념의 혁신 네트워크를 뜻한다.

산업클러스터의 가장 큰 문제점으로 각 구성 주체들의 지식창출 및 네트워킹 부재로 인한 지식 확산 미흡이 지적되어 왔다. 이로 인해 산업클러스터가 성장과 부가가치 창출 측면에서 명백한 한계에 봉착함에 따라 혁신클러스터의 필요성이 새롭게 강조되고 있다.

혁신클러스터의 가장 큰 특징은 부가가치를 창출하는 가치사슬에서 기업과 소비자, 지식제공 기관 등의 활발한 네트워킹을 통한 지식

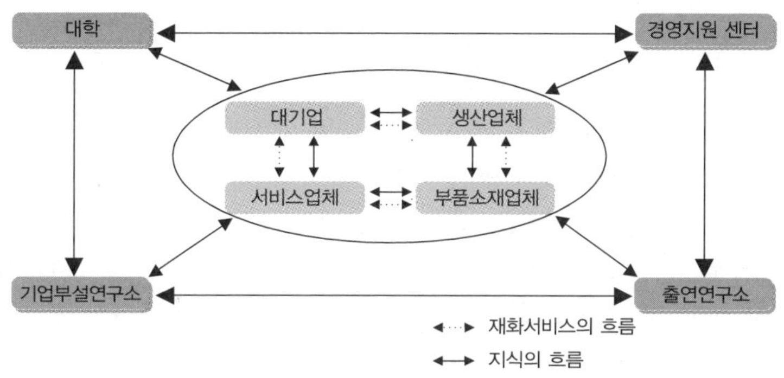

창출의 극대화 및 확산이다. 또한 협력과 신뢰를 바탕으로 암묵적 지식이 활발히 교류됨으로써 혁신성, 생산성, 고용성장률, 창업률이 높게 나타난다. 미국의 경우 혁신클러스터는 일반클러스터에 비해 생산성이 최대 6배까지 높은 것으로 나타났다.

이에 따라 혁신클러스터가 국가의 혁신성과 제고에 가져다 줄 긍정적인 효과에 대한 관심도 높아지고 있다. 이러한 효과는 다음과 같이 요약할 수 있다.

- **기술개발촉진** : 산학연 공동연구, 연구시설 공동 활용, 연구 인력의 원활한 공급 등을 통해 신기술 개발비용을 절감하고 기술개발을 촉진시킨다.
- **대학교육 활성화** : 대학교수의 연구능력 제고, 졸업생의 취업 증대, 대학재정의 확충, 지역사회에의 기여 등이 가능해진다.
- **국제화** : 외국의 우수한 기업을 유치함으로써 이들을 통해 기술습득 기회를 창출하고 나아가 국제적인 기술시장을 형성한다.

실리콘밸리

개요

실리콘밸리(Silicon Valley)는 1970년대 초반 샌프란시스코 남부가 반도체와 컴퓨터 산업의 중심지로 부상하면서 불리기 시작한 명칭이다. 현재는 대학, 연구소, 대기업, 벤처기업이 밀집한 세계 최고의 첨단기술클러스터로 성장했다. 컴퓨터, 통신 등 9,000여 개의 하이테크 기업이 기술혁신을 주도하여 2001년 지역총생산 2,050억 달러 달성했는데, 이는 2001년 당시 한국의 GDP 4,200억 달러의 절반 수준에 달한다. 미국 벤처캐피털 투자의 30% 이상이 집중되어 꾸준한 성장세를 이어오고 있는 실리콘밸리는 더 이상 단순한 산업복합체가 아니라 하나의 유기적 생명체처럼 미국 성장에 필요한 산소를 공급해 주는 존재로 인식되고 있다.

성장 단계

1단계	20세기 초반부(1940년대 이전). 발생기로서 산학 연계를 바탕으로 첨단 산업 성장의 기틀이 마련 ex) 스탠포드 대학
2단계	제2차 세계대전 이후 1950년대 부지, 인프라 제공, 기업 및 기술유치 ex) 스탠포드 산업단지
3단계	1960년대부터 1980년대 초반. 스핀오프 등 활발한 창업으로 실리콘밸리 급성장 ex) 페어차일드 반도체
4단계	1980년대 중반 이후부터 현재. 외부의 충격을 극복하고 산업구조의 다양화를 통해 자생적으로 성장 가능한 시스템을 형성 ex) 반도체 → 반도체+컴퓨터 → 반도체+컴퓨터+SW+통신+바이오

주요 성공요인

실리콘밸리의 주요 성공요인으로는 먼저 다양한 구성 주체들 사이의 협력 네트워크 형성을 꼽을 수 있다. 실리콘밸리는 대학과 연구소, 벤처캐피털, 기업지원 서비스, 선도 수요대기업, 인재, 벤처기업 등 다양한 혁신 주체들로 구성되어 있다. 스탠포드, 버클리 대학 등이 기초연구의 핵심 주체이고 전문기술 인력의 공급은 단과대학들이 담당하고 있어 역할 분담이 확실하다. 또 벤처캐피털은 단순히 자금만 지원하지 않고 경영노하우를 제공하여 경영진까지 구성해 줌으로써 창업을 촉진시키고 기업은 기술개발에만 집중할 수 있도록 도와준다.

기업들은 치열한 경쟁을 벌이지만 비공식적인 커뮤니케이션, 합작 프로젝트, 연구단체와 대학과의 유대관계 등을 통해 변화하는 시장과 기술을 배우는 기회를 갖는 정보교류 네트워크를 형성하고 있다. 대학들은 신선한 아이디어와 인재를 공급하는 비전 제시자의 역할을 충실히 담당하고 있다.

대기업들은 벤처기업이 개발한 부품이나 기술, 서브시스템 등을 구매하는 선도 수요기업의 역할을 담당한다. 또한 높은 인력 이동률은 기업의 신속한 변신과 클러스터 내 인력재편을 가능하게 한다.

일본 도요타자동차 클러스터

개요

1938년 도요타자동차가 도요타 시(市)에 본사와 공장을 건설하면서 클러스터를 형성하기 시작했다. 덕분에 도요타 시를 포함하는 아이치 현(縣)은 완성차 조립업체, 전문부품업체 및 관련 연구소가 밀집한 일본 최대의 자동차산업 집적지로 변모했다. 대기업이 주도 하에 발전한 도요타 클러스터는 성장을 거듭한 결과, 2000년 수송기계 산업이 아이치현 제조업 수출액의 45.2%를 차지했고, 고용의 24.5%를 담당하고 있다.

구성 주체

도요타 클러스터의 구성주체로는 도요타 공업대학을 포함해 45개 대학과 9개의 대학공동이용 교육기관, 부속연구소, 30개의 공적 시험 연구기관, 9개의 연구교류시설 등이 있다. 물류기업과 정보제공서비스기업, 기술이전. 인재육성기관(5개), 기술지원 단체(8개), 공적 산업관련 정보서비스 기관(2개) 등도 이곳에 위치해 있다.

성공요인

도요타 클러스터의 성공요인으로는 먼저 부품업체와의 강력한 네트워크를 꼽을 수 있다. 신차개발 초기에 부품 업체가 참여하여 해당 부품의 개발과 설계를 직접 담당하고 있다. 도요타는 협력업체와의 지식 이전 컨설팅, 각종 협력회, 부품업체 간 연구회, 인력교류 등으로 새로운 지식을 창출하고 확산시킨다. 그 사례로 OMCD(Operation Management Consulting Division)를 꼽을 수 있다. OMCD는 1960년대 중반 도요타 생산방식을 창안한 오노 다이이치가 설립한 컨설팅 부서로서 부품업체 운영상의 문제 해결을 전담하며, 지식을 획득하고 축적하여 확산하는 역할도 담당하고 있다. 경험이 풍부한 6명의 임원과 50여 명의 컨설턴트로 구성된 OMCD는 부품업체의 공장에 일정 기간 상주하거나 방문을 통해 문제 해결을 지원한다. 컨설팅은 무료로 시행되며, 평균 연간 4.2회의 부품업체 방문과 3.1일의 상주 기간을 가진다.

도요타는 또한 클러스터의 지리적 근접성을 적극 활용하고 있다. 생산과 연구개발 부품업체가 일체가 되어 비용절감 운동을 전개하고 있는 것이다. 또 장기 거래관계로 새로운 부품업체를 찾는 탐색 비용과 의사소통 조정비용을 줄이되, 업체 간 입찰을 통한 경쟁 관계를 형성한다.

출처 클러스터, 삼성경제연구소, 복득규, 2003, www.e-cluster.net

- **지역산업 활성화** : 첨단기술 산업을 유치하고, 단지 인근에도 첨단산업 집적 형성을 촉진함으로써 지역산업의 구조고도화를 도모한다.
- **고용창출** : 단지 운영, 외부기업의 유치, 신생기업의 창업 등을 통해 고용창출 효과가 증대된다.
- **벤처 창업 확대** : 신기술의 실용화 단계에서 필요한 각종 서비스를 제공하고, 기술의 거래와 이전을 활성화하여 벤처 창업을 촉진한다.

2 _ 계획만 있고 상품이 없다

참여정부 출범 후 정부는 국가균형발전을 국정의 최우선 과제 중 하나로 삼고 대통령자문 국가균형발전위원회를 주축으로 각종 균형 발전정책을 적극 추진했다. 클러스터 정책을 적극 실행함으로써 지역혁신과 지방 주도를 강조하고 이를 통해 국가경쟁력 강화를 추구했다. 한국의 혁신클러스터는 크게 첫째, 산업자원부 주도로 시행되고 있는 기존 산업클러스터의 혁신클러스터화 사업과 둘째, 과학기술부, 정보통신부, 문화관광부가 주도하는 혁신클러스터의 신규 설립으로 구분할 수 있다.

기존 산업단지의 혁신클러스터화 사업(43개의 미니클러스터)

산업자원부는 7개 단지를 혁신클러스터화 시범단지로 지정하고, 단지별 특성과 기업의 혁신역량 수준을 고려하여 단지별로 차별화된 발전비전과 전략을 수립하여 사업을 추진하고 있다.

창원	구미	울산	반월 · 시화	광주	원주	군산
기계	전자	자동차	부품 소재	광 산업	의료기기	기계, 자동차

신규 혁신클러스터 조성 사업

산업자원부	과학기술부	재정경제부	정보통신부	문화관광부
– 지역기술혁신센터(TIC), 지역디자인센터(RDC), 신기술창업보유사업(TBI) – 한국형 혁신클러스터 모델 개발과 권역별 클러스터 연계를 통한 광대역 클러스터 사업 추진	– 기술혁신에 주안점을 둔 지역혁신클러스터를 추진 – 대덕, 광주, 전북 등 지방과학연구단지 지원 – 대덕연구개발특구 지정	이천, 부산, 광양만 3개 지역을 국제적인 혁신거점으로 육성하기 위해 경제자유구역으로 지정함	2002년부터 추진해 온 지역 소프트타운 사업과 함께 지방 IT산업 클러스터 조성 추진	부천, 춘천, 대전, 청주, 광주, 전주, 대구, 부산, 제주, 광명 등 10개 지역에 2000~10년에 걸쳐 문화클러스터 추진

한국 혁신클러스터의 문제점

국내 혁신클러스터 사업은 아직 도입 초기라 성공과 실패를 명확히 단정하기는 어렵다. 그러나 본래의 의욕적인 추진과는 달리 활성화가 아직은 미흡한 것으로 판단된다. 주로 혁신클러스터의 사례를 통해 분석한 결과 다음과 같은 문제점이 드러났다.

정부 주도의 정책으로 시장 요구 반영 미흡

정부가 혁신클러스터의 전체적인 방향과 틀을 잡고 기업·연구소·지방 정부가 세부 과제를 수행하는 형태로 진행돼 시장 수요를 충분히 반영하지 못하고 변화하는 환경에도 유연하게 대응하지 못하고 있다. 클러스터 사업 유형과 지역 선정 시 '혁신 창출에의 기여 정도' 와 같은 경제적 요소보다는 정치적 이해관계(지역별 안배 등)에 많이 좌우되는 측면이 있었다.

정부 부처 간 협력 메커니즘과 실행 메커니즘 미흡

클러스터 관련 정책은 약 70개로 각 부처별, 지역별, 혁신지원 사업별로 분산돼 있다. 이로 인해 전체 클러스터 정책이 효과적으로 통합, 조정되지 못하고 있다. 정책이 사업으로 구체화되는 데 필요한 전문 인력, 예산의 적절한 배분, 사업 실행상의 진단 프로세스, 성과 평가 체계 등 행정 메커니즘이 선진국의 혁신클러스터와 비교해 볼 때 아직 미흡하다.

지방자치단체의 추진 역량 결여

지방자치단체가 지역 대학, 연구소, 기업 등과 연계하여 혁신클러스터 정책을 기획 입안하는 역량이 부족하다. 1960년 이래 중앙정부의 주도로 수립된 산업 클러스터 정책을 지자체가 수행하는 역할만 해온 결과 기획 능력과 정책 집행 능력을 충분히 확보하지 못했기 때문이다.

지방의 인프라 부족

우수 인재를 공급하고 연구 기능을 통해 지식을 생성하고 확산해야 할 지역 대학과 정부 출연연구소 등 기반 인프라가 취약하여 대기업 유인에 어려움이 발생하고 있다.

지식 및 협력 네트워크 부족

혁신클러스터 내 기업들이 마케팅, 기술 지식 등 창업 및 경영에 필요한 지식이 부족하고 외부 지원 역시 부족하다. 또한 혁신클러스터에 참여한 대기업, 중소벤처기업, 연구소 등 혁신 주체 사이의 상호 협력 네트워크가 미약하여 집적효과를 충분히 누리지 못하고 있다.

기술 상품화를 이루지 못한 대덕밸리

대덕밸리는 1973년 조성된 국내 최대 규모의 연구개발형 기술벤처 집적지인 사이언스파크를 기반으로 형성된 한국의 대표적인 혁신클러스터 중 하나다. 2001년 당시 대덕밸리 내 벤처기업 수는 501개에 달해 전국의 4.4%를 차지했으며, 116개의 연구기관과 1만 명의 연구 인력을 보유하고 있었다. 또한 내부 벤처기업을 위한 '대덕밸리 펀드', '대덕밸리 엔젤'과 같은 자금지원 체계와 우수한 대학, 벤처기업들의 커뮤니티 네트워크가 형성되어 한국 경제의 신성장 엔진으로 주목받았다.

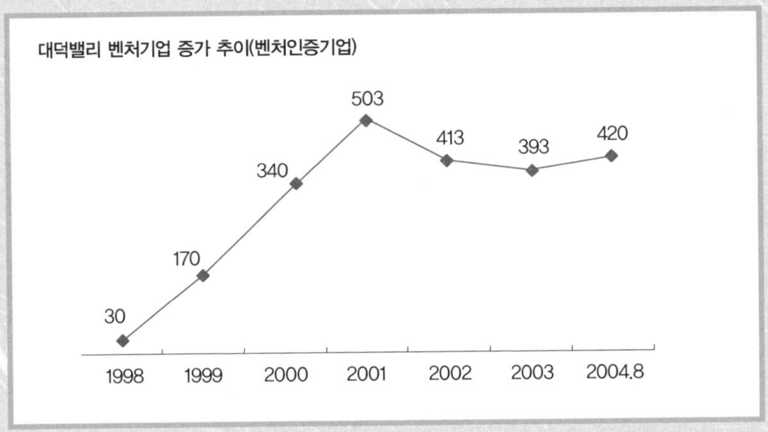

그러나 대덕밸리는 선진 혁신클러스터 못지않은 우수한 인프라를 보유하고 있음에도 불구하고 벤처기업 수는 2001년을 고비로 감소세를 보이고 있다. 90% 이상의 벤처기업이 아직도 국내 위주의 소규모 활동에서 벗어나지 못하고 있으며, 투자회수에 어려움을 겪게 된 벤처캐피털도 조금씩 철수하는 움직임을 보임에 따라 벤처기업의 경영난이 더욱 가중되는 악순환이 이루어지고 있다.

이에 대한 원인으로 우선 수요 대기업의 부재를 꼽을 수 있다. 혁신클러스터 정책이 정부 주도형으로 진행됨에 따라 대기업이 벤처기업의 수요자로서 클러스터에 참여할 수 있도록 하는 시장수요 지향적 환경구축이 어려워졌다. 따라서 클러스터 활성화에 있어서 중요한 역할을 담당할 대기업이 클러스터에 들어오지 못하게 되었고, 기업이 중심이 되어 전문 기술벤처를 종합 조정하는 역할수행도 제대로 이루어질 수 없었다.

다음으로 지식 및 협력 네트워크 미비를 지적할 수 있다. 기술 외의 시장정보나 경영정보, 금융 및 마케팅 서비스 등에 대한 지식 및 협력 네트워크가 충분히 형성되지 않아 벤처기업들이 기대했던 만큼의 수익을 낼 수 없었다. 즉 벤처기업들이 개별적인 연구개발에만 치중한 나머지 네트워크를 활용한 기술 상품화를 통한 매출까지 이어나가지 못하고 있는 것이다.

출처　대전광역시 지역혁신발전 5개년 계획과 전략산업, 박준병, 대전전략산업기획단, 2004
　　　현황과 이슈는 지역특성화 발전을 위한 혁신클러스터 육성방안 연구, 국토연구원, 권영서 외 3인, 2005

성장이 정체된 광주 광 산업 단지

광(光) 산업은 광소재, 정밀기기, 통신 등의 분야가 있는데, 광주에는 소재 관련 연구소, 열 분야 측정·광학분야 특허, 전기기계·의료·정밀·광학기기 및 시계 벤처기업이 특화되어 있고 광산업 단지라는 이름으로 혁신클러스터가 형성되어 있다. 전남대 등 지역 내 8개 대학이 전국 광공학 인력의 67%를 배출하고 있으며, 한국 광기술원·광주 과학기술원이 기초 및 응용 기술개발, 고등광기술연구원이 원천요소 개발, 전자통신연구원이 광통신 기술을 개발하고 있다. 이처럼 혁신클러스터의 성공요소인 다양한 구성주체와 인프라를 갖추고 있어, 한국의 대표적인 혁신클러스터로 평가되고 있다.

그러나 광주 광산업단지의 경우, 대덕밸리와 마찬가지로 우수한 기반 인프라를 확보하고 있음에도 혁신클러스터 내 구성요소 간의 상호협력 미흡으로 지식의 확산이 제한돼 클러스터 성장 촉진에 한계를 보여주고 있다.

우선 클러스터를 선도하는 기업이 없다는 게 큰 문제다. 총 230여 개 기업 중 초기 단계의 영세 중소기업이 99.5%를 차지해 기업이 산업을 선도하는 능력이 상대적으로 취약하다. 클러스터 구성주체 간 상호협력 부족으로 지식확산이 제한

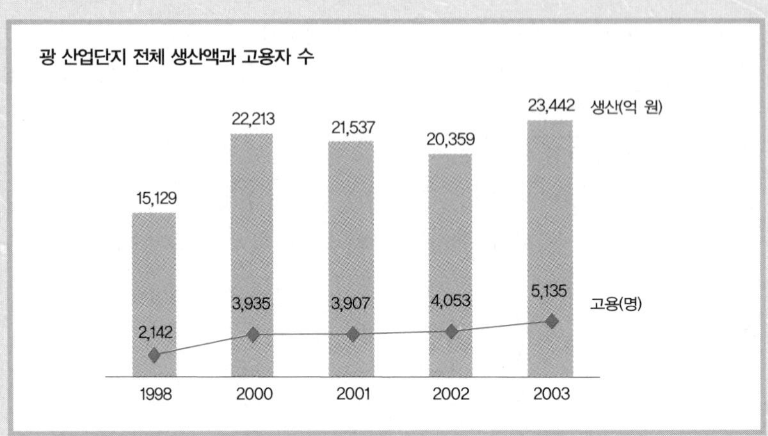

되는 문제가 광주 광산업단지에서도 클러스터 성장의 제약요소가 되고 있다. 광 관련 벤처기업은 광산업클러스터의 핵심 주체로 집적되어 있는데, 그로 인한 시너지 효과를 얻기 위해서는 이들 간의 네트워크 형성, 분리신설창업(Spin-Off) 창출, 인적 교류가 중요하다. 그러나 모기업 및 대학으로부터의 분리신설창업은 거의 없다. LG 이노텍, 한국 알프스 등 일부 대기업이 있으나 소규모 기업과 연계되지 못하고 있으며, 네트워크 형성 또한 일정 부분 문제점을 가지고 있다. 이러한 이슈들이 결국 광주 광산업단지의 활성화를 저해하고 있다. 생산액 및 고용 측면에서 본 발전 정도는 2000년 이후로 사실상 정체되어 있는 상황이다.

출처 www.e-cluster.net

10

혁신을 지원하지 못하는 정부 정책—

1_ 정부 정책에 불만이 고조되는 기업들

과거 비약적인 경제성장 과정에서 정부의 주도적인 역할이 주요 요인으로 작용한 것에 대해서 누구도 이의를 달지 않을 것이다. 정부의 직간접적 기업 지원은 저임금의 우수한 노동력과 기업, 공공 연구소, 대학 등 개별 혁신주체의 역량 향상과 맞물려 수십 년간 연평균 10% 이상의 고속 성장을 이룩해 왔다.

정부는 크게 두 가지 측면에서 혁신활동을 지원했다. 정부는 산업 발전 방향을 정립하고 기술 로드맵을 수립해 기업 혁신 환경을 제공하고, 수출 촉진 지원금, 수입 대체 지원금, 산업 보조금 등과 같은 직접적 방법을 통해 기업을 지원했다. 이와 함께 출연연구소를 통한 기술 개발 및 이전을 지원했고, 정부의 높은 시장 지배력을 활용하여 자본시장(Capital market)을 통해 위험자본(Risk capital) 조달이 원활하도록 했다. 또한 필요 인력(주로 중급 인력)의 양성을 위해 교육 정책 수립과 교육기관(실·공고·대학) 육성과 같은 인프라를 통한 간접 지원을 했다.

하지만 최근 기업들은 공공 정책에 대해 많은 불만을 가지고 있는 것으로 조사되었다. IBM이 국내 대기업 임원 대상으로 공공정책 14개 영역과 인프라 6개 영역에 대해 기업 혁신에 미치는 중요도와 만족도를 조사한 결과, 공공 정책과 혁신 인프라는 높은 중요도에 비해 만족도는 낮은 것으로 나타났다.

그림에서 보듯이 거의 대부분의 공공정책과 혁신 인프라는 중요도는 높고 만족도는 낮은 영역에 분포하고 있다. 공공 정책의 기업 혁신 지원에 불만을 가지고 있는 것을 알 수 있다. 특히 규제(중요도

공공 정책 및 혁신 인프라의 기업 혁신에 대한 중요도와 만족도

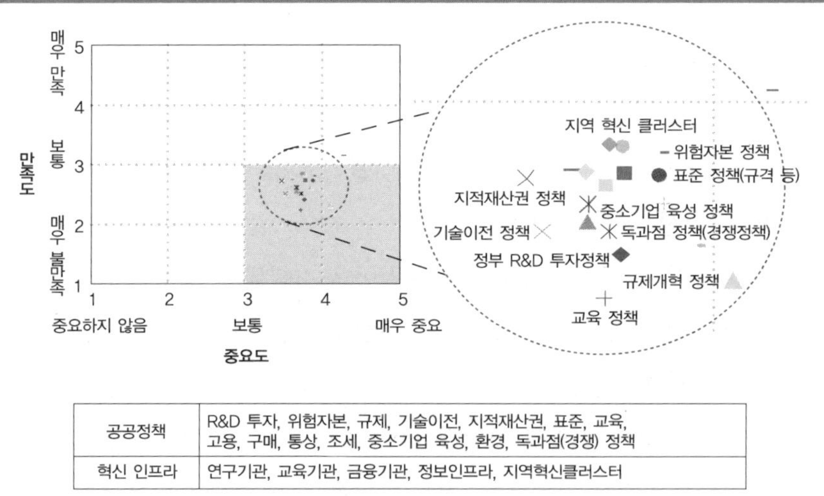

공공정책	R&D 투자, 위험자본, 규제, 기술이전, 지적재산권, 표준, 교육, 고용, 구매, 통상, 조세, 중소기업 육성, 환경, 독과점(경쟁) 정책
혁신 인프라	연구기관, 교육기관, 금융기관, 정보인프라, 지역혁신클러스터

출처 국내 기업 CXO 대상 설문조사, IBM, 2006년 9월

4.11, 만족도 2.32), 교육정책(중요도 3.71, 만족도 2.25), 독과점(경쟁) 정책
(중요도 3.73, 만족도 2.51)이 중요도 대비 만족도가 크게 떨어지는 항목
으로 나타났다.

2_ 환경 변화에 뒤처진 정부 정책

공공 정책과 혁신 인프라에 대한 불만족은 경제 환경의 변화, 국내
경제성장에 따른 기업의 역량 증대 등 내·외부 환경 변화에 대해 정
부의 역할 재정립과 정책의 변화가 효과적으로 대응하지 못했기 때
문인 것으로 여겨진다.

이를 도식화하면 아래 그림에서와 같이 내·외부 환경 변화에 따

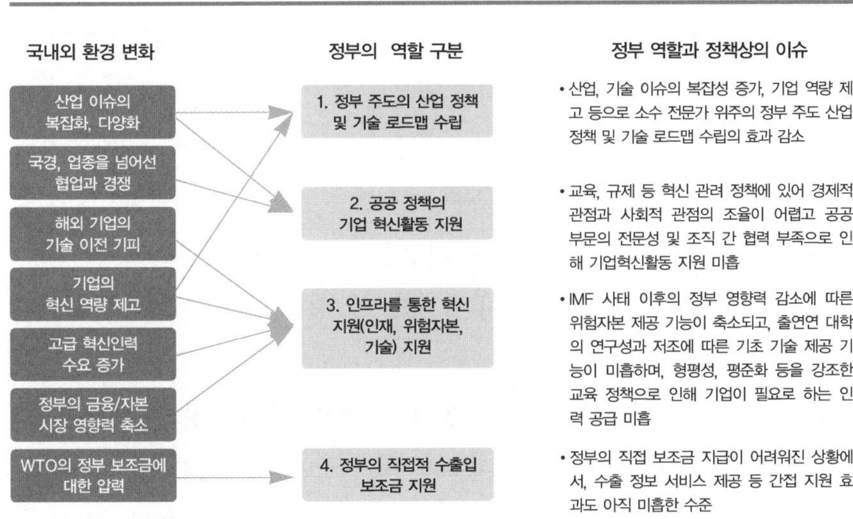

출처 한국 국가혁신체제 발전방안 연구, STEPI, 송위진 외, 2004 참조

라 정부 역할을 ① 산업정책과 기술 로드맵 수립, ② 여러 공공 정책의 기업 혁신활동 지원, ③ 대학, 출연연 등 혁신 인프라를 통한 기업 지원, ④ 수출입 보조금 등 정부의 직접적인 지원 측면으로 구분해서 문제점을 논할 수 있다.

정부 주도 산업정책, 기술로드맵 수립의 효과 감소

선진 기술을 따라잡는 것이 기술개발의 주류였던 압축 성장 경제에서는 소수 전문가 위주의 정부 주도 기술정책 수립의 실효성이 높았다. 그러나 기술 융합화가 확산되고, 개발해야 하는 선진 기술의 실체가 명확하지 않으며 민간 부문의 혁신역량이 강화되는 상황에서 관주도 산업정책 수립과 기술로드맵 작성은 한계에 봉착할 수밖에 없다. 이를 극복하기 위해 연구개발 구조를 정부 주도에서 산학연 연계체제로 개편하고자 했으나, 아직까지 실질적인 의미의 산학연 연계가 이루어지지 않고 있다. 정부는 협력 증진을 위한 각종 시책을 추진해 왔지만 사실상 그 시책들은 일률적으로 정부 출연연구소와 대학에 산학연 협력의 임무를 부여하는 것이었고, 협력인프라 역시 공공 부문 안에만 설치했다. 기업 부문 안에 구축하려는 노력은 아예 없었으며, 기업 부문 역시 주체적으로 협력시스템을 형성하고 이끌고자 하는 의지가 없었다.

이러한 원인에 더하여 공동연구를 위한 정부 중심의 탐색과 기획 기능을 대체하여 산업의 수요를 정확히 반영할 '중간 조직의 부재'를 들 수 있다. 산학연 공동 연구개발은 공통 연구 테마의 탐색, 기획, 실시의 세 단계로 나뉘는데, 민간의 기술 수준이 높아지고 수요

IT839 전략

정통부가 야심차게 진행해 온 IT839 전략은 신시장 창출에 대한 막연한 기대, 잘못된 예측의 부작용을 보여주는 대표적인 사례다.

2006년 10월13일 IT839에 대한 문제점은 정통부 국정감사의 최대 화두였다. 관련 자료에 의하면 2004년 IT839 전략 수립 당시 전망치 대비 2006년 와이브로(WiBro) 가입자는 0.084%, WCDMA 가입자는 1.9%에 그치는 등, IT839 전반적인 실적이 기대치에 턱없이 못 미치는 것으로 드러났다. 이와 관련해 과학기술정보통신위원회 K의원은 "IT839 전략 8대 서비스를 수행할 사업자들의 능력과 이를 소비할 소비자들의 구매력을 감안하여 사업을 추진했어야 하지만 정부 실적에 맞추기 위해서 몇몇 사업자들의 팔을 비틀어서 억지로 모든 사업을 무리하게 추진한 것이 문제"라고 지적했다.

즉 수익이 기대되지 않는 기술임에도 불구하고, 정통부가 시장에 과도한 개입을 한 점, 시장 친화적이지 못한 기술 중심 정책이 실패의 원인이라 할 수 있다.

출처 IT839 8대 서비스 제대로 된 게 없다, ITN온라인, 박영주, 2006

산학연 협동 3단계

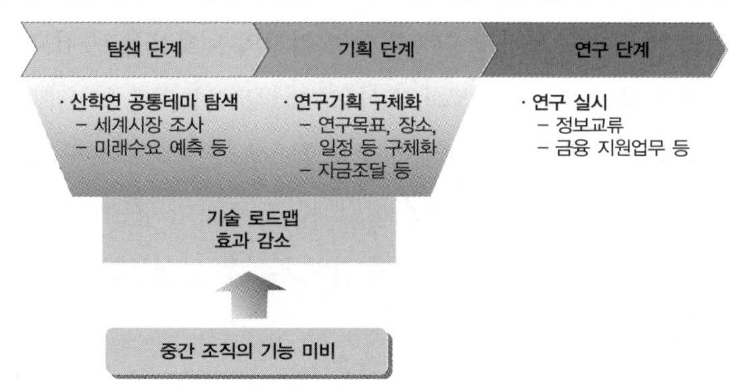

출처 국가기술혁신시스템의 창조성과 협동성 발전 연구, STEPI, 김갑수 외, 2002

가 복잡 다양해지면서 정부 주도의 탐색, 기획 활동은 실질적인 산학연 연계를 이끌어내기에 한계가 있다.

이를 위해 기업의 수요를 파악하여 정부 주도의 탐색과 기획 기능을 보완할 중간 조직이 필요하게 되었다. 한국의 경우에도 산학연 연구 중간 조직으로 바이오디젤 연구협의회, 의·과학 분야의 한국생명공학연구협의회나 정통부 등록단체로 무선통신협의회 등이 있으나 협력 인프라로는 보기에는 어려운 실정이다. 왜냐하면 이들의 역할이 단순히 정부 연구과제의 수탁공동체로만 기능할 뿐 주축이 되어 업계의 공동협력을 창출하거나 국가에 산재해 있는 연구자원을 유기적으로 연결하는 활동은 없었기 때문이다. 또한 이들은 시장정보와 경제정보를 수집하여 회원사에 제공하거나 수출입 지원 등의 단순한 전통적인 업무를 수행할 뿐 기술혁신, 연구개발에 직결된 활동도 하지 않는다.

중간 조직 기능이 부재한 한국과 달리 연구개발투자 규모로 OECD 2, 3위인 일본과 독일은 우수한 산업계 중간 조직을 통해 공동연구 활성화하고 민관 협력을 촉진하고 있다. 일본과 독일의 사례는 중간 조직의 부재로 산학협력이 잘 이루어지지 않는 한국에 좋은 사례가 될 수 있다. 현재와 같이 정부가 산학협력을 할 경우 연구비를 지원하는 방식 일변도에서 탈피해 일본, 독일의 사례와 같이 기업이 관심 기술 분야의 산학연 협력체를 구성하여 공동연구개발을 수행하고자 할 때, 이러한 조직의 협력 활동을 활성화할 수 있는 제도적 지원을 할 필요가 있다.

일본과 독일의 산업계 중간 조직 사례

일본 산업계의 R&D재단 법인

일본의 경우 단일의 대형 연합체가 없는 대신 무수히 많은 개별 협회단체로 분화되어 있다. 특정 기술 분야(국제 로봇-FA기술센터, R&D협회 등)로 특화되어 산업계 공동차원의 기술협력의 모체 역할을 하는 전문협회 단체가 많다. 산업계가 자발적으로 결성한 R&D협회는 '기술적 과제'만을 중심으로 운영하며 회원기업과 대학, 정부기관, 정부 관료의 네트워크로 이루어진 공동기술조사위원회는 매우 활발하게 탐색공동체 활동을 중심적으로 수행하고 있다.

독일 산업계의 AIF(산업연구협회연합회)

독일의 AIF는 '탐색공동체-기획공동체-연구공동체'의 종합형으로 산업계 중간 조직과 정부 에이전시 기능이 결합되어 있다. AIF는 개별협회들이 협력인프라를 구축하기 위해 체계적으로 조직한 연합회다. 협회단체로 조직화된 총 5,000여 개의 개별 중소기업들이 또다시 더 큰 조직형태가 됨으로써 이루어진 것이다. 이 중간조직은 민간이 운영하지만 집행조직은 산학연의 전문가와 기관들이 공동으로 참여하는 협동적인 운영체계 형식을 갖고 있다. 자체 연구소 조직도 가지고 있다. 따라서 중간 조직의 기능만이 아니라 정부연구개발사업의 집행을 담당하게 된다.

또한 EU 차원에서 실시되고 있는 중소기업지원 프로그램 CRAFT(Collective Research & Cooperative Research : 연구역량이 미흡한 중소기업들이 공동으로 연구소·대학 등에 연구를 위탁하는 공동·협력연구)의 정보센터로서 활동하며, LEONARDO 프로그램(직업교육을 통해서 중소기업 종사자의 기술습득을 지원)의 독일 업무를 담당하는 기관으로도 기능하고 있다.

출처 국가기술혁신시스템의 창조성과 협동성 발전 연구, STEPI, 김갑수 외, 2002

기업 혁신활동을 지원하지 못하는 정부 정책

정부가 수립, 실행하는 여러 공공 정책들은 사회적 목표와 경제적 목표의 상충, 산업 수요의 미반영, 부처 간 협력 부족과 인력의 전문성 부족 등 네 가지 이유로 인해 기업의 혁신활동을 충분히 지원하지 못하는 것으로 파악되었다.

공공 정책의 경제적, 사회적 목표의 상충

공공 정책이 경제적 부가가치 창출과 사회의 편익 및 공공의 이익 모두를 만족시키는 과정에서 두 가지 목표가 상충하게 된다. 대표적인 예로 교육정책을 들 수 있다.

산업 수요에 대응하는 인력양성을 위한 교육과 국민정서와 기대를 반영한 교육 간에 목표가 상충되는 가운데 정부는 정책의 방향성을 국민 정서에 좀더 초점을 맞추어 평준화와 획일화, 규제 위주의 교육정책을 시행했다.

그 결과 교육기관은 경쟁을 통해 발전할 수 있는 기회를 상실하게 되었고, 글로벌 경쟁력도 약화되었으며, 종합대학 위주의 획일적인 대학시스템은 기업이 필요한 인재를 육성하지 못하게 되었다. 또한 수도권 규제로 상위 대학의 재투자 및 해외 대학 유치가 어려워 교육의 질적 발전이 더뎌지고 있다.

정책의 방향성과 산업 수요의 부정합

변화된 산업 환경의 수요와 정책의 방향성이 불일치함으로써 정책 지원의 효율성이 저하되었다. 그 예로 지역 산업 수요를 적절히 반영하지 못한 혁신클러스터 정책이 있다. 한국 지역 산업정책을 살펴보면 중앙부처가 개발한 하나의 새로운 정책이나 사업모델을 각 시군구에 일률적으로 보급하려는 경향이 있다. 이처럼 지역의 특수성을 고려하지 못한 모델을 획일적으로 적용함으로써, 지역 혁신클러스터 구축 단계에서 향후 지역 성장 산업 선택시 각 지역의 정치적 영향력이 정부 정책에 크게 작용하여 지역의 현실과 유리된 산업이 유치되는 경우가 발생한다.

정부 부처 간 협력 미흡

정책이 수립되더라도 정부 부처 간 협력 부족으로 실제 수행되는 데까지 많은 시간과 비용이 발생하는 경우가 있다. 협력 부족의 원인으로는 부처이기주의(Departmentalism or Sectionalism)를 들 수 있는데, 방송통신정책 수립 과정이 그로 인한 사례를 잘 보여준다.

방송과 통신의 융합을 통한 IPTV 서비스의 경우 방송위원회는 이것이 방송의 영역이기 때문에 자신의 규제를 받아야 한다고 주장하고, 정보통신부는 통신의 영역이므로 자신의 관할이라 주장하며 대립해 서비스 시행이 지연되고 있다. 이처럼 부처이기주의로 인한 규제기관 간 협조 부족으로 IPTV 서비스가 1년씩 지연될 때마다 1조 원의 기회비용이 발생할 것으로 예상된다.

정책담당 인력의 전문성 부족

정책담당 인력의 전문성이 부족하여 정책 효율성을 저해하기도 한다. 지금의 규제개혁위원회는 학계, 기업계, 언론계, 법조계 등 사회 각계를 대표하는 인사들로 구성된 명망가형 위원회로서 전문성 부족

으로 인해 규제개혁에 대한 기업과 사회의 수요를 정확히 반영하기
어려운 실정이다. 뿐만 아니라 1~2주에 1회씩 열리는 정부위원인 장
관들의 회의 참석률은 평균 5%에 불과하다.

이에 따라 실질적인 업무는 국무조정실 산하 규제개혁 조정관실에
서 담당하고 있는데, 이곳도 ① 외부로부터의 영입에 의한 전문성 보
유 불가능, ② 총리실내 순환보직에 의해 전문성 확보의 어려움, ③ 인
력과 예산 부족 등의 이유로 전문성을 담보할 수 없는 상황이다. 이
에 따라 규제를 수립 집행하는 각 부처의 입장에서는 규개위 위원들
의 전문성이나 능력에 의문을 갖게 된다. 이는 규제개혁을 더욱 힘들
게 하는 분위기를 조성하고, 규제개혁과 관련하여 부처 간 이견발생
시 통합, 조정 기능을 발휘할 수 없어 이로 인한 피해는 결국 국민에
게 전가되고 있다.

인프라를 통한 혁신자원 지원 기능 미흡

정부 영향력의 감소, 기업 역량 향상, 고급 혁신인력 수요 증대 등으
로 인해 정부는 위험자본, 기술, 인력 등 혁신자원을 공급하는 기능
이 과거에 비해 약해졌다.

첫째, 정부가 위험자본공급자(Risk capitalist) 기능을 더 이상 수행하
지 못하게 되었다.

1997년 말 외환위기 이후 자본 시장에 대한 정부의 통제력이 크게
축소되고 외국 자본의 영향력이 확대됨에 따라 정부는 과거와 같이
강력한 영향력을 바탕으로 한 위험자본 공급자 기능을 수행하지 못
하게 되었다.

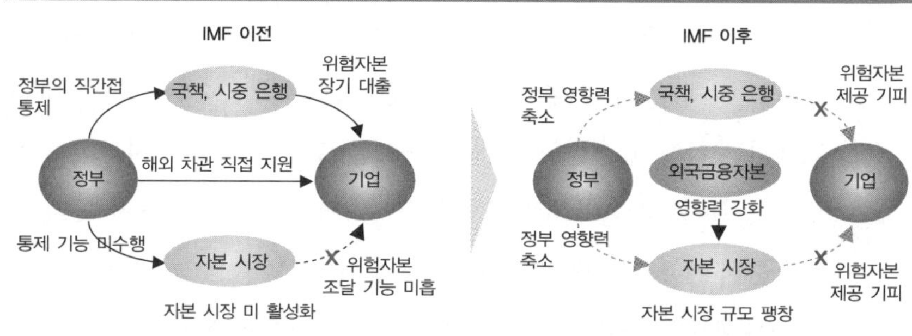

• 직간접 자본 지원을 통해, 위험캐피털리스트 역할을 수행 　– 해외 차관을 도입하여 기업에 직접 제공 　– 국책은행, 시중은행을 통한 정책금융을 통한 자본 제공 　– 정부 주도의 강력한 금융통제와 산업정책을 통해 정부–은행–재벌 간의 협력을 통한 위험 부담(risk taking) 및 위험 분담(risk sharing)이 이루어지는 경제구조였음	• 정부의 금융, 자본 시장 통제력 약화로 위험 캐피털리스트 기능 상실 　– 금융 · 자본 시장에 대한 통제력이 크게 약화됨 　– 외국 자본의 영향력이 강해지면서 금융, 자본 시장에 글로벌 투자 기준에 대한 요구 등 영향력이 강화되었고, 초우량 기업 위주로 자본과 대출 금융이 제공됨 　– 외국 자본에 대한 영향력이 크지 않은 금융기관도, 위험 회피 성향이 강해져 위험자본 제공 축소

이렇게 직접적인 위험자본 공급이 힘들어진 상황에서 위험자본 공급을 원활하게 하기 위한 여타의 자본, 금융지원의 효율성도 떨어지고 있는 실정이다. 이를 세 가지 측면에서 살펴보자.

자본, 금융 시장 활성화 정책과 제도 미흡

앞에서도 언급했듯이 벤처캐피털에 대한 장기 투자 가능 자금의 투입이 어렵다. 미국의 경우 장기 투자가 가능한 연금 · 기금 및 재단의 비중이 61.9%(2003년 기준)에 달하고 있지만, 한국은 그 투자 비중이 작아 장기 투자가 힘들다. 이는 벤처캐피털 활성화 부진으로 이어지게 된다. 벤처기업이 상장되기까지 소요 기간이 평균 8년 정도 걸리는데도 불구하고 정부 투자 자금 회수 기간은 투자 후 평균 5년으로 벤처 투자 활성화에 장애가 되고 있다. 또한 효율적인 자원 분배를 위해서는 다양한 증권의 발행시장(primary market)을 형성하는 투자은행업의 활성화가 필요하나, 투신사는 오랫동안 투자기관이 아닌 저축기관의 기능을 담당해 왔다.

위험자본 공급자와 중소·벤처기업을 연계하는 기능 부족

중소·벤처기업의 사업성과 기술력을 평가할 전문 인력과 역량이 모자라고, 중소기업청 등 정부 산하 평가기관이 제공하는 이노비즈(Innobiz) 인증, 벤처 인증에 대한 시장의 신뢰도 부족하다. 이에 따라 인증 획득이 자본 조달이나 자본 시장 진입에 큰 도움이 되지 않고 있다.

중소벤처기업 대상 정부 직접 지원의 비효율성

정부 지원 자금은 신용보증 및 기술력 평가 등에 기초한 대출이 주를 이루고 있다. 대부분 단기 대출금이고 지원 규모도 작다. 때문에 자금이 연구개발에 사용되지 못하고 설비투자 및 운용자금으로 사용되고 있다. 또한 성공 잠재력이 높은 기업에 집중적으로 자금을 몰아주는 '선택과 집중'이 이루어지지 않고 많은 기업들에 골고루 자금이 분산돼 집행의 효율성이 낮다.

중소기업의 발전 단계별 체계적인 지원정책도 미흡한 실정이다. 미국의 SBIR(Small business innovation researcher)은 중소기업에 단계별로 차별화된 지원을 수행하는 프로그램이다. 초기 단계의 기술심사 및 초기 지원과 기술개발 뒤 상품화 단계 지원까지는 정부가 주도하고, 상품화 이후에는 벤처캐피털리스트를 연계해 주고 있다. 한국은 기술혁신 사업을 지원하는 경우 SBIR을 모델로 삼고 있으나, 이 중 정부가 자금지원의 역할만 수행하여 정책의 효과성이 상대적으로 떨어지고 있다.

둘째, 기업의 혁신인력 수요를 반영하지 못하는 교육 정책을 들 수 있다. 앞서 혁신인력 부분에서 살펴보았듯이 혁신인력 부족에 대한 여러 원인 중에서 입시 위주 교육과 대학교육체제 등 교육 측면의 문제가 지적되었다. 이러한 것들의 저변에는 정부의 교육 정책이 기업의 혁신인력 수요를 충분히 반영하지 못했기 때문으로 여겨진다. 정책 측면의 요인을 다시 정리하면 다음과 같다.

보편성, 평준화를 강조하는 교육 정책 : 정부의 교육정책이 국민 정서를 감안하여 교육 기회 제공의 형평성에 초점을 맞추다 보니 하향 평준화되고 있다.

교육 정책의 일관성 결여 : 지속성이 없는 정부의 정책 방향에 따라 교육 정책이 변경되어 기업, 교육 수혜자 모두 혼란이 가중되고 있다.

대학 교육의 시장 수요 반영 인센티브 부재 : 대학 교육이 기업과 교육 수혜자의 요구를 반영해야 할 정책적 유인이 부족할 뿐 아니라 교과과정이 최근의 경제나 과학·기술 트렌드를 반영하지 못하고 있다.

대학간 차별화 미흡 : 모든 대학이 유사한 학과체제를 유지하는 현실에서 선진국의 사례처럼 대학별 특정 분야에 전문성·우수성을 확보하게 하는 정책적 배려가 미흡하다.

셋째, 혁신 인프라를 통한 기술 지원이 미흡하다.

금융시스템과 교육 기관 외에 혁신인프라의 한 축을 이루는 정부 출연연구소는 민간과 대학의 연구개발 기반이 전무하던 1960년대 이후 국가 전략산업 성장을 위한 기술 개발을 통해 기술 수요를 해결해 왔다. 이러한 출연연의 기본적인 역할은 기초, 원천기술 개발과 같이 민간이 수행하기에 부담이 큰 빅 사이언스(Big Science)에 초점을 두고 기업이 필요로 하는 공통의 기반 기술을 공급하는 것이다. 또한 중소기업의 기술 개발을 지원하며, 논문이나 보고서 등을 통해 과학기술과 하이테크 산업에 관련된 정보를 제공하고 확산하는 역할을 한다. 출연연은 CDMA, 4M · 16M DRAM, 국산 표준 원자로 사업 등에서 총체적으로 수십조 원의 매출 효과와 외화절감 효과를 거둔 바 있다.

그렇지만 민간이 해결하기 힘든 기초 기술 개발을 선도한다는 출연연의 기본적인 기능이 퇴색하고 있다. 아래 그림에서 보듯이 출연연의 연구개발 영역 중 예산과 인력 모두 산업기술에 주로 초점을 맞

정부 출연연구소의 주요 연구개발 영역

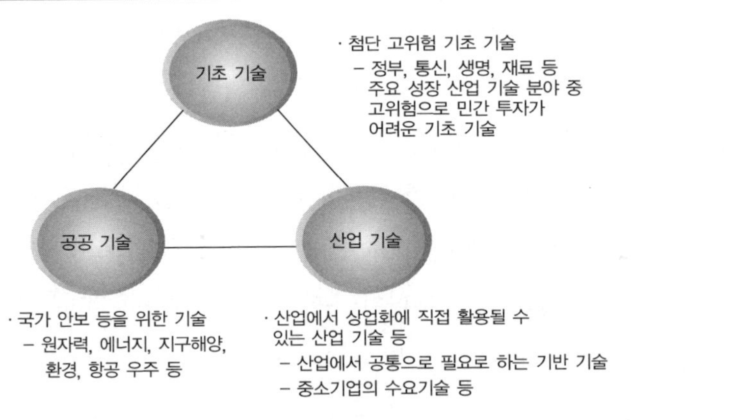

추고 있다. 시대 변화에 맞추어 기업, 출연연, 대학 등에 대한 역할 재정립이 적절히 이루어지지 못함으로써 기업 부문과 역할이 중첩되고 있으며, 기초 원천기술 투자를 위한 출연연의 기획, 인력 등 역량도 부족한 상황이다. 이에 따라 국가 과학기술 역량을 제고하기 위해 존재하는 출연연의 위상이 흔들리고 있다.

대학도 예산과 정부의 성과 관리 문제 그리고 대학 자체의 노력 부족 등으로 기업이 필요로 하는 기초기술연구 기능을 제대로 수행하지 못하고 있다.

결론적으로 출연연과 대학의 기초 연구 활성화를 통해 기술 측면에서 기업혁신활동을 지원해야 하는 본연의 기능이 상당히 떨어지고 있다. 이는 각 혁신 주체를 관리하고 조율해야 하는 정부의 책임도 크다고 할 수 있다.

과학기술계 연구회 연구인력 추이　　　　**과학기술계 연구회 예산 추이**

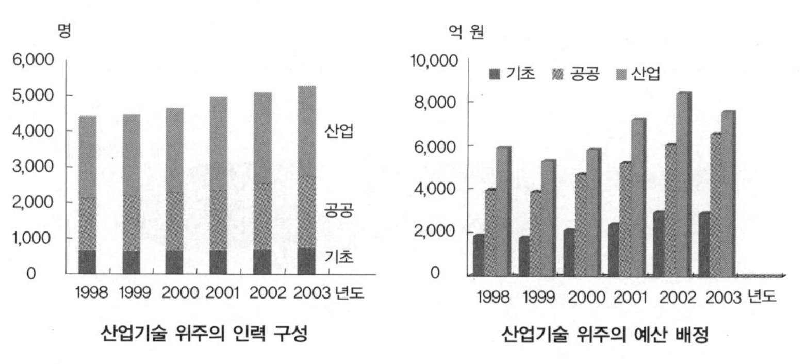

산업기술 위주의 인력 구성　　　　　　　산업기술 위주의 예산 배정

출처　한국 국가혁신체제 발전방안 연구, STEPI, 송위진 외, 2004

정부의 직접 보조금 지원을 대체할 직·간접적 수출입 지원 미비

과거에는 기업에 대한 직접적인 정부 보조금 지원이 가능했다. 하지만 1995년 WTO 체제 출범에 따라 보조금협정이 채택되면서 정부가 기업에 보조금을 지원하기가 어려워졌다. 수출촉진 보조금과 수입대체 보조금 지급은 금지보조금 항목으로 이를 어길 경우 다른 회원국은 '피해 여부'와 관계없이 WTO에 제소할 수 있게 되었다. 따라서 정부는 보조금의 직접 지급보다 IT839 정책과 같이 차세대 성장 동력 육성 산업 부문의 기술개발 지원에 역량을 집중하고 있지만 연구개발 보조금 또한 보조금 협정의 항목 중 하나로 규제를 당하고 있는 실정이다.

보조금 직접 지원이 어려워진 현실에서 정부는 간접적 지원을 추진하고 있으나 그 효과가 미미하다. 그 예로 중소기업, 벤처기업에 수출입 관련 정보를 제공하는 간접적 수출 지원 서비스가 있으나 지원기관의 정보, 서비스의 질적 수준은 매우 떨어지는 것으로 나타났다.

이처럼 외부 환경 변화로 정부의 직접적 지원이 한계에 봉착했으

중국 투자시 중소·벤처기업의 정보 습득 경로

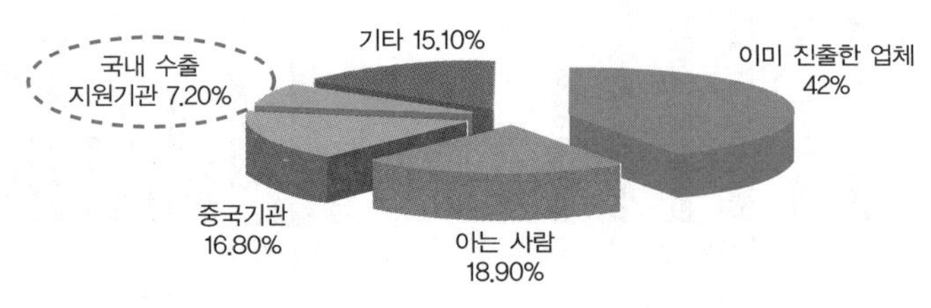

출처 '있으나 마나' 해외수출 지원기관 실태, 동아일보, 2005년 11월

나, 정부가 이를 대체할 수출 지원 서비스, 산업계 기반 인프라 활성
화 등의 간접적 지원 활동을 충분히 이행하지 못하여 산업 경쟁력 강
화에 한계가 있다.

11

기업의 발목을 잡는 규제

1_OECD 평균을 웃도는 높은 규제 수준

정부 규제는 그 대상 영역을 기준으로 기업 및 개인의 경제활동을 규제하는 경제적 규제(Economic Regulation)와 사회적 활동을 규제하는 사회적 규제(Social Regulation)로 나눌 수 있다. 경제적 규제는 '기업의 설립으로부터 일상적인 생산 및 영업활동을 포괄하는, 기업의 본원적 활동에 대한 규제'로 기업의 혁신을 좌우하는 중요한 요소 중 하나다. 한국은 이러한 경제적 규제 수준이 높은 것으로 알려져 있다. OECD가 미국, 일본, 유럽 등 30개국을 대상으로 한 규제 수준 조사를 보면 한국의 전반적인 규제 수준은 높은 것으로 나타났다.

이를 자세히 살펴보면 기업설립에 따른 행정적 부담은 30개국 중 21위를 차지했다. 이는 행정절차 수, 지연시간, 소요되는 직·간접비 규모로 조사한 기업 설립의 행정부담과 개인사업 행정부담 그리고

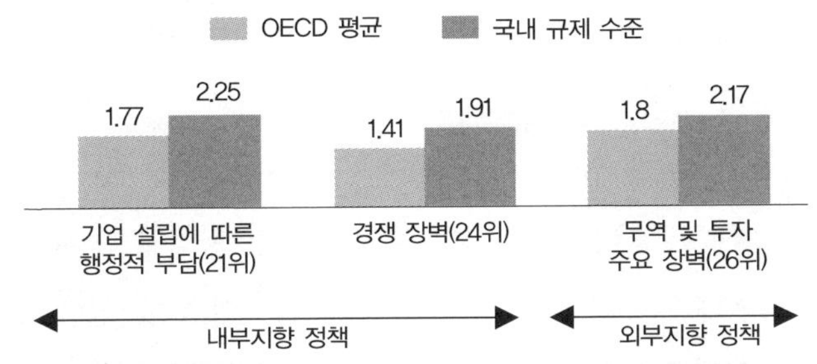

출처 Product Market Regulation, OECD, 2003, 0~6점 값이 높을수록 규제가 심한 것을 의미

도로교통 및 소매분야에 대한 설립절차, 라이선스 취득요구 등을 나타내는 특정 산업 분야에서의 행정부담 항목을 통해 구해졌다. 또한 시장 내 경쟁자 수가 법적으로 제한되어 있는지 나타내는 법적 진입 장벽과 독과점, 합병금지법으로부터 공기업이 얼마나 면제받는지를 나타내는 공기업의 독점금지 예외사항으로 조사한 경쟁 장벽은 30개국 중 24위로 나타났다. 한편 공기업 중 외국투자자의 지분확보에 대한 법적 제재, 통신 및 항공분야에 대한 외국인 지분 제한과 관세(한국 3.00, OECD평균 1.40)로 조사한 무역 및 투자장벽은 30개국 중 26위를 차지했다.

개선이 필요한 경제 규제

국내 기업들 역시 출자총액제한제도, 수도권 규제, 건설부동산 규제, 진입 규제 등 여러 규제에 대한 개선 필요성에 공감을 표했다.

2006년 대한상공회의소가 국내기업 200개사(대기업 100개, 중소기업 100개)를 대상으로 '경기하락 방어를 위한 규제개선과제' 설문조사를

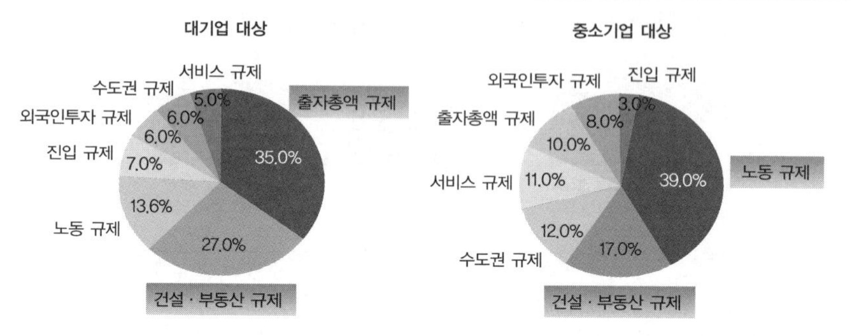

한 결과 경기하락을 방어하기 위해 가장 시급히 개선해야 할 규제로 대기업은 '출자총액제한제도 등 기업지배구조 관련 규제'를, 중소기업은 '노동 관련 규제'를 꼽았다. 정부의 규제개혁이 적절히 이루어진다면 응답 대기업의 67%와 중소기업의 54%가 '신규 사업에 진출할 것'이라고 밝혔다. 이를 통해 규제가 신규 산업 진출 등 기업의 혁신 관련 활동에 커다란 장애가 되고 있음을 알 수 있다.

2 _ 투자 의욕을 가로막는 한국의 사전적 규제

한국 규제의 특성 – 사전적 규제

출자총액제한제도 등으로 대변되는 한국의 경제 규제는 사전적 규제로 특징지을 수 있다. 사전적 규제는 폐해가 발생 가능한 분야를 사전에 규제하고 사후에 대기업의 기업 활동에 문제가 생길 경우 규제를 완화하는 것으로, 대기업의 신속한 시장 대응력(신규 시장 진출,

사전적 규제로 인한 기업혁신 저해 사례

사전적 규제로 인해 시장성이 높은 유선 인터넷 통신사들의 IP-TV 신규 사업 진출이 제한받고 있다.

IP-TV 사업이란 초고속 인터넷망을 통해 실시간으로 다양한 멀티미디어 콘텐츠를 제공하는 통신 방송 융합 서비스로, 2006~09년 국내 시장 규모 5,200억 원 수준을 예상하며, KT, 하나로통신 등이 2006년 상반기 상용서비스 제공을 목표로 기술 개발을 완료했으며, 시범서비스 도입을 준비했다. 그러나 IP-TV 사업을 통신으로 보느냐, 방송으로 보느냐에 대한 정보통신부와 방송위원회의 대립으로 시범서비스 도입이 표류하고 있는 상태다.

정보통신부는 현행 법령상 IP-TV는 이용자가 서비스 사업자에 콘텐츠 신청을 한 후 인터넷을 통해 전송하는 서비스로 통신에 해당함으로, 새로운 법안을 만들어 시장 시장진입을 허용해야 한다고 주장하는 한편, 방송위원회는 IP-TV를 방송으로 보아 방송에 준하는 규제(허가)를 해야 한다고 주장하기 때문이다.

M&A, 자본 제휴 등)을 저해할 가능성이 있다.

사전적 규제는 크게 두 가지 측면에서 기업 활동에 제약이 될 수 있다. 첫째, 신규 투자와 신규 시장 진출을 저해할 수 있다. 산업 간 융합이나 가치사슬 영역 확장 등 글로벌 트렌드를 주도하기 위한 대기업 집단의 직접 투자나 M&A를 어렵게 하여 신규 투자 및 신규 시장 진출을 어렵게 한다. 둘째, 사업 수행을 위한 규제 해소에 많은 시간이 소요됨으로써 글로벌 경쟁 속에서 시장 선점 이익을 획득하고 경쟁 우위를 확보하는 것을 어렵게 한다.

대표적인 사전적 규제- 출자총액제한제도

출자총액제한제도는 한국의 대표적인 사전 규제다. 자산 총액이 6조 원 이상인 기업집단 소속회사의 경우 순자산의 25%를 초과해 국내 회사에 출자할 수 없도록 한 것이다. 제도의 본래 취지는 업종 다각화에 따른 대기업들의 무분별한 사업확장 가능성을 차단하기 위한 것이나, 기업의 투자활동과 M&A, 외국 기업과의 제휴 등에 걸림돌로 작용할 수 있어 대기업들이 가장 큰 불만을 가지고 있다.

오랜 기간 동안 출총제가 기업 활동에 미치는 영향에 대해 갑론을박이 벌어져왔으나, 출총제가 기업 투자를 어렵게 할 가능성에 대해서는 부정하기 어렵다. 이러한 부작용에 대한 우려로 2006년 11월 적용 대상을 자산 10조 원 이상 대규모 기업 집단 소속의 자산 2조 원 이상 개별 기업으로 변경하고 출자제한도 순자산의 25%에서 40%로 변경하는 방안이 추진 중이다.

이 기준을 적용하면 출총제를 적용받는 기업은 현재 14개 그룹, 343개 기업에서 7개 그룹, 24개 기업으로 줄어든다. 그러나 대한상공회의소 관계자는 "정부가 출총제 적용기업을 축소한다고 해도 사실상 대규모 투자 여력이 있는 회사들은 이들 24개 기업이기 때문에 투자 활성화에 전혀 도움이 되지 않는다"고 밝히는 등 재계에서는 변경 추진 중인 출총제의 실효성에 대해 여전히 의문을 제기하고 있어 향후 제도 수정 방향에 귀추가 주목되고 있다.

출자총액제로 인한 기업 혁신 저해 사례

투자계획 검토 자체를 포기

A사의 경우, 모든 사업부서의 임원들은 '회사가 출자총액제한 대상' 임을 알고 있기에 투자결정시 외부투자를 아예 검토 대상에서 제외하고 있다. 한편 B사의 재무담당 부서는 올해 초에 사업부서별로 제출된 투자계획 중 출자와 관련된 것은 한 건도 수용할 수 없어 모두 불가 판정을 내린 후 해당부서로 돌려보낼 수밖에 없었다.

외국인 기업과의 합작 애로

E사는 미국 F사와 합작하여 설립한 Y사가 매년 꾸준한 흑자를 기록함에도 불구하고 외국인투자 기업에 대한 예외인정기간이 종료되면 F사의 지분매각이 불가피한 상황이다. 이에 더하여 합작사인 F사도 출자규제로 인하여 E사가 투자지분을 매각할 수밖에 없다는 사실을 잘 알기 때문에 협상가격을 크게 낮추어 Y사 지분을 인수하려 하고 있어 E사는 막대한 손실을 앞두고도 대책을 마련할 수 없는 상황이다.

출처 출자총액제한제도와 기업투자의 관계, 산업연구원, 고동수, 2006년 9월

선진국들의 사후적 규제 특성과 규제 완화 사례

미국, 홍콩, 독일, 영국 등 외국의 경우는 사후적 규제와 규제 완화로 신규 산업 진출, 신기술 상업화를 촉진하며 기업의 신속한 의사결정 등을 지원하고 있다. 사후적 규제는 신기술·신비즈니스가 적용되는 경우 일단 사업을 허가해 주고 나중에 사회적·경제적 폐해가 발생하면 규제한다.

기업의 신속한 의사결정, 신규 사업 추진을 지원함으로써 기업 입

장에서는 사업이 빠르게 진행돼 선점효과를 누릴 수 있으므로 신규 비즈니스가 글로벌화 될 때 주도권을 장악할 수 있는 유리한 위치를 차지하게 된다. 미국은 1996년 통신법이 개정되어 통신과 케이블 TV를 동시에 서비스할 수 있게 되었을 때, IP-TV 같은 신규 융합 서비스에 대해 아예 규제하지 않는 정책(hands-off)을 시행하고 있다. 미국에서 통신과 방송 간 갈등이 있을 때에는 규제기관인 FCC가 공익성 테스트를 진행했는지의 여부를 학계 등에서 검증하기 때문에 사후 규제에 따른 큰 문제가 발생하지 않는다. IT 발달에 대해 법체계가 따라가고 있지 못하는 한국 상황과는 대조적이다.

IP-TV 관련 규제 완화 사례를 좀더 살펴보면 독일, 영국, 홍콩은 상당히 빠른 속도로 규제가 완화되고 관련 법규가 정비돼 기업 활동을 신속하게 지원하고 있다.

독일의 경우 기술 발달로 돌출되는 문제들을 고정된 법체계로는 해결할 수 없다는 판단에서 상황변화에 맞춰 법률을 유연하게 고치고 있다. 영국 역시 2003년 커뮤니케이션법을 제정하여 방송 통신융합 규제환경을 마련했다. 이에 따르면 IP-TV서비스의 경우 허가받을 필요 없이 일정 요건만 갖추면 사업을 할 수 있다.

홍콩은 IP-TV 상용서비스를 실시하면서 관련 법규 또한 컨버전스 시대에 맞게 정비하여 통신사업자의 신규 사업 진출이 원활하게 이루어지도록 했다.

2003년 9월 통신사업자 PCCW가 IP-TV 서비스 제공을 위해 유료 텔레비전 서비스 허가를 취득했는데, 이와 같이 신사업은 시행에 있어 정부의 허가가 필요하지만, 이것이 신사업자의 방송진출을 금지하는 규제로는 작용하지 않고 있다.

3 _ 선심성 규제 완화보다 규제 품질을 높여라

한국은 새로운 정부가 들어설 때마다 규제 개혁의 중요성을 느끼고 많은 규제를 철폐하여 양적인 측면에서는 나름의 성과를 이루었다.

그러나 규제 품질 수준이 선진국 대비 여전히 낮고 핵심 규제에 대한 정비가 미비한 점 등 질적인 측면에서는 규제 개혁이 제대로 이루어지지 않는 규제 완화 단계에 머물고 있다. 세계은행이 2005년 기업과 연구기관 등을 대상으로 규제로 인한 시장왜곡 및 과잉규제 여부

규제 개혁의 단계와 역대 정부별 규제 완화 내역

규제 완화	규제 품질 제고	규제 관리
· 규제의 건수를 줄이고 행정절차 간소화 · 정부 인력과 조직 감축 시도	· 질 위주의 개혁 · 기업 활동을 제약하는 불합리한 핵심 규제를 집중적 정비 · 행정절차 개선 등을 통해 규제의 이행에 소요되는 비용·시간 절감	· 불필요한 규제의 신설을 억제 · 규제를 장기적으로 관리하고 감독할 운영체제 설립

역대 정부별 규제 완화 내역

· 국민의 정부와 참여정부(1998~현재)
1998년 이후 대대적인 규제개혁을 추진하여, 1998년 1만 1,125건에 달하는 기존 규제 중 약 50%의 규제를 폐지하고 2,411건을 개선하는 대규모의 개혁을 이루어냈다. 이 외에도 중앙과 지방의 법령에 근거하지 않은 규제 총 1,840건 가운데 1,678건을 폐지했다.

· 문민정부(1993~1997)
총 4,477건에 달하는 규제개혁 추진과제를 선정하여 그 가운데 87%에 해당하는 3,918건의 규제를 완화했다.

· 제5~6공화국(1982~1992)
정부 차원에서 개선해야 할 주요 정책과제 46건을 포함, 총 760여 건에 이르는 규제를 완화하고, 현지조사와 서면조사를 통해 발굴된 893종의 규제에 대한 제도개선을 추진했다.

출처 규제개혁의 정책과제와 발전방향, 한국경제연구원, 임상준, 2005

를 조사 분석한 규제 품질의 국가별 순위에서 204개국 중 58위를 차지했다. 이는 지난 2002년 49위에 비해 9단계 후퇴한 것으로 규제가 양적으로는 개선됐지만 질적으로는 후퇴했음을 의미한다. 또한 국민과 기업이 느끼는 규제 개혁의 체감도 역시 매우 낮은 수준에 머물고 있다.

또한 그 동안의 규제 개혁으로 무리하게 건수만 줄여 품질은 오히려 나빠지는 부작용을 초래했다. 수도권 규제, 대기업 규제, 노동관련 규제 등 핵심 규제는 여전하고 환경, 소비자 관련 규제가 새로 생기면서 세부적 부분에서의 질적 변화는 아주 미미한 수준이다.

현재 규제 완화 단계에서 규제 품질 제고 단계로 나아가는 데 장애요인으로 다음을 꼽을 수 있다.

정부의 혁신정책과 연계성 미흡

규제 개혁이 시장 개혁, 국가균형발전 등 정부혁신 과제들과 연계되지 못하여 기업의 혁신활동 지원을 위한 체계적 규제 개혁이 어렵다.

규제개혁위원회의 권한 및 전문성 미흡

규제개혁위원회의 전문 인력이 부족하고, 국무총리실 산하에서 권한이 크지 않아 정책적 역량, 전문성, 실효성이 저하된다.

정책의 실행 메커니즘 효율성 부족

규제 개혁정책이 입안되어도 효과적인 실행을 위한 관련 조직 및 사업 예산, 인사 행정 등의 뒷받침이 이루어지지 않아 정책의 실효성이 떨어지며 규제 개혁의 실행을 독려할 성과 평가 등의 메커니즘 부재로 효과적인 규제 개혁의 실행이 어렵다.

정책 기관 간의 협력체계 부족

지방자치단체, 행정자치부, 규제개혁위원회 등 규제 기관들의 협조
가 미흡하고 행정자치부가 조직 역량 부족, 권한 부족으로 지방자치
단체 규제 개혁 총괄을 제대로 이행하지 못하고 있다.

이해관계자 조율의 어려움

복잡한 이해관계자(청와대, 국회, 반 기업 정서의 국민들, 기업, 시민단체 등)
의 중재를 위한 조직, 메커니즘의 부재로 기업혁신활동 촉진을 위한
규제 개혁의 기획과 실행 능력 전반이 저하된다.

제3부

한국 경제의 7가지 자가진단노트

01

경제의 체질을 바꿔야— 선진국 문턱 넘는다

1_ 효율 주도형에서 혁신 주도형으로

우리는 앞에서 한국의 혁신 생태계가 처한 여러 문제점들을 살펴보았다. 오랜 기간 세계 10위권의 경제 규모를 유지하면서도 한국은 선진국의 문턱을 뛰어넘지 못하고 있다. 이는 정부, 기업, 대학, 출연연구소 등 국가 혁신체계를 구성하는 여러 주체의 전략과 역량, 그리고 협업의 부족 등에 기인하는 것으로 파악됐다. 이러한 상황을 한마디로 이야기해 주는 것이 바로 세계경제포럼(World Economic Forum)의 지적 사항이다. 1인당 GDP 수준을 기준으로 1만 7,000달러 이상으로 가기 위해서는 혁신 주도형 경제가 되어야 하며, 요소 주도나 효율 주도형으로는 이를 극복할 수 없다. 이러한 논지는 우리가 앞에서 살펴본 국내 혁신 생태계가 직면한 문제점을 한마디로 대변한다고 할 수 있다.

세계 10위권의 경제 규모와 R&D 투자, 풍부한 대졸 인력, 나름대

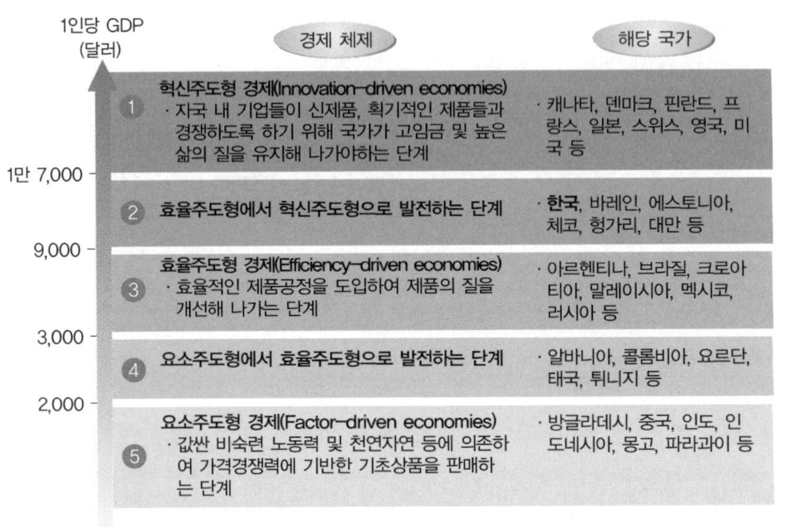

출처 ‘The Global Competitiveness Report 2006~2007’, 세계경제포럼

로 역량을 확보한 기업 등 선진국 못지않은 외형과 성장 동력을 가지고 있음에도 불구하고 여전히 선진국 대열로 진입하지 못하는 까닭은 우리가 제대로 된 혁신을 하지 못했다는 것을 암시한다. 혁신은 단순히 조직 구조나 문화를 바꾸거나 프로세스 혁신(PI)을 추진하고, 선진 기업의 경영 기법을 도입하는 것만을 의미하지 않는다.

핵심적인 것은 위험을 감수한 장기적인 투자를 마다하지 않고 새로운 제품과 서비스를 시장에 출시하고, 이를 통해 남이 할 수 없었던 의미 있는 변화와 가치를 실현할 수 있을 때 혁신은 이루어진다. 이러한 혁신을 통해서 우리는 비로소 2만 달러, 3만 달러를 뛰어넘어 선진국 대열에 동참할 수 있을 것이다.

이제부터는 한국 경제·사회를 한 단계 진일보시키기 위한 제언사항을 이야기하고자 한다. 먼저 새로이 변화하는 혁신의 특성을 이해할 필요가 있다. 이러한 바탕 위에 한국적 상황을 고려한 IBM 나름의 제언사항을 제시하고자 한다.

2_ 변화하는 혁신의 특성과 영향

첨단기술이 가져오는 새로운 기회가 확대되고 글로벌 차원의 경쟁이 심화되는 등 혁신을 둘러싼 환경이 변화함에 따라 혁신의 특성도 변하고 있다. 21세기의 변화된 혁신의 특성은 크게 짧아지는 혁신의 주기, 협업과 개방의 중요성 증대, 기술적으로 복잡하고 통합적인 특성(다학제성) 그리고 글로벌 차원으로의 확장 등 네 가지로 이야기할 수 있다.

짧아지는 혁신의 주기

변화하고 있는 혁신의 첫 번째 특성은 기술의 확산과 글로벌화로 인해 신기술 개발과 보급 속도가 증대하고 혁신의 확산 속도가 훨씬 빨라지고 있다는 것이다. 예를 들어 자동차의 발명으로 인한 사회 전반의 변화가 미국에서 시작해서 전세계로 확산될 때까지 약 50~60년의 시차가 있었지만, 전세계가 정보통신 기술에 의해 하나의 네트워크로 연결된 오늘날에는 세계 어느 곳에서든 새로운 혁신이 발생할 경우, 거의 실시간으로 전세계 사회와 개인들의 생활을 변화시킬 수 있다. 혁신이 일어나서 전세계에 영향을 미치는 과정이 예전과는 비교할 수 없을 정도로 빠른 속도로 진행되고 있는 것이다. 지리적 장벽이 낮아지고 광범위한 접근성이 증대됨에 따라, 혁신적 발명에서 보급까지의 주기가 짧아지고 새로운 기술의 확산 속도가 두세 배 빨라지고 있다.

협업 및 개방성

지금까지의 혁신이라고 하는 것은 보통 하나의 회사, 하나의 기능 또는 한 분야의 학문에서 독특한 것을 발명해 내는 측면이 많았기 때문에 혁신은 주로 개별적인 형태로 이루어졌다. 그러나 앞으로의 혁신이란 것은 한 분야의 발명이나 독창성으로 발생되는 것이 아니고 이미 존재하고 있는 많은 기술들과 전문 분야와의 협업을 통해 일어날 것이라는 것이 혁신의 두 번째 특성이다.

혁신의 창출은 과거와 달리 개인이나 소수의 그룹에 의해 발생하기에는 문제가 너무 복잡하다. 이에 따라 향후 혁신의 경쟁력은 한 분야를 잘하는 것이 아니라 다른 분야와 얼마나 함께 잘 협력해 나가느냐 하는 협업 능력에 달려 있다. 자기 분야의 독특한 발명품만으로 성공하는 시대가 아닌, 이미 존재하고 또 앞으로 발명될 기술들과 다양한 영역의 통찰력이 어떻게 잘 결합되느냐에 따라 성공 여부가 결정될 것이다.

이러한 협업 요구에 따라 지적재산권의 개념이 재검토되고 있다. 지적 재산을 엄격하게 소유하고 보호해야 하는 '소유물'이라기보다는 자본처럼 투자하고 확대하고 수익을 거두기 위해 활용해야 하는 '자산'으로 보는 것이 성공의 지름길이라는 것을 알게 된 것이다. 앞으로의 경쟁력은 한 분야를 잘하는 데 있는 것이 아니라 다른 분야와 함께 일을 잘하는 능력이 되고 있다.

다학제성(Multidisciplinary)

이러한 협업의 형태는 다양한 학문과 전문 기술 등을 포괄할 수 있어야 한다. 종래에는 차고에만 틀어박혀 일하던 사람이라도 전세계를 놀라게 할 신기술을 개발할 수 있었지만, 현재는 개인은 물론, 전문가일지라도 소수만 모여 의미 있는 발명을 하기에는 부딪히는 문제가 복잡해졌다. 즉 혁신의 특성이 복잡해지고 통합화되는 세 번째 특성과 밀접하게 연계되는 것이다.

산업 및 기술의 융·복합화가 진행되고, 이에 따라 현대 사회 및 경제의 당면과제들이 더욱 복잡해짐에 따라 전문기술, 비즈니스 모델, 정책 등이 모두 통합된 새로운 형태의 혁신이 미래를 주도할 것이다. 이러한 혁신에는 더욱 다양한 인재와 전문 기술이 요구된다.

시간과 지역적 제약이 없는 글로벌 차원으로의 확장

이제 위와 같은 혁신은 지역적, 시간적 제약 없이 글로벌 차원에서 급속도로 전개되고 있다. 네트워크로 이어진 기술과 개방형 표준들이 널리 적용되면서 접근성과 지정학적인 제약이 무너지고 있다. 따라서 현대에는 누구라도 혁신에 참여할 수 있으며 혁신을 위한 자원은 글로벌하게 활용 가능해지는 것이다.

새로운 혁신의 흐름

글로벌 관점의 협력 증대, 학문·산업 간 융복합화 등 변화하는 혁신의 특성에 따라 경제적, 기술적으로 다양한 혁신의 양상이 발생하고 있다. 먼저 협력의 중요성에 따라 생산자와 소비자 간에, 대기업과

중소기업 간에, 그리고 외국과의 협업의 중요성이 증대하고 있으며, 혁신의 다학제적인 특성 또는 융합 현상으로 인해 산업 간, 학문 분야 간 통합 현상이 일어나게 된다. 먼저 사용자와 생산자 기반의 혁신의 경우 생산자 단독의 제품개발보다는 소비자의 아이디어를 수용하는 것이 좀더 효과적이라는 것을 지칭한다. 단적인 예로 소프트웨어 업체에는 버그 제거, 업그레이드 등에 많은 자원자가 활약 중이다. 게임업체에서도 소비자 스스로가 게임을 디자인하거나 클로즈베타, 오픈베타 등의 테스트에 참가하는 등 사용자와 생산자의 상호작용에 의해 생산되는 혁신으로의 변화가 강조되고 있다.

중소기업과 대기업 간 상호협력과 상호보완이 중요해진다. 대기업이 R&D에서 차지하고 있는 비중이 아무리 크더라도 이들은 주로 현재 존재하고 있는 상품에 대한 투자가 많을 수밖에 없다. 새로운 아이디어는 작고 민첩한 조직에서 더 많이 생성된다. 화이자사나 머크 사와 같은 대형 제약 회사들은 전세계에 산재한 수백 개의 소기업, 연구소와 협력관계를 맺고 있다. MS의 경우도 수백 명의 프리랜서 프로그래머를 고용하고 있다.

혁신의 다학제적 특성에 따라 학문 간 통합 연구가 활성화된다. 최근의 혁신은 학문 분야 간의 경계 영역에서 발생되는 경향이 많다. 이에 따라 새로운 지식과 학습 네트워크가 필요해진다. 과거에 존재하지 않았던 학문이 학제 간 통합연구로 생겨나고 있으며 하나의 사회현상에도 여러 학문이 문제 해결에 큰 영향을 주고 있다.

또한 제조업과 서비스업의 결합이 이루어져서 새로운 비즈니스 모델이나 상품을 만들어낸다. 이는 산업 간 융복합화를 반영하는 것이다. 제록스나 IBM 등의 비즈니스 모델을 생각해 볼 수 있다. 제록스는 더 이상 복사기만 판매하는 기업이 아니라 소프트웨어와 솔루션을 함께 제공하는 기업이다. IBM도 세계에서 가장 큰 컴퓨터 제조업체인 동시에 가장 빠르게 성장하는 서비스 기업으로 변모하고 있다.

혁신 역량은 또 외국과의 적극적 연계를 통해 제고 될 수 있으며, 이는 지적자산의 개방성에 의해 점차 가속화 될 것이다.

끝으로 첨단 기술의 상용화에 따라 다양한 혁신의 기회가 존재하는데, 이에 대해 몇 가지 언급하면 다음과 같다.

BT를 활용한 의학 발전

바이오테크놀로지의 발전으로 질병의 완치를 가능하게 하는 신의약품과 치료방법이 등장하고 있다. 게놈과 단백질체학(genomics and proteomics)의 발전으로 의학이 질병 예방을 넘어 질병 발생 예측이 가능한 수준까지 향상될 것으로 기대된다.

환경친화적 에너지

수소에너지와 같은 환경친화적 에너지의 사용은 환경보호에 공헌할 것이다. 차량 100대 중 1대만 수소 에너지를 사용하더라도 매일 400만 갤런의 가솔린을 절약할 수 있다.

안전보장기술의 공헌

안전보장기술에 대한 연구가 생산성 향상에 기여할 것으로 예상된다. 안전보장 연구 분야인 IT 인식시스템을 비롯한 데이터 마이닝 도구와 센서 및 컴퓨터 소프트웨어의 발달, 슈퍼컴퓨터의 사용은 국경이나 주 경계 통과시 행정 처리의 비효율성을 감소시키고 시간을 절약하여 적시 생산·물류를 가능케 하는 기반이 될 것이다.

IT 도입으로 인한 의료서비스 개선

IT 도입은 의료서비스에서 행정 처리상의 비효율을 줄이고 비용을 절감해 줄 것이다. 또한 정보처리의 발달로 인한 세계적 네트워크화와 데이터베이스 구축은 질병 발생 예측을 돕고 개별화된 치료를 가능하게 할 것이다.

제조업 혁명

나노공학은 다양한 방면에서 응용될 수 있기 때문에 의료산업, 재료공학 등 여러 분야에 혁신적인 변화를 가져올 것이다. 특히 제품의 부피를 줄여주고 개별맞춤 생산을 가능하게 하여 제조업의 경쟁력을 높일 것으로 기대된다.

실패한 혁신에서 찾은 7가지 과제

앞에서 우리는 한국의 혁신체계가 직면한 문제점을 크게 다섯 가지 측면에서 나누어 살펴보았다. 창의적 혁신전략의 부재, 이익 성장을 위한 원천기술, 국제표준, 인재 등 무형자산의 창출과 활용 미흡, 서비스 산업의 낮은 혁신 수준, 벤처와 혁신클러스터라는 혁신 촉진 메커니즘의 부진, 정부의 정책 지원 미비와 기업 활동을 저해하는 규제가 그것이다.

본 보고서에서는 이러한 문제에 대해 7가지 사항을 도출했다.[15]

7가지 제언(Recommendation Topic)에 대한 개요를 간단히 살펴보면 다음과 같다.

- 혁신형 경제 도약을 위한 전략적 제언 : 포지셔닝 트랩에 걸린 한국이 2만 달러 수준을 뛰어넘는 혁신 경제로 진입하기 위한 초대형 기업 육성의 필요성과 이를 통한 혁신전략 방향성 검토
- 새로운 혁신의 기회를 찾아서 : 전략 방향성과 함께 혁신의 기회를 포착하기 위한 새로운 관점 제시
- 혁신을 보상하라 : 혁신이 활성화 되지 않는 근본적인 원인 중에

---

15 검토가 필요한 영역 중 서비스 산업 혁신방안, 기업의 혁신전략, 소비자 측면의 국가 혁신 역량 제고 등은 제외됐다.

하나는 혁신에 대한 보상 메커니즘이 부족하다는 데 기인함. 혁
신 성과에 대한 보상 방안뿐 아니라 혁신 투자나 협업 그리고
벤처 투자 회수 수단의 활성화 방안 등을 살펴봄.

● 창과 방패 : 원천기술과 국제표준 확보를 위한 방안과 최근 우리
에게도 알려지기 시작한 특허괴물 중심으로 지재권 보호에 대
한 논의 제시

● 혁신인력 부족 해소를 위한 제언 : 교육 개선, 혁신 인재에 대한 보
상 그리고 네트워크를 이용한 인력 활용성 제고 방안을 살펴봄

● 공공 정책의 기업 혁신 지원을 위한 제언 : 공공 정책이 기업의 혁
신 지원을 촉진하기 위한 방안을 살펴봄.

● 국가 혁신체계의 진일보를 위해서 : 혁신 생태계 전체를 포괄하는
국가 혁신체계의 개선 방향성과 이에 대한 추진 조직 측면에서
의 제언 사항 제시

02

초우량 글로벌 기업이 국가 성장 이끈다

1_ 국가의 경제력은 초대형 기업이 좌우한다

앞에서 지적되었듯이 한국은 창의성 부족과 위험회피로 인해 여전히 유지자(Sustainer) 전략에 머물러 있으며, 이는 곧 선진국의 견제와 후진국의 추격 사이에서 뚜렷한 강점을 갖지 못하는 이른바 '포지셔닝 트랩'에 갇히는 결과를 초래하게 된다. 한국이 이러한 상황을 탈피하고 진정한 혁신형 경제로 도약하기 위해서는 글자 그대로 의미 있는 혁신을 해야 한다. 정부와 기업이 위험을 감수한 투자에 적극 나서고, 대학과 출연연 등이 기초기술을 선도하는 등 효율적인 체계를 갖추어야 한다. 그러나 이러한 문제점들을 단순히 개선하는 것만으로 혁신 경제를 향해 나아갈 수 있는 것일까? 이 장에서는 이러한 개별적인 추진 과제에 앞서 국가 경제를 좌우하는 초대형 기업(Global leading company)의 육성이 필요함을 제기하고, 이러한 관점에서 한국 혁신전략의 방향성을 제시하고자 한다.

포춘 글로벌 500대 기업과 한국의 위상

포춘 글로벌 500대 기업(Fortune Global 500)이란 미국의 포춘지에서
매출액 규모를 기준으로 매년 선정하여 발표하는 세계 500대 초대형
기업의 목록을 일컫는다. 현재 포춘 글로벌 500대 기업에 속하는 업
종은 총 54개에 이른다. 2006년 전세계적으로 32개국이 이 초대형
기업 목록에 자국 기업을 올려놓았다. 한국기업은 삼성전자를 비롯
해서 총 12개의 기업이 속해 있다.

2000년부터 2006년까지 포춘 글로벌 500대 기업에 속한 초대형기

주요국의 연간 포춘 글로벌 500 기업 수 변화 추이

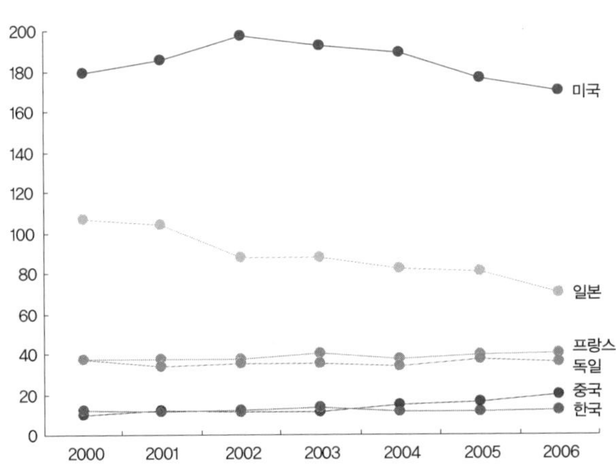

출처 상공회의소, '2005년 글로벌 500대 기업 분석', 2006 포춘 글로벌 500

참고 2006년 포춘 글로벌 500대 기업에 속한 한국 기업 : 삼성전자, LG전자, 현대자동차, SK(주), 삼성생명, 포스코, 한국전력, 국
민은행, 한화, KT, 삼성물산, SK네트웍스

업의 국가별 추이를 살펴보자. 미국은 2002년의 197개를 고비로 그 수가 지속적으로 감소하여 2006년에는 2000년보다 더 적은 170개를 기록했다. 일본은 2000년의 107개에서 2006년의 70개로 추락하여 가장 두드러진 감소세를 보였다. 프랑스, 영국, 독일 등 선진 유럽 국가들은 큰 변화를 보이지 않았다.

한편 한국과 유사한 수준에 속해 있는 나라들의 포춘 글로벌 500대 기업 수를 살펴보면 한국은 2000년 12개였던 것이 2006년에도 여전히 12개에 머물러 있다. 최근 6년간 제자리걸음을 하고 있다. 이 기간 중 한국은 2000년에 한국과 같은 12개였던 캐나다를 한 번도 넘어서지 못하고 있다. 중국과 네덜란드에게는 이미 역전을 허용했으며 이제는 호주의 추격을 받고 있다.

주요국의 연간 포춘 글로벌 500대 기업 수 변화 추이(상위권 국가 제외)

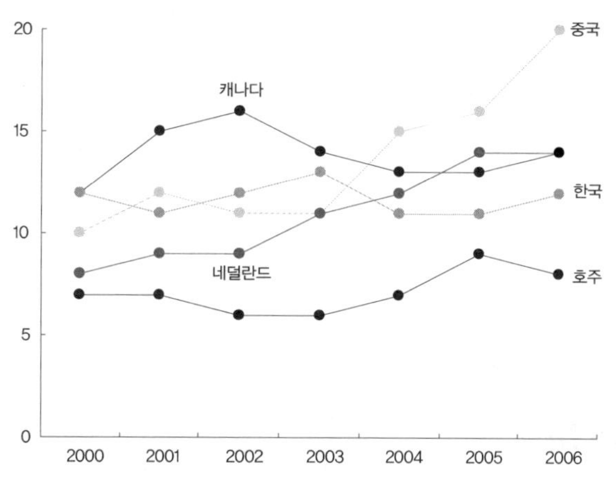

출처 상공회의소, '2005년 글로벌 500대 기업 분석', 2006 포춘 글로벌 500

왜 초대형기업이 중요한가?

한국의 초대형기업 수가 증가하지 않는 것은 왜 문제인가? 아래 그림에서 보듯이 경제 규모와 초대형기업 수의 관계를 살펴보았을 때 GDP 상위 20개국의 GDP와 이들이 보유한 포춘 글로벌 500대 기업 수는 매우 높은 상관관계(상관계수=0.986)를 보였다. 이는 경제 규모가 큰 나라일수록 예외 없이 초대형기업의 수가 많음을 의미한다. 한국의 경제 규모가 한 단계 더 확대되기 위해서는 현재 수준보다 더 많은 수의 초대형기업이 육성되어야 한다는 추론이 가능하다.

　'재벌'로 오랫동안 불려온 국내 대기업에 대해 일반인들이 잘못 알고 있는 대표적인 오해 중 하나는 한국의 대기업 경제력 집중도가 지나치게 높다는 것이다. 그러나 실제 데이터를 분석해 보면 한국 대

경제규모와 초대형기업 수 간의 상관관계

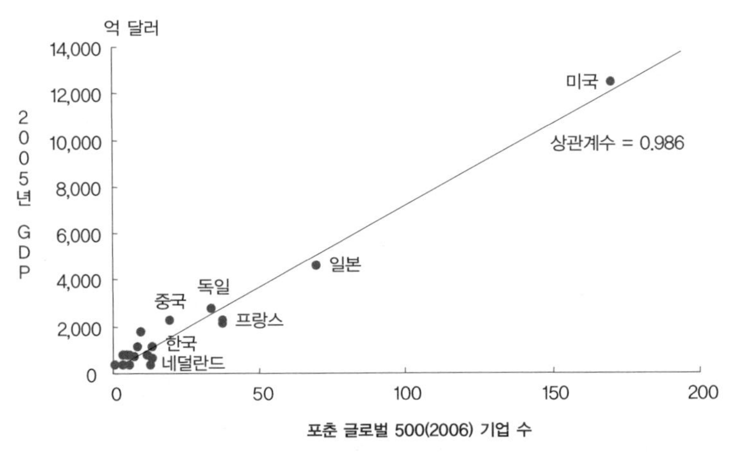

자료 기업 수 및 GDP는 각각 2006 포춘 글로벌 500 및 IMF. IBM 분석

초대형기업으로의 도약을 저해하는 한국의 기업환경

한국의 초대형기업이 늘지 않는 주요한 원인 중의 하나로 대기업 중심의 독주를 견제하려는 한국의 기업환경을 들 수 있다. 한국은 1960년대 이후 정부 주도의 경제개발계획에 따라 한국 특유의 경제력집중 현상이 생성되고 심화됐다. 이를 해소하기 위한 다양한 규제를 시행 중인데, 대표적으로는 소수의 특정인이 다수의 대기업들을 지배하는 소유 집중에 대한 규제, 계열사를 확장하고 업종을 다각화하는 선단식 경영을 통한 시장의 독과점적 지배에 대한 규제를 들 수 있다. 이는 원래의 취지에 부합하는 긍정적인 효과에도 불구하고 몇 가지 심각한 부작용을 낳고 있다.

먼저 글로벌 경쟁에서의 국내 대기업에 대한 역차별 가능성이다. 경제력집중 억제정책은 국내 기업에만 적용되기 때문에 국제시장 및 국내의 자본시장, 금융시장에서 우리 기업의 활동을 지나치게 위축시키는 경향이 있다. 특히 상호출자금지, 출자총액제한 및 금융·보험사 의결권 제한으로 인하여 국내 기업은 불필요하게 M&A의 위협에 대비해야 하고, 이 때문에 기업의 자원이 실물투자에 활용되지 못하고 경영권을 방어하고 외국인 주주의 위협으로부터 자신을 지키기 위한 데에 쓰이는 등 그 사용이 왜곡되는 측면이 있다. 또한 대기업의 부정적 측면만을 부각시킴으로써 사회적으로 기업에 대한 부정적인 인식이 확산될 수 있다. 한국은 한 조사에서 2001년 세계 반기업 정서 순위 1위를 기록했을 만큼 기업에 대한 반감이 매우 높은 국가로 평가된 바 있다. 2006년 대한상공회의소가 전국 성인 2,000여 명을 대상으로 한 기업호감도 조사에서 64.8%의 응답자가 '한국은 반기업 정서가 높은 편이다' 라는 질문에 '그렇다' 고 대답했다.

또한 제조업근로자 10명 중 7명은 우리 사회의 반(反)기업 정서 때문에 근로의욕의 저하를 느끼고 있는 것으로 조사되었다. 대한상공회의소가 2006년 서울 등 7대 도시 제조업근로자 1,000명을 대상으로 근로자 의식을 조사한 결과에 따르면 응답자의 69.2%가 '기업과 기업인을 평가절하 하는 사회분위기로 인해 일하는 보람이나 긍지가 줄어들고 있다' 고 답해 반기업 정서가 근로자들의 근로의욕을 크게 떨어뜨리고 있는 것으로 나타났다. 물론 대기업의 지배구조 투명화, 윤리경영, 더욱 높은 수준의 책임경영이 요구되고 있는 상황이지만 이윤추구와 성장 모색 자체를 죄악시 여기는 최근의 반기업 정서는 한국 대기업이 글로벌 기업으로 성장하는 데 큰 장애가 되는 환경임은 분명하다.

"중소기업이 흥해야 대한민국이 산다", "대기업과 중소기업 간 성과 격차가 우리 경제성장의 발목을 잡고 있다"와 같은 사회 일각의 주장은 귀담아 들어야 할 지적임에 분명하나 이제 막 글로벌 경쟁력을 확보해 가고 있는 한국의 대기업들에 대한 맹목적인 규모 제한과 부정적 여론의 조장이 그 해결방법이 되어서는 안 될 것이다.

최근에 강조되고 있는 형평과 분배의 국민정서가 자칫 반기업 정서를 부추길 수 있는 상황에서 여전히 존재하는 경제력집중 억제의 낡은 규제 틀은 우리 기업이 글로벌 경쟁력을 갖춘 규모 있는 기업으로 성장하는 데 걸림돌이 될 수 있다는 경제계의 우려가 그저 이기주의의 발로만은 아닐 것이다.

기업의 경제력집중도가 외국과 비교해 보았을 때 결코 높지 않은 수준임을 알 수 있다. 2006년도 포춘 글로벌 500대 기업 보유 국가들이 배출해 낸 초대형기업들의 총매출액을 각국의 GDP와 대비해 보면, 초대형기업들이 자국 경제에서 막대한 비중을 차지하고 있음을 알 수 있다. 한국은 미국, 영국, 독일, 프랑스, 일본 등 주요 경제대국에 비해 낮거나 거의 비슷한 수준의 기여도를 보이고 있다. 반면 중국(27.6%), 인도(15.6%), 러시아(20.7%) 등 1인당 GDP가 낮은 나라들은 초대형기업의 기여도가 상대적으로 낮은 편이다.

결론적으로 소수의 초대형기업들이 한 국가를 먹여 살리는 양상이 세계 경제에서 상당 수준 일반화되어 있다고 결론지을 수 있다. 또한 한국이 세계에 유례가 없는 대기업공화국이란 시각이 국익에 도움이 안 될 뿐만 아니라 허구에 가까운 과장이라고 판단할 수 있다.

경제 규모 대비 초대형기업의 총매출액 비율(포춘 글로벌 500 자국기업 총매출액÷자국 GDP)

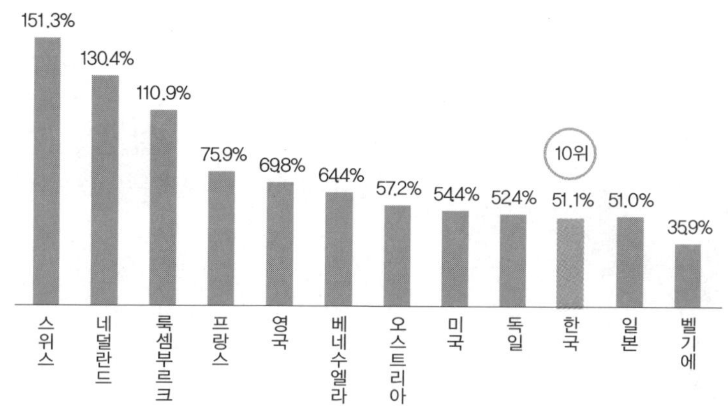

출처 기업 수 및 매출액은 2006년 포춘 글로벌 500대 기업 참조, GDP는 IMF 참조, IBM 분석

경제 규모와 초대형기업 수 간의 밀접한 상관관계에 이어 경제 수준과 초대형기업 수 간의 관계를 살펴보자. 1인당 GDP 상위 30개 국가(비교를 위해 중국 등 BRICs 국가 포함)의 1인당 GDP와 포춘 글로벌 500대 기업 수의 관계를 파악해 보면, 초대형기업의 수는 1인당 GDP와 반드시 정비례하지 않으며 218쪽 그림과 같이 크게 두 가지 경로가 나타난다. 1인당 GDP라는 것은 많은 경제적 변수에 의해 결정되기 때문에 초대형기업의 숫자만으로 설명하기는 힘들지만 본 분석을 통해서 다음과 같은 의미 있는 결과를 추론해 볼 수 있다.

그림에서 보면 하나의 경로는 국가의 초대형기업 수가 늘어남에 따라 경제 수준(1인당 GDP)이 로그(Log)적으로 증가하는 경향이 있으며, 그 경로를 따라서 국가의 경제 규모(GDP)도 함께 성장하고 있다. 반면 초대형기업의 수는 적으나 1인당 GDP가 증가하는 경로가 있는데, 주로 노르웨이, 스위스 등 유럽 강소국이 이에 해당된다.

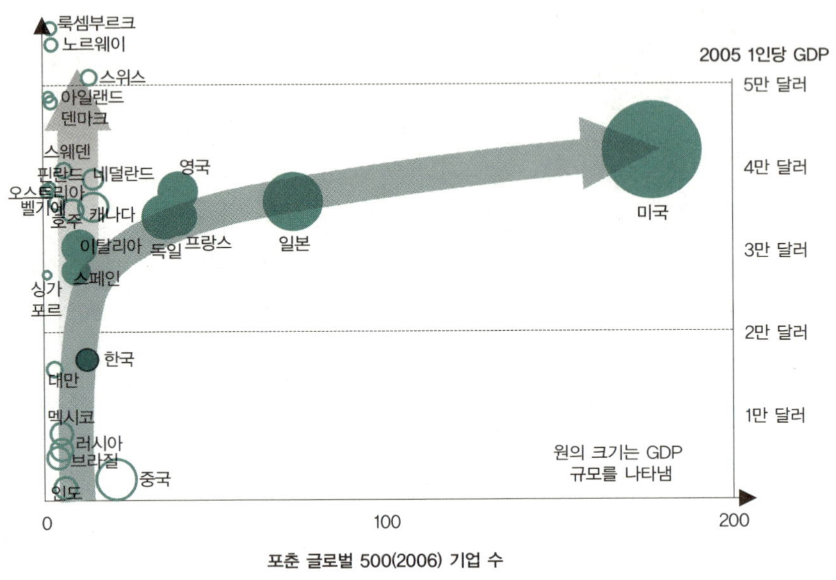

출처 IBM 분석

그럼 한국은 어떤 경로를 밟아가야 하는가? 노르웨이, 스위스와 같은 강소국 모델로의 발전 방향에 대한 가능성도 생각해 볼 수 있겠으나, 경제 규모와 초대형기업 수 그리고 1인당 GDP와의 관계를 종합적으로 고려해 보았을 때 한국의 경제 수준을 한 단계 더 도약시키기 위해서는 역시 현재보다 더 많은 수의 초대형기업을 육성해야 한다는 결론이 좀더 타당하다.[16]

지금까지 경제 규모와 경제 수준을 포괄하는 국가의 경제력을 결

---

[16] 1인당 GDP가 30위 이내 국가 중 포춘 글로벌 500대 기업이 없는 나라는 아이슬란드(3위), 카타르(7위), 아랍에미리트(21위), 뉴질랜드(24위), 쿠웨이트(25위), 브루나이(26위), 홍콩(27위), 그리스(28위), 키프로스(29위), 이스라엘(30위)이다. 이러한 나라들의 경우 강소국 모델에 해당하거나, 석유 등 자원 보유국이기 때문에 우리의 상황에 적용하기에는 힘들다.

왜 대형기업인가? – 중소 핸드폰 메이커의 몰락과 시사점

텔슨전자, 세원텔레콤, 맥슨텔레콤, VK의 공통점은?

중국 시장을 대상으로 대량의 휴대전화기 수출을 이뤄내면서 2000년대 초반 국내 IT 산업의 중흥을 견인했던 기업들이다. 그러나 지금은 모두 도산한 기업이라는 것 역시 이들 기업들의 공통점이다.

1990년대 후반 휴대전화 사업은 만들기만 하면 팔리던 사업이었다. 국내 중소기업들에게 대기업이 지배하고 있는 국내 내수시장을 벗어나 지역 틈새 시장인 중국에의 진출은 당연한 선택이었다. 그야말로 중국 시장은 한국의 중소 휴대전화 메이커에게 엘도라도 그 자체였다. 흑백폰 중심의 저가기능성 휴대전화 시장에서의 승승장구는 블루오션 전략의 완벽한 구현을 보는 듯했다.

하지만 좋은 시절은 그리 오래 가지 않았다. 몇 년 만에 저가 휴대전화 제조 기술은 라디오를 조립하듯 평범한 기술이 되어버렸다. 중국기업들의 추격이 시작되고, 글로벌 제조업체들의 저가공세에 이들 중소기업들은 수익성 악화와 비용증가의 이중고에 의해 몰락해 버리고 말았다. 또한 중소기업의 휴대전화 단일품목 주력상품 구조도 양날의 칼로 작용했다. 다양한 범위의 상품 포트폴리오를 보유하고 있는 대기업에 비해 중소기업은 해당 품목의 경쟁심화 또는 일시적 경기침체를 견딜 만한 재무적 완충력이 부족했다.

휴대전화 단말기 시장은 급속도로 규모의 경제로 개편되었다. 개발에 들어가는 고정비가 천문학적인 금액이므로 매출이 일정 규모 이상이 아니면 살아남기 힘들게 되었다. 글로벌 선도기업과의 차별화도 점점 어려워지고 있다. 최근 하이엔드(High-end)와 로 엔드(Low-end)를 동시에 공격하는 글로벌 메이저들의 전략은 국내 메이커 중 삼성, LG를 제외한 국내 중소 메이커들의 생존을 지속적으로 위협하고 있다. 글로벌 기업과 경쟁하는 중소기업이 지역 특수를 통한 일시적인 흥행 성공은 가능하다. 그러나 결국 글로벌 기업들과의 전면전에서 생존하기 위해서는 전적으로 글로벌 수준의 규모와 차별화 역량에 기초한 이른바 글로벌 경쟁력이 뒷받침되어야 하는 것이 냉엄한 현실이다.

첨예한 글로벌 경쟁에서 우리 대표기업의 존재를 더욱 소중하게 하는 대목이다.

정짓는 인자로서 초대형기업의 중요성을 살펴보았다. 이런 상황에서 경쟁력 있는 국내 기업들의 대형화 및 글로벌화를 도모하는 것은 한국 경제를 한 단계 도약시키기 위한 타당하고 중요한 전략 방향이라고 할 수 있을 것이다. 다음에서는 이러한 바탕 위에 국내 각 산업 부문이 구체적으로 어떤 방향성을 가지고 혁신전략을 추구해야 되는지 살펴보자.

2_ 산업별 혁신전략으로 글로벌 시장에 도전하라

한국의 경제도약을 위해서는 초대형기업을 더 많이 육성해야 한다는 전제 아래 한국의 산업별 혁신전략을 초대형기업의 관점에서 살펴보자. 먼저 한국 산업의 성과와 위치를 초대형기업 간 경쟁결과를 바탕으로 분석해 보자. 각 산업별로 포춘 글로벌 500대 기업에 속한 한국의 초대형기업들이 같은 산업 내 전세계 초대형기업들과의 경쟁을 통해 확보한 해당산업 시장점유율(한국 초대형기업 매출액 총합÷세계 초대형기업 매출액 총합)과 매출액 대비 당기순이익률(한국 초대형기업 이익률 평균)을 분석한 결과는 221쪽 그림과 같다.

산업별로 자세히 살펴보면 삼성전자와 LG전자가 속한 전기전자 부문이 한국 산업 중에서는 가장 높은 17.6%의 시장점유율과 국제 평균 이상인 5.8%의 이익률을 기록했다. POSCO가 속한 철강 산업도 최근 경쟁사들의 M&A를 통한 몸집 불리기 때문에 POSCO의 산업 내 순위는 떨어졌지만 여전히 양호한 8.6%의 시장점유율과 세계 최고 수준인 15.3%의 이익률을 보였다. 그러나 나머지 산업의 경우

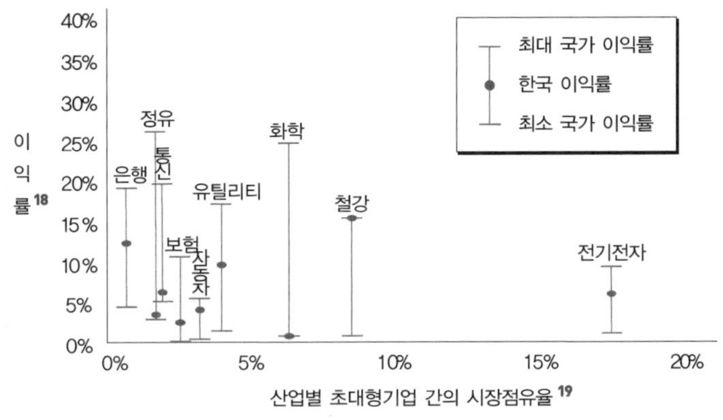

출처 IBM 분석

시장점유율과 이익률이 모두 저조한 상황에 놓여 있으며 특히 화학, 정유, 보험, 통신 산업은 외국 초대형기업과 비교해 볼 때 이익률이 현저하게 낮은 수준이다. 여기서 또 눈여겨봐야 할 것은 2006년에 신규로 국민은행이 포춘 글로벌 500대 기업에 올라오기는 했지만 한국의 금융서비스 분야가 여전히 취약하다는 점과 대표적인 고수익 성장산업인 의료·제약 및 BT 분야의 경우 한국은 단 한 개의 포춘 글로벌 500대 기업도 배출하지 못했다는 점이다.

글로벌 경쟁력을 갖추기 위한 산업별 혁신전략

그렇다면 한국이 초대형기업들을 육성하기 위한 산업별 혁신전략은

---

[17] 포춘 글로벌 500대 기업 대상. 단 무역업에 속해 있는 삼성물산과 SK 네트워크는 무역업 외의 사업 부문의 비중이 매우 크므로 산업 분류에서 제외했다.

[18] 해당 산업의 한국기업 매출액 대비 당기순이익률 평균

[19] 해당 산업의 한국기업 매출액 종합÷세계기업 매출액 총합

무엇인가?

먼저 글로벌 시장에서 어느 정도 시장리더십을 확보한 전기전자 및 철강과 같은 수출중심 산업의 경우 현재의 강점을 살려 지속적으로 시장점유율을 늘려가는 글로벌시장 리더십 확대를 위한 혁신전략이 필요하다. 그러나 시장점유율의 급격한 향상을 기대하기 힘들고 상대적으로 낮은 이익률에 허덕이고 있는 내수 및 전통제조 산업의 경우 선도적 위치에 있는 세계의 초대형기업들과의 전면전을 통한 시장점유율 확대보다는 최소한 단기적으로는 특성화(Specialization)를 통해 새로운 가치를 창출하고 시장에서 특화된 위치를 구축하는 혁신전략이 필요하다. 또한 전면적인 개방을 앞두고 있는 은행, 증권 등의 금융서비스 및 서비스 산업은 글로벌 수준의 경쟁력을 갖춤으로써 한국 시장에서의 주도권을 지키고 동시에 제조업 지원 역량을

전략 세그먼트별 글로벌 시장 포지셔닝과 혁신전략

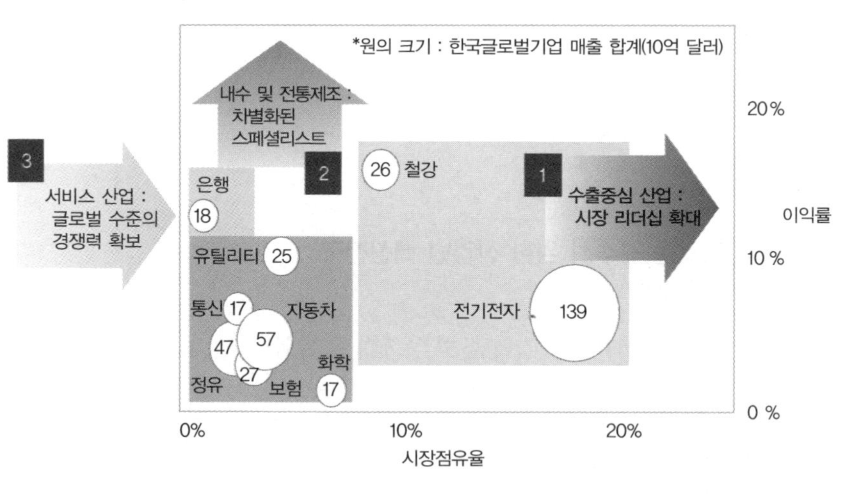

출처 IBM 분석

적극적으로 확대해 나가야 한다.

수출 중심 산업 : 글로벌 시장 리더십을 확대하라

수출 중심 산업에서 글로벌 시장 리더십을 확대하기 위해 고려해야 할 혁신전략의 방향은 크게 세 가지다. 첫 번째는 핵심 기술을 활용한 플랫폼 리더십 구축이다. 한국은 높은 R&D 집약도에도 불구하고 원천기술이나 국제표준 확보에 실패하여 글로벌 시장을 주도하지 못한 채 성장이 정체되어 있는 경우가 많다. 따라서 표준화를 통해서 경쟁우위를 확보하고 더 나아가 관련 산업 창출을 가능케 하는 플랫폼 리더십을 구축하여 시장을 선도해 나갈 수 있는 원동력을 확보하는 것이 필요하다.

두 번째, 개방형 혁신(Open innovation)의 추진이다. 이제 자체적인 기술혁신만으로는 치열한 경쟁에서 승리하고 시장에서의 리더십을 확보하는 데 한계가 있을 수밖에 없다. 기업 내외부 간 협업을 통한 개방형 기술혁신을 통해 글로벌 리더로 도약할 수 있는 기술적 기반을 마련해야 한다.

세 번째, 해외직접 투자와 글로벌 M&A의 적극적 활용이다. 최근 해외 글로벌 기업들이 활발한 해외직접 투자와 M&A를 통해 지속적으로 시장지배력을 키워나가고 있는데, 이에 비해 국내 기업들의 해외직접투자 및 글로벌 M&A 활동은 미미한 수준이다. 한국 기업들도 글로벌 M&A를 시장리더십 확보의 유용한 도구로 활용하려는 적극적 시도가 필요하다.

핵심 기술을 활용한 플랫폼 리더십 구축

플랫폼이란 하나의 자동차 본체가 여러 가지 모델에 활용되듯이 공통 활용 요소를 바탕으로 보완적인 파생 제품이나 서비스를 개발, 제조할 수 있는 기반 자체를 의미한다. 마이크로소프트(MS)의 윈도 운영체제(OS), 인텔(Intel)의 펜티엄 프로세서와 같은 사실상 표준 상품들은 자사의 상품을 업계를 이끄는 플랫폼으로 만들고 나아가 하나의 산업을 성립시키는 기능을 하고 있다.

이처럼 플랫폼을 확보한 기업은 다른 기업들이 의존할 수밖에 없는 기술 기반을 보유하게 된다. 그 결과 기반 기술의 공유를 통한 기

핵심 기술의 중요성

승자 독식	원천기술 확보에 성공하는 국가와 기업이 시장을 선점, 부가가치를 지속적으로 창출할 수 있는 원동력으로 작용
모방은 있어도 특허는 영원하다	원천기술을 바탕으로 전략적 제휴나 네트워킹 형성에서 주도적 위상 확보 및 표준화 과정에서의 협상력 제고
절대강자의 리더십 확보	원천기술을 확보한 기업은 플랫폼 구축의 리더십을 확보하여 다른 기업들이 보완적인 제품과 서비스를 축적하고 개발할 수 있는 기반 제공

플랫폼 창조/리더십을 보유한 기업 사례

퀄컴	원천기술을 바탕으로 핵심 부품인 MSM(Mobile Station Medem) 칩을 개발하여 공급 독점, CDMA 방식과 관련된 200여 종의 특허를 통한 라이선스 수입이 매출의 10%를 차지
윈-텔 (Windows + Intel)	PC 산업 전반의 플랫폼을 구축하여 관련 하드웨어, 소프트웨어 기업들의 공동진화를 주도하면서 절대강자로 군림
노키아	단말기의 디스플레이, 키패드, 배터리, 칩 등 중부품을 공유하는 소수의 기본 모델을 플랫폼화하여 규모의 경제 실현, 제품의 적기개발 및 출시, 제품 라인업 다양화 등의 효과를 거두고 있음

술의 재사용으로 비용절감을 도모할 수 있고 급변하는 시장 환경에도 안정된 수익 기반을 창출할 수 있다. 시장표준화를 통해 미래 경쟁에서도 절대적인 우위를 차지하는 것과 같은 이점을 누리게 된다.

과거 범용제품의 양적인 시장점유율 기반 위에 핵심 기술을 바탕으로 한 플랫폼 리더십을 통한 시장지배력을 갖추어야 진정한 시장

삼성, 4G 이통 주도권 쥔다

4세대 이동통신 기술연구와 표준화 작업을 선도해온 삼성전자가 WWRF (Wireless World Research Forum) 등 국제표준화 회의의 의장단에 잇따라 진출, 4G 이동통신기술의 주도권 확보를 위한 교두보를 마련했다. 삼성전자는 삼성종합기술원과 삼성전자통신연구소의 임직원 중 2명이 프랑스텔레콤 후원으로 파리에서 열린 WWRF 15차 회의에서 WWRF 아시아 지역 부의장과 WG5(Work Group 5) 부의장에 선출됐다고 14일 밝혔다. WWRF는 4G 기술 표준화 회의로 현재 삼성전자, LG전자, 노키아, 모토로라, 알카텔, 에릭슨, 프랑스텔레콤, 화웨이, 보다폰 등의 스폰서 멤버를 포함, 27개국 160여 개의 산업체와 학계 멤버들로 구성되어 있다. 이번 WWRF 15차 회의에는 삼성전자 및 삼성종합기술원의 연구원 8명이 참여해 중계기술, 멀티안테나 관련 기술에 대한 기고문 4건을 발표하는 등 높아진 국내 통신업체의 기술력과 위상을 각인시켰다.

삼성전자는 이에 앞서 단말기용 응용소프트웨어 표준기구인 OMA(Open Mobile Alliance)에서도 2명이 의장과 부의장에 선출되는 등 표준화 단체에 활발히 참여하고 있다. 삼성전자는 지난 4월 와이맥스 포럼 최상위 기구인 이사회에 삼성전자 네트워크사업부의 임원이 만장일치로 선출되는 등 그 동안 3G 및 4G 관련 단체에서 20여 개 분야의 의장단에 진출하고 185명이 회원으로 참여하며 표준화 활동을 주도해 왔다. 4G 이동통신 기술의 주도권 확보를 위해 표준화 활동에 주력하고 있는 삼성전자의 사례는 플랫폼리더십 구축을 통해 향후 시장 지배력을 공고히 하려는 노력의 전형으로 평가할 수 있다.

출처 디지털타임스, 2005년 12월 15일

리더십을 얻을 수 있다.

Mr. Know-all은 외롭다 : 개방형 기술혁신을 통한 리더십 구축

최근 산업 · 제품 간 융 · 복합화가 진행됨에 따라 단일 기업이 모든 영역의 기술을 보유하는 것이 불가능하게 됐다. 내부 R&D 증대에 따른 효과는 한계체감한다는 점에서 그 대안으로 개방형 기술혁신이 주목받고 있다. 기술혁신에 있어 기술 개발의 속도와 혁신 원천의 다양화가 중요한 이슈로 대두됨에 따라 기업들의 혁신시스템이 폐쇄적인 시스템에서 개방형 시스템으로 급속도로 변하고 있다. 이러한 변화의 흐름에 대해 하버드 대학의 체스브루(Chesbrough) 교수는 저서 《개방형 혁신(Open Innovation)》에서 기업들은 내 · 외부의 신기술, 지적 재산 등의 활용을 극대화해야 한다고 말했다. 이는 오늘날 다양한 기술들이 융 · 복합되는 컨버전스 기술 경쟁 환경 하에서 기존의 기업 내부에 국한되는 폐쇄적인 기술혁신 시스템으로는 한계가 있다는 것을 지적한다.

개방형 혁신의 방법은 크게 두 가지다. 첫째, 기술혁신의 속도를 높이고 혁신원천을 다양화하기 위해 외부 아이디어 · 기술을 적극 수용하는 외부에서 내부로의 혁신이 있다. 둘째, 개발된 기술들의 공개를 통해 가치를 극대화하는 내부에서 외부로의 혁신이 있다.

혁신을 통한 기술선도 기업이 시장을 주도한다는 것이 정설로 받아들여지고 있는 상황에서 과거 행해지던 방식의 혁신으로는 시장 리더십 확보가 어렵다. 이러한 점들은 특히 자체적인 혁신에 의존해 성장을 추구하던 우리 기업들에 시사하는 바가 크다. 개방형 혁신을 통해 기존의 시장 리더는 시장 지위를 더욱 공고히 하고, 추격자들은 혁신에 있어서 추격 속도의 가속화 효과를 얻을 수 있을 것으로 예상된다.

IBM의 개방형 기술혁신

IBM에서는 신기술 개발과 이를 산업에 적용하는 통찰력, 그리고 특허나 연구 성과 등을 공유하는 개방형 시스템이 구축돼야 사회 전반에 혁신이 일어난다고 보고 있다.

세계적인 경제지 〈이코노미스트〉 조사에 따르면, 기업들의 자체 기술개발 비율은 1980년대 90%, 1990년대 80%, 2000년대 50%로 줄어드는 추세다. 이러한 추세와는 반대로 기술시장의 규모는 더욱 커지고 있고, 특허의 판매와 이전을 통한 수익창출은 중요한 경영전략의 하나가 되고 있다. IBM은 강력한 내부 R&D 역량과 더불어 적극적인 개방형 혁신활동(In and Out licensing)으로 유명하다. 이런 활동은 외부 아이디어의 적극적인 내부 수용, 내부 특허의 외부 공개와 같은 방식으로 진행되고 있다.

IBM의 개방형 혁신 사례

- 미 특허청이 발표한 자료에 의하면 IBM은 2004년 한햇동안 총 3,248개의 특허 취득으로 이 부문에서 12년 연속 1위라는 위업을 달성했다. IBM은 4년 연속 3,000개 이상의 미국 특허를 취득했다. 2005년 IBM은 자사가 취득한 미국 내 소프트웨어 특허 500개를 오픈 소스 소프트웨어 개발자 및 단체에 공개하여 협업 환경을 구축하고 있다. IBM 존 켈리 기술총괄 수석 부사장은 "단순히 몇 개의 특허를 공개했다는 사실보다는 이러한 기술을 통해 고객과 사회에 어떤 이익을 제공했는지가 혁신 주도력을 가늠하는 잣대가 된다. 이번 특허 기술 공개는 기술혁신을 위한 새로운 협력 모델로 지적재산권의 관리에 대해 새로운 시대를 열게 될 것"이라고 말했다. IBM은 지속적으로 특허 취득에 있어서 우위를 유지하면서 공개 표준을 통해서 전세계적인 기술혁신 및 상호 운용성 향상에 기여하고 다른 업체도 기술 공개에 동참하도록 장려할 예정이다.

- IBM은 반도체 설비의 잉여 부분을 다른 기업에 대여하고, 다양한 서비스를 제공한다. 최근에는 경쟁사의 반도체 디자인도 일부 대행해 줌으로써 설비의 가동률을 높이고 고정비를 낮출 뿐 아니라 상호 라이선싱(Cross-Licensing)을 통

해외 직접투자와 글로벌 M&A의 적극적인 활용

GE는 자사의 홈페이지에 "제트 엔진에서 발전기, 금융 서비스에서 플라스틱, 의료 영상 장비에서 방송과 정보통신에 이르기까지 상상할 수 있는 아이디어는 모두 제품과 서비스로 만든다"라며 소개하고 있다. 끊임없는 구조조정과 신규 투자, 인수·합병(M&A)을 통한 변신이 바로 GE의 전략이자 성공의 핵심이었다. 이런 변화를 통해 산업 간 장벽을 뛰어넘어 수많은 업종에서 세계 최고의 기업으로 성장한 것이다. 이 같은 전략은 GE뿐 아니다. M&A를 통한 다각화와 대형화는 글로벌 기업의 성공전략으로 자리잡고 있다.

글로벌 경쟁 환경 하에서 해외 직접투자와 글로벌 M&A를 적극 활용하는 해외 기업들에 비해 국내의 기업들은 자체적인 성장에 익숙하다.

글로벌 M&A는 빠르게 시장 과점화가 진행되고 있는 산업에서 주요한 시장 리더십 확대전략의 하나로 인식되고 있는데, 글로벌 M&A가 가지는 이점은 크게 다음과 같다.

첫째, 기업의 성장전략 측면에서 M&A가 많을수록 고성장을 이루

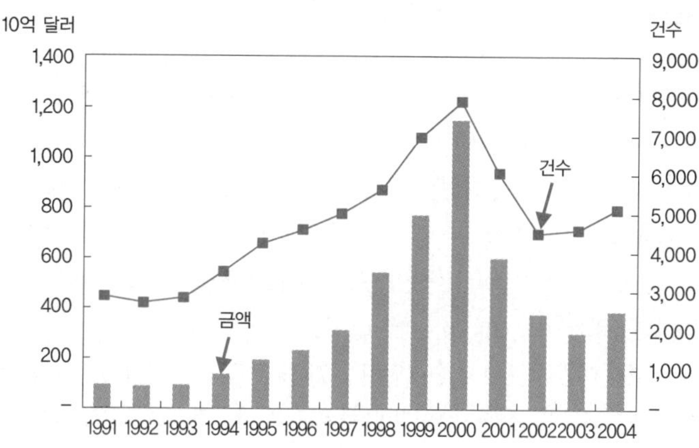

출처 UNICTAD. Cross-Border M&A Database, 상대기업의 지분 10% 이상을 인수하는 거래만을 포함

는 경향이 있다. 신시장의 진입과 개술개발에 있어 그 기간을 단축시
킬 수 있기 때문이다. 둘째, 과점화 전략 측면에서 M&A를 통한 산업
과점력 확보는 제품 및 요소시장에서 장악력이 커져 시장점유율이
증가하는 경향이 있다. 셋째, 글로벌화 전략 측면에서 기업들은
M&A를 통해 글로벌 네트워크 확보에 아주 유리하다.

역량강화를 위한 글로벌 M&A의 중요성도 부각되고 있다. 최근 중
국의 기업들은 저가 경쟁으로 경쟁자들을 무력화 시킨 뒤 M&A를 통
해 고부가 부문을 흡수하여 빠르게 글로벌 기업으로 부상하고 있다.
해외 직접투자와 글로벌 M&A로 인한 다국적기업화는 한국기업이
글로벌 시장 리더십을 확대하기 위한 필수적인 전략이다.

포스코의 인도 및 베트남 투자

포스코의 당면 최대 과제는 세계화다. 인도 오리사주 일관제철소, 베트남 냉연공장 등 해외 투자를 적극적으로 펼치고 있다. 전세계적으로 철강 산업에 M&A 바람이 불고 있다. 철강 산업은 원료가 원가의 50%이상을 차지하기 때문에 저렴한 원자재의 안정적 확보가 관건이다. 따라서 원료 교섭력 확보를 위해 몸집을 불리고 있는 추세다. 포스코는 산업 부문 순위가 2001년 세계 1위에서, 2002년 3위, 2004년 5위까지 밀려났다.

세계 철강업계의 대형화 움직임에 본격 대응하고, 경쟁력을 좌우할 원료 확보에도 유리한 고지를 선점, 글로벌 마켓 리더로 나아가기 위해 포스코는 해외투자에 적극 나서고 있다. 30년 안에 포스코는 국내 3,000만 톤에 더해 해외에서 3,000만 톤의 생산능력을 확보할 계획이다. 이를 위해 인도의 오리사주와 MOU(양해각서)를 체결하고 연간 1,200만 톤 규모의 일관제철소를 건설할 예정이다. 베트남에는 70만 톤 급의 냉연공장을 건설한다.

인도에서는 최초로 6억 톤의 철광석을 사용할 수 있는 광권을 획득하여 갈수록 치열해져 가는 국제 철광석 원료 확보 경쟁에서 포스코가 유리한 고지를 차지하게 되었다. 또한, 최초의 원료 근접형 제철소 건설로 원가 경쟁에서 경쟁업체들에 비해 보다 유리한 조건을 갖추게 되고, 세계 최대의 철강 수입시장인 동남아의 중심 베트남에 냉연 공장을 건설함으로써 시너지 효과를 기대할 수 있게 되었다.

포스코는 이러한 해외 투자 확대를 통해 글로벌 마켓 리더로서의 입지를 굳히고, '원료 근접형 제철 생산, 시장 근접형 제품 생산'이라는 새로운 트렌드를 주도할 것으로 기대된다.

내수 및 전통 제조 산업 : 특화전략으로 글로벌 시장에 도전하라

최근 한국의 전통제조업은 중국의 저가 공세에 밀려 성장한계가 제기되고 있을 뿐 아니라 산업 공동화 현상까지 발생하고 있다. 하지만 이러한 현상만을 가지고 한국 경제에 미치는 전통제조업의 중요도가 평가절하되어서는 곤란하다. 실제로 전통제조업은 여전히 국내 경제를 이끄는 캐시카우(Cash Cow) 역할을 하고 있다. 2005년 3/4분기까지 제조업 생산의 약 75%, 전체 수출 비중의 70%, 고용 비중도 88%를 차지하는 등 우리 경제에서 전통제조업이 차지하는 비중은 여전히 크다.

전통제조업도 급변하는 시장수요에 빠르게 대응하는 동시에 전문화 과정을 통해 얼마든지 고부가가치화가 가능하다. 성장이 둔화된 전통산업도 새로운 수익창출 모델을 결합한다면 시장의 룰을 바꾸거나 또는 새로이 제시하는 것이 가능하다. 대표적인 사양 산업으로 거론되는 섬유산업은 이탈리아의 주요 핵심 고부가가치 산업 분야이며, 최근 LCD, PDP 등에 밀려나 사양길을 걷고 있는 듯 보이는 CRT(브라운관)모니터는 여전히 전세계 TV 시장의 90%를 차지하고 있다. 슬림 브라운관의 발명은 새로운 수익 창출 가능성을 제시하고 있다.

해당 산업에서 실패하는 기업은 있어도 그 산업 자체가 사양길에 접어들었다는 판단은 누구도 쉽게 할 수 없다. 시장변화에 대응하지 못해 사양길에 접어드는 기업은 있어도, 끊임없이 변화하고 진화하는 산업 환경은 사양 산업이란 말 자체의 성립을 부정하고 있는 것이다.

우리의 전통제조업도 글로벌 시장에서의 스페셜리스트 전략을 통해 독자적인 위치를 확보함과 동시에 수익성 제고를 꾀할 수 있고, 이는 혁신의 밑바탕이 될 것이다.

한국 시장에서 세계 시장으로 : 한국적 특성을 활용한 새로운 가치 창출

'코리안 표준이 글로벌 표준'이라는 말이 있다. 이는 한국 시장에서 통하는 제품은 세계 시장에서도 성공할 수 있다는 것을 시사하는 것으로 글로벌 테스트 베드로 부상하고 있는 한국의 상황을 잘 말해 주고 있다.

한국 시장은 첫째, IT및 기술 인프라가 잘 구축되어 있고 둘째, 신기술 제품에 적극적인 소비자와 이들의 적극적인 피드백이 잘 갖춰져 있다는 특성을 가지고 있다. 이러한 특성으로 인해 세계 각국 기업의 글로벌 테스트 베드로서 한국 시장은 더욱더 매력적이다. 일례로 인텔 소노마 노트북, 올림푸스의 카메라, 도요타의 렉서스 ES350, 스타벅스 녹차라떼 등 글로벌 유수 기업들이 최신 제품의 출시 시장으로 한국을 선택하고 있다. 테스트베드인 한국에서의 검증을 통해 해외시장에서 선발자의 이점을 누리겠다는 전략이다. IT, 디지털 산업에서 시작한 한국 시장의 글로벌 테스트베드화 추세가 이제는 자동차와 식품, 생활용품으로까지 확산되고 있다.

이러한 상황은 한국 기업에 커다란 기회가 아닐 수 없다. 첫째, 국내 기업은 이런 기회를 세계 시장 공략을 위한 학습터로 활용할 수 있다. 둘째, 혁신 성향이 높은 소비자들의 적극적인 피드백을 통해 내수 시장에서 선도적인 제품에 대한 고객들의 니즈를 다른 경쟁기업들에 비해 보다 빨리 파악할 수 있는 기회를 가질 수 있다. 셋째, 테스트베드화는 세계 주요 기업의 R&D센터 유치 등을 촉진하고, 이들 기업과의 공동연구, 공동생산 등의 기회를 제공할 수 있다.

이러한 긍정적인 한국적 특성을 잘 활용한다면 한국의 기업이 새로운 트렌드를 주도할 수 있는 특화된 경쟁력을 가지고 세계 시장에

사막의 오아시스를 만드는 세계 1위 기업
– 두산중공업, 세계 해수 담수화 세계 톱 경쟁력

전통산업에서 자신만의 특화된 포지셔닝 전략을 통하여 시장에서 독자적인 지위를 구축하고 세계 시장에서 리더십을 발휘하고 있는 사례가 있다. 바로 세계 해수 담수화 플랜트시장을 석권하고 있는 두산중공업이다. 국내 타 중공업 기업들이 조선, 해외건설 사업에 집중하고 있을 때 두산중공업은 중동 지역을 비롯한 아프리카, 동남아시아 등 물 부족난을 겪고 있는 국가들에서 담수설비에 대한 수요가 급증할 것이라 판단하고 1978년 사우디아라비아 파라산 프로젝트를 시작으로 본격적으로 해수 담수화 플랜트 시장에 뛰어들어 현재는 해수 담수화 플랜트 시장에서 부동의 1위를 고수하고 있다.

두산중공업은 1990년대 초반 기존에 미국과 유럽, 일본 등 선진국들이 독점해 왔던 담수플랜트 설계기술을 자체적으로 개발했으며 1990년대 중반 해수 담수화 기술의 국산화에 성공함에 따라 시장 리더로서 도약하는 계기를 마련했다. 현재는 기술 자립도가 100%에 이르고 있다. 두산중공업은 현재 해수 담수화 설비 분야의 세계 최대 공급업체로서 기술 자립 이후 세계최초로 '원모듈(One-Module) 공법'을 통해 기존의 현장 조립방식에서 탈피, 완전 조립방식으로 공기(工期) 단축 및 품질향상을 이루었다. 또한 두산중공업은 RO(역삼투압) 방식, MSF(다단증발법), MED(다중효용 증발법)의 담수분야 3대 원천기술을 모두 갖춘 토털 솔루션 업체로 격상하여 현재 시장점유율이 2005년 계약기준으로 42%를 차지하며 세계 해수 담수화 플랜트 시장을 주도하고 있다.

'물 부족 대책 국제회의'에 의하면 중동뿐 아니라 전세계 인구의 40%가 식수난을 겪고 있고, 2025년에는 52개국 30억 명이 물 부족난을 겪을 전망이다. 대형 담수화 설비에 대한 관심과 수요가 지속적으로 증가하고 있는 가운데 두산중공업은 신규 시장 진출과 지속적 기술개발을 통해 향후 시장점유율을 50%까지 확보한다는 계획이다.

도전할 수 있을 것이다.

서비스 산업 : 글로벌 수준의 경쟁력 확보가 시급하다

서비스 산업은 제조업에 비해 국가 경제에서 차지하는 비중이 크다. 특히 한국의 서비스 산업의 경우 제조업에 비해 상대적으로 혁신이 낮은 수준이어서 이에 대한 개선이 시급한 상황이다.

서비스 산업의 대표격이라고 볼 수 있는 금융서비스를 예로 들어보자. 금융 산업 자체로도 경제에 대한 직·간접적인 기여도는 막대하다. 2006년 포춘 글로벌 500대 기업의 전체 매출액 중 금융서비스 기업이 차지하는 비중은 24.2%에 달한다. 업체 수를 놓고 보아도 전 산업 500개 기업 중 금융서비스 기업이 111개로 총 22.2%를 점유하고 있다. 금융서비스의 발전은 글로벌 기업의 성장을 촉진시키고 차세대 성장 동력을 육성하기 위해 기업이 필요로 하는 양분을 공급하는 자금의 중개자로서 국가 경제에 매우 중요한 역할을 한다.

그러나 국내 금융서비스 업체들의 경쟁력은 외국과 비교해 볼 때 상당히 낙후돼 있다. 2006년 상반기 기준으로 국내 증권회사들은 포춘 글로벌 500대 기업 순위 내에 진입해 있는 선진국의 투자은행과 비교했을 때 총자산, 자기자본, 시가총액 등 규모 면에서 절대적인 열세에 놓여 있다. 외국 투자은행의 경우 기업공개(IPO), 인수합병(M&A), 프로젝트 파이낸싱 등 다양한 분야에서 높은 수익을 내며 자국 경제에서 큰 역할을 담당하고 있지만 국내 증권회사의 경우 상대적으로 규모가 작은 주식거래 중개 수수료에 상당 부분의 수익을 의존하고 있어 성장한계에 직면해 있다.

그렇다면 국내 증권사들이 타 글로벌 기업과 같이 다양한 금융서비스 제공자로 발전할 수 있는 방안은 어떤 것들이 있을까. 우선 현재의 수수료 비즈니스 중심 구조를 탈피하고 외국 투자은행처럼 부가가치가 큰 업종으로 확장해 나가기 위해서는 높은 위험을 감당할 만한 충분한 자기자본 확충이 전제되어야 한다.

2008년부터 자본시장통합법이 시행될 예정인데, 한국형 투자은행인 대규모 '금융투자회사'가 은행, 보험사와 함께 새로운 국내 금융산업의 주축을 구성할 것으로 예상되고 있다. 그러나 이러한 금융투자회사의 출현이 하루아침에 일어날 수는 없는 일이므로 현재 한국 증권사의 상황에 맞는 단기적 성장전략부터 먼저 수립돼야 할 것이다. 외환보유액 증가와 인구 고령화 추세로 인해 점차 활성화 되고 있

미국 투자은행 대비 한국 증권사의 규모

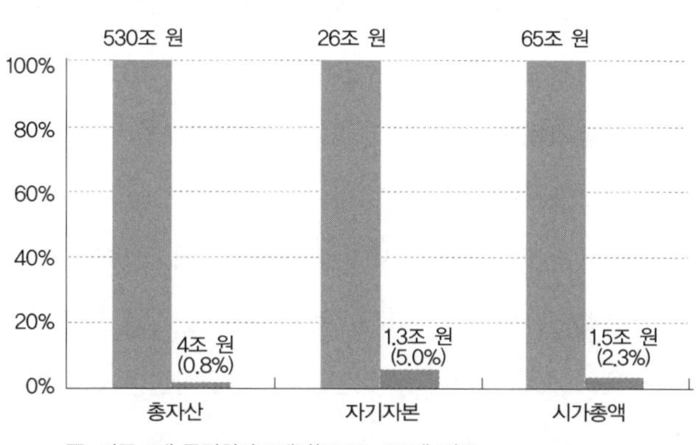

출처 대한상공회의소, 2005

는 자산관리 영업, 2005년 12월부터 시작된 퇴직연금 시장 등을 통해서 증권회사들이 수익원을 다각화하고 자기자본을 늘려가려는 시도는 좋은 예다. 또한 파생금융상품 개발 및 리서치 능력을 제고하여 기존 사업에서의 경쟁력을 키워나가려는 노력도 병행해야 할 것이다.

국내 금융 산업의 재편 예상도

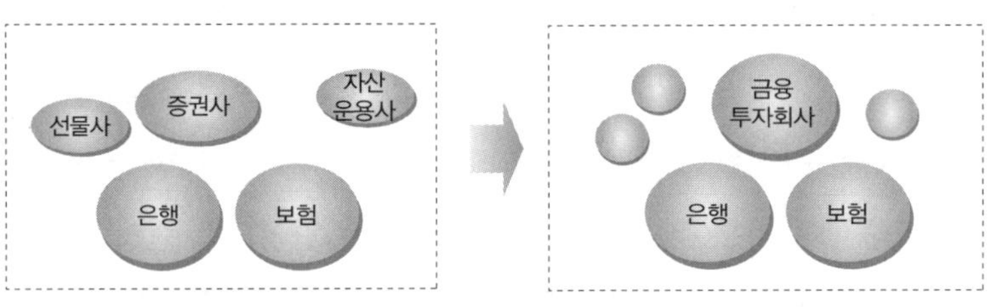

출처 한국증권연구원

금융 산업 전반에 걸친 근본적 혁신을 통한 경쟁력 확보를 위해서는 앞서 언급되었던 것처럼 각 기업이 서비스 산업의 R&D 중요성을 인식하고 혁신을 위한 적극적인 연구와 투자를 감행해야 한다. 기업 차원의 노력과 함께 정부의 정책지원도 반드시 필요한데, 그간 제조업 중심으로 이루어져 왔던 천편일률적인 서비스업 지원책을 서비스업 특성에 적합한 차별화된 지원정책으로 전환하고 불필요한 규제를 완화하려는 노력이 뒷받침되어야 할 것이다. 이와 같이 민관 공동의 노력을 통해 국내 금융서비스 업체들이 글로벌 경쟁력을 확보할 수 있다면 한국의 아시아 금융허브화도 결코 불가능한 일은 아니다. 금융허브란 자금 수요자와 공급자 사이를 연결하여 금융자원의 효율적 배분을 담당하는 중심지를 뜻하는데, 한국을 아시아의 금융허브로 만들어가고자 하는 목표는 여러 금융업 간의 시너지 효과를 동반한 성장을 가능케 한다는 점에서 충분히 가치 있는 일이다.

지금까지 살펴본 바와 같이 금융을 포함한 전체 서비스 산업 전반이 혁신 노력 부족에 빠져 있고, 이로 인해 제조업에 비해 생산성이 낮고 제조업 지원 수준도 낮은 상태다. 체계적이고 장기적인 안목에서 서비스 산업의 혁신을 통해 제조업에 대응할 수 있는 경쟁력 확보가 필요하다.

3_ 도약을 위한 부문별 과제

지금까지 한국이 혁신 경제로 도약하기 위해서는 초대형 기업(Global leading company)의 육성이 중요하며, 주요 산업별로 한국 기업이 취해야 할 혁신전략이 무엇인지 살펴보았다.

여기서 초대형 기업의 육성이라는 과제는 다른 모든 것을 포기하고 이것만 하라는 것은 아니다. 도약을 위한 핵심 사안을 이야기한 것뿐이다. 또한 단순히 당사자인 기업의 전략과 의지로만 이루어질 수 있는 문제도 아니다. 이를 위해서 대기업과 중소기업, 벤처를 포함하는 기업 부문의 조화 속에서 정부, 대학 및 출연연 그리고 금융 시스템 등 대한민국의 혁신체계 내 모든 부문의 역할모델 변화와 관계 재설정이 요구된다.

우선 대 · 중소기업 간 일방적 관계를 재정립해야 한다. 글로벌 시장에서 차별화된 경쟁력을 갖기 위해 함께 협력하는 파트너로서의 대 · 중소기업 관계가 구축돼야 한다. 이를 위해서는 협업의 모드가 대기업이 기술, 인력, 자금 등을 중소기업에게 지원하는 '경영자원

공유' 측면의 단절적 협업에 머물러서는 안 된다. 중소 벤처기업이 성장의 원동력으로 새로운 아이디어를 제시하고 대기업은 이를 적절히 보상할 수 있는 구조와 중소·벤처의 신제품개발, 시장개척 등 주요한 기업 활동에 대하여 대기업과 중소기업이 공동으로 노력함으로써 시너지를 창출하는 '기업 활동 공유' 측면의 협업을 촉진하는 것이 필요하다.

성장의 가장 기초적인 원천 개발은 기본적으로 대학과 연구소의 역할이라고 할 수 있다. 대학과 연구소 본연의 기초연구 등의 역량을 강화하여 기업 부문에 대한 지원과 선도 역할을 수행해야 한다.

정부의 역할도 재정립이 필요하다. 기술과 경제 상황의 변화가 복잡해지고 정부 주도의 혁신전략 수립이 한계에 온 지금, 민간 주도의 도약을 위해 정부의 역할은 각 혁신 주체들을 효율적으로 조율할 수 있는 조력자(Facilitator)로서의 기능을 수행할 필요가 있다. 모든 것을 정부가 하던 방식에서 벗어나 각 부문의 역량 강화와 협업 강화를 유도하고, 혁신 인프라 강화를 통한 국가 혁신 역량 강화 측면에 주력해야 한다.

앞에서도 이야기되었듯이 금융 분야는 글로벌 수준으로의 빠른 경쟁력 확보가 필요하다. 제조업과 금융이라는 양대 산업 간 경쟁력 불균형을 해소하고, 혁신 금융(Innovation Finance)을 효과적으로 지원할 수 있는 금융시스템을 확보해야 한다. 이를 위해서는 R&D에 대한 적극적인 투자와 함께 사업 모델 혁신과 같은 내부 혁신을 추진해야 하며, 이와 더불어 개방화를 통한 해외 부문과의 협업 확대도 필수적인 과제라고 할 수 있다.

03

새로운 혁신의 기회를 찾아서—

앞에서 한국이 나아가야 할 혁신의 방향성을 살펴보았다면, 본 장에서는 IBM이 GIO(Global Innovation Outlook)라는 과정을 통해 발견한 여러 혁신의 기회(Insight)를 소개하고자 한다. 먼저 GIO에서 통해 얻을 수 있었던 두 가지 가이드라인은 다음과 같다.

1_ 새로운 비즈니스 기회를 찾는 두 가지 접근방법

좀더 많은 이해 관계자들의 관점을 포괄하라

혁신을 위한 새로운 기회를 탐색할 때 단일 기업의 시각이나 단일 국가의 이해만을 전제로 한 접근에는 한계가 있다. 현재의 틀을 벗어난 혁신적인 기회라는 것은 관련 이해 당사자들이 갖는 다양한 시각과 관점을 인정하고 더욱 근본적인 시각에서 공통의 이익과 균형이라는

GIO란?

GIO(Global Innovation Outlook)는 IBM이 주도하는 혁신을 위한 대화의 장으로서 비즈니스, 사회, 기술 등의 분야에서 향후 5~10년간 최대의 이익을 창출할 수 있는 분야가 무엇인지, 그리고 그 분야에 해당하는 혁신의 본질이 어떠한 것인지를 규명하려는 시도다.

혁신의 본질은 좀더 신속하게 더욱 개방적이고 협업적인 형태로 바뀌어가고 있으며, 혁신의 범위는 점차 넓어지고 있다. IBM이 GIO라는 전세계적인 대화의 장을 마련하고 있는 것도 이 때문이다. 또한 IBM은 기업, 정부, 학계 리더들과의 대화에서 그들 간에 상당한 의견 차이가 존재한다는 것을 발견하게 됨에 따라 당사자들이 한자리에 모여 사회의 여러 문제들에 대한 의미 있는 토론을 진행한다면 그 차이를 좁혀갈 수 있다고 판단했다.

GIO는 2004년에 처음 시작됐으며(GIO 1.0) 뉴욕, 상하이, 워싱턴 D.C., 취리히 등지에서 세션을 개최했다. IBM 연구원, 컨설턴트, 주제별 전문가와 24개국 및 지역 대표자들이 참가했다. 2005년에는 GIO 2.0이라는 이름으로 두 번째 논의가 진행되었는데, 베이징, 뉴델리, 취리히, 상파울루, 샌프란시스코 등지에서 실시되었으며 33개 국가 및 지역에서 178개의 단체, 180여 명의 IBM 전문가들이 참가했다.

GIO 1.0에서는 삶의 질을 향상시키고 경제적 가치를 증대시킬 수 있는 의료서비스, 정부, 일과 생활의 비즈니스라는 세 가지 분야에 대해 다루었다. GIO 2.0에서는 개방적이고 협업적인 형태로 바뀌어가는 혁신의 본질이 환경, 운송 및 교통, 기업의 미래 등에 어떠한 영향을 미치게 될 것인가에 초점을 맞추어 논의가 이루어졌다.

측면을 고려할 때 비로소 발견될 수 있다. 예를 들어 환경 문제를 해결하기 위한 새로운 사업 기회는 대규모 생산과 소비를 전제로 한 사고 하에서는 충분한 검토가 불가능할 것이고, 환경을 지키고자 하는 관점을 지닌 환경 운동가와 함께 '균형'과 '적절한 수준의 소비'를 협의하는 과정에서 혁신적인 기회가 발견될 수 있다.

새로운 사업기회의 탐색은 비즈니스 통찰력과 기술적 전문성의 통합을 한 회사의 범주를 넘어 학계의 석학들, 고객, 협력사 및 기타 혁신을 선도하는 다른 영역의 리더까지 포함하는 규모로 확장하여 검토할 때 더욱 효과적이다.

가장 개선이 시급한 삶의 측면으로부터 출발하라

'발명이 첫째이고 적용은 그 다음'이라는 편견을 버려야 한다. 혁신의 무게 중심은 한 가지 기술이나 한 가지 사업에 초점을 맞추는 지엽적 문제 해결에서 사회적으로 우리가 당면하고 있는 이슈나 기회로 옮겨가고 있다. 삶의 질을 향상시켜 줄 것 같은 기술을 막연히 개발하는 대신에, 가장 개선이 시급한 삶의 측면을 검토하고 그 분야를 혁신하기 위해 학문과 전문 기술이 힘을 합해야 하는 것이다.

이제부터는 IBM이 다양한 이해 관계자들과 함께 고민한 결과로서의 새로운 기회를 검토해 보도록 하자. 크게 두 분야로 나누어서 생존 또는 생활과 관련된 환경 및 의료, 그리고 기업의 미래와 관련된 혁신기회에 대해 다루어보기로 한다.

2_ 남들이 못 보는 가치를 찾아라

환경

"생산을 전제로 한 사고를 벗어나 분해를 전제로 하는 균형 뒤집기 개
념을 통해 새로운 제품 및 서비스를 발굴해 낼 수 있고, 폐기물을 재활
용하는 차원을 넘어서 기업 간에 서로 폐기물과 부산물을 생산 과정에
서 교환하는 역공급 네트워크를 구축할 수 있으며, 쓰레기 속에 매몰
된 막대한 자원을 재활용할 수 있으면서, 개개인이 환경과 자원에 어
떠한 영향을 미치고 있는지를 즉각적으로 확인할 수 있는 기회를 찾아
서…"

환경과 관련된 토론에서는 사업적인 이익과 환경 보존을 서로 배
타적인 측면으로 보는 경향이 있다. 그러나 실제로 생태학적 책임과
기업의 책임은 유사한 개념이다. 양자 모두 낭비를 싫어하고, 장기적
으로 더 큰 이익을 얻기 위해 자산 투자와 책임 관리 개념을 채택하
고 있다. 환경과 경제가 종종 충돌한다는 데에는 의문의 여지가 없지
만, 양쪽을 함께 발전시키기 위해 공통적으로 혁신할 부분도 분명히
존재한다. 그러한 시각으로 보면 환경보호와 경제발전의 양립이 가
능할 뿐 아니라 양자를 동시에 이루어내는 세상을 그려보는 것도 어
려운 일만은 아니다.

끝이 좋으면 다 좋다

1950년대 중반 '계획적 진부화'라는 말을 만들어낸 공학 엔지니어 브룩스 스티븐스(Brooks Stevens)는 그 말이 얼마나 널리 사용될지 상상하지 못했을 것이다. 물론 많은 소비자들에게 '새 것'이 곧 '좋은 것'을 의미하는 오늘날에는 토스터에서 TV, 자동차에 이르기까지 모든 품목에 끊임없이 새로운 모델과 기능이 추가되면서 전보다 많은 제품이 더욱 자주 폐기되고 있다. 마이크로프로세서의 발전 속도를 예언한 무어의 법칙도 18개월마다 더 좋은 물건이 나온다는 개념에서 비롯된 것이다.

그러나 이러한 사고방식의 문제는 혁신 노력이 제품의 탄생 쪽으로 치우친다는 것이다. 현재 R&D에 투자되는 시간, 비용, 노력은 대부분 제품의 제작과 관련되어 있다. 사실은 그 반대인 제품 분해 쪽에서 획기적인 발상이 나올 가능성이 더 크다. '균형 뒤집기(Flip the Equation)' 개념을 통해 재활용의 문제에서 시작하여 재배포와 폐기, 유통 그리고 제조와 공급 순으로 제품의 수명주기를 역으로 되짚어보면 환경적으로 건전한, 현명하고 진보적인 기업과 정부에 경제적 이익을 안겨줄 새로운 가능성이 발견될지도 모른다.

제조업체들이 처음부터 끝을 염두에 두고 제품을 설계하다 보면 전에는 생각하지 못했던 새로운 혁신적 성분이나 제품, 프로세스를 찾게 될 것이다. 옥수수를 이용한 생물 플라스틱으로 만든 핸드폰(NTT DoCoMo와 NEC), 물을 쓰지 않는 세탁기(Sanyo), 에너지 절약형 e-페이퍼(Fuji Xerox) 등 환경 친화적 제품은 이미 하나둘씩 출현하고 있다. 또한 지금 신기술에 투자하면 나중에 특정 자원이 고갈되거나 정부에서 규제를 강화할 때 경쟁 우위에 설 수 있다는 장점이 있다.

그리고 발빠르게 환경보호 노력을 보여주는 기업은 상당한 후광 효과와 함께 의식 있는 투자가들을 많이 끌어 모을 수 있을 것이다.

제품의 탄생에서 종말까지의 과정을 좀더 전체적으로 바라볼 줄 아는 제조업체는 끊임없이 신제품을 출시해야 한다는 압력으로부터 자유로울 수 있다. 그러한 변화는 수입을 감소시키는 대신 새롭고 꾸준한 수입원천을 만들어낼 수 있다. 예를 들어 전자제품 제조업체에서는 기존 제품의 성능을 보강하는 각종 부품 또는 플러그인의 '소프트 업데이트'를 출시함으로써 매출을 유지하거나 증가시킬 수 있을 것이다. 이는 다시 제품 위주의 사업 모델에서 서비스 중심으로 옮겨가는 촉매 역할을 할 것이고, 제품이 만족스러운 수준을 유지하는 한 이러한 서비스는 기업과 소비자 간의 접촉 기회를 늘려 양자 간 유대 관계를 강화하고 고객의 브랜드 충성심을 높이게 될 것이다.

출처 U.N. Environment Programme, U.S. Environmental Protection Agency

역공급 네트워크

최근 들어 재고 부품의 재활용으로 비용을 절감할 획기적인 방안을 찾는 기업들을 중심으로 '역공급망'이라는 개념이 상당한 지지를 얻고 있다. 일례로 나이키는 재활용 신발에서 떼어낸 고무 밑창을 운동장 등 체육 시설의 바닥재로 활용하고 있다. 코닥과 후지에서는 필름을 빼내 인화한 '일회용' 카메라를 재생한다. 폐기물의 양적 감소는 자연 환경에 눈에 띄게 긍정적인 영향을 미치고 있다.

이 아이디어를 한층 더 발전시켜 생태계 전체를 망라하는 새로운 협력 관계를 수립하여 폐기물을 대량 감소시키고, 역공급망을 구축하는 것은 좋은 방안이 될 수 있다. 기업들은 역공급망을 네트워크화

역공급망 개념도

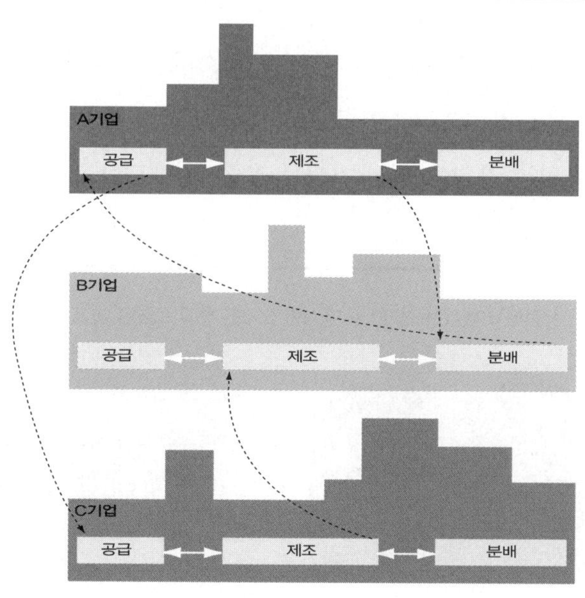

하여 폐부품을 서로 공유하고 여러 가지 부산물을 제조함으로써 경영 효율을 높이고 새로운 수입원을 확보할 수 있을 것이다.

재처리 폐수를 유류 추출에 이용할 방법을 연구 중인 기업이 있고, 어떤 기업은 철강 제조 공정에 사용되어 따뜻해진 냉각수를 양조장으로 보내서 발효 공정에 이용하기도 한다. 폐기물을 자원으로 생각하는 기업이라면 제품 성분의 성질과 강도가 유지되는 방향(재활용이 가능한 방향)으로 제품과 공정을 설계할 것이다. 기업들은 점점 제품의 수명은 일회성으로 끝나는 것이 아니라 끝없이 계속된다는 사실에 주목할 것이다.

쓰레기에서 보물을 찾아라

지구에 매장된 천연 자원의 가치와 전세계의 쓰레기 매립장에 묻혀 있는 가치를 비교해 보면 쓰레기장이 압승할 것이다. 전문가들은 북미 지역의 쓰레기 매립장에 묻혀 있는 알루미늄의 양이 지구상의 매장량보다 많을 것으로 추정한다. 구리와 금의 경우도 마찬가지다. 도대체 가치 있는 자원이 왜 폐기되는 것일까? 매립장을 일종의 지상

1998년 유럽에서 폐기된 전기 · 전자 장비 600만 톤에 포함된 물질

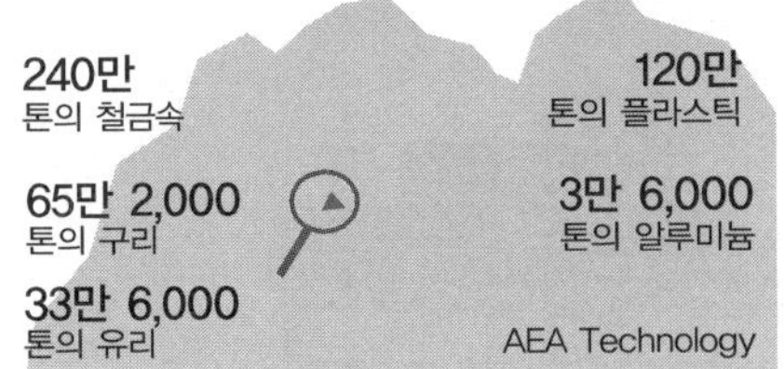

개인 컴퓨터에서 나온 1톤의 전자 고철에는 17톤의 금석에서 찾아내는 양보다 더 많은 금이 포함되어 있다.
– U.S. geological Survey

광산으로 생각해 보면 어떨까?

지구 표면에 쌓여 있는 수백만 톤의 쓰레기를 파고 들어갈 날이 그리 멀지 않았다. 칠레의 광업 업체인 코델코(Codelco)사의 페르난도 톨레도(Fernando Toledo)는 "우리 회사에서는 고작 2%의 구리를 얻기 위해 여러 산을 깨부수곤 했는데, 만일 쓰레기에서 채굴했더라면 2%보다 많이 나왔을 거라고 확신한다"라고 지적했다. 앨코아(Alcoa) 같은 기업은 이미 정교한 합금 분리 공정을 보유하고 있다. 또 다른 기업은 주변 지역에 미치는 영향을 최소한으로 하면서 최대의 이익이 보장되는 채굴 장소를 찾아내기 위해 고급 데이터 마이닝 및 빈도 모델링 소프트웨어를 적용할 기회를 모색하고 있다.

대규모 매립지를 휘저을 때 배출되는 메탄가스를 비롯하여 여러 가지 장애물이 있기는 하지만, 곧 전기 전자 폐기물을 일종의 퇴비처럼 사용할 날이 올 것이다. 언젠가는 한 사람의 쓰레기가 다른 사람에게는 말 그대로 황금이 될지도 모른다.

보는 것이 곧 행동하는 것이다

어떤 천재가 나타나서 마법과 같은 신기술로 우리 모두의 마음에서 환경에 대한 부담감을 조금 또는 완전히 없애주기를 바라지 않는 사람은 없을 것이다. 그러나 진정한 진보를 달성하기 위해서는 천재를 기다리기보다는 개인의 구매 행태에서 업무 프로세스와 사회의식에 이르기까지 인류의 행동 양식을 근본적으로 바꾸어야 한다.

전등 스위치를 켜는 사람은 자신의 행위로 인해 대기가 오염되거나 돈이 낭비된다는 생각을 전혀 하지 못하기 때문에, 일반적으로 전등을 빨리 끄거나 수명이 긴 전구를 굳이 사용하려고 하지 않는다.

성분정보 (단위당 분량)

중량(ibs.)	총 중량 중 %	재활용 가능 %
플라스틱	13.8(23.0%)	20%
알루미늄	8.5(14.0%)	80%
철	12.3(20.5%)	80%
납	3.8(6.3%)	5%
아연	1.3(2.2%)	60%
주석	0.6(1.0%)	70%
니켈	0.5(0.9%)	80%
규토	15(24.9%)	0%

텔레비전을 보지 않을 때 전원 코드를 꽂아두면 전력이 소비된다는 사실을 모르는 사람도 많다. 수도꼭지에서 흐르는 물을 보면서 수도관 반대쪽에 저장되어 있는 물의 양이 무한정이 아니고 제한되어 있다는 생각을 못하기도 쉽다. 핸드폰을 구입하고 1년도 되지 않아 더 멋진 신형 기계로 바꾸는 사람은 버려지는 핸드폰이 어떻게 처리되며 그로 인해 환경적 비용이 얼마나 큰지 알지 못한다.

그러나 명확성과 투명성이 올바른 행동을 가능케 할 수 있다고 믿는다면 희망은 있다. 스웨덴 인터렉티브연구소(Swedish Interactive Institute)에서 실시한 STATIC 프로젝트는 사람들의 '에너지 행동'을 변화시키기 위해 에너지 사용 실태를 알려줄 수 있는 몇 가지 일상 용품의 견본을 만들었다. 예를 들어 뜨거운 물이 닿으면 무늬가 지워지는 패턴을 붙인 샤워 타일이라든가, 에너지 사용량을 불빛으로 알려주는 '인지형' 전원 코드 등이 바로 그것이다.

이와 같은 맥락에서, 전기, 유류, 물의 소비 속도를 보여주는 실시간 종합 정보판, 다시 말해 천연 자원 대시보드 같은 것이 개발된다면 개인 소비자와 기업 모두 그 진가를 인정할 것이다. CEO가 공장이나 설비의 자원 소모량에 대해서 즉각적인 정보를 입수하고 절감 조치를 취한다면 많은 자원이 절약될 수 있을 것이다.

의료

> "통합된 의무기록에 의해 언제 어디서든 정확한 의료 서비스를 제공받을 수 있고, 저렴하고 효과적인 방법으로 모든 사람이 의료 혜택을 누릴 수 있으며, 우리 자신에 대한 보다 깊은 이해를 통해 건강에 대한 위험을 줄일 수 있는 기회를 찾아서…."

의료는 오늘날 급성환자 치료에 중점을 두는 것으로부터 장기적인 의료 서비스 그리고 예방의학(질병의 조기 방어 및 처치—면역 및 건강관리) 등으로 진보하고 있다. 많은 사람들은 의료에 있어 가장 큰 혁신 기회는 예방의학을 넘어서서 질병의 징후를 기다리는 것이 아니라 질병이 뿌리내리기 전에 예측하여 근절하는 예측의학(Predictive medicine)에 있다고 보고 있다.

물론 이러한 의료 영역의 혁신을 달성하는 데에는 많은 잠재적 장애가 있다. 가장 큰 장애는 혁신을 위한 비용이 꾸준히 증가되고 있다는 것이다. 그렇지만 이러한 비용이 행정적인 비효율성 및 낡은 비즈니스 모델로 인한 고비용을 의미하는 것이 아니라 새로운 치료법과 기술 개발을 위해 증가하는 비용이라면 장애라고 얘기할 수 없다.

기초 의료 서비스를 확대하는 것 또한 중요하다는 데에는 누구나 동의하지만 만만한 일은 아니다. 선진국은 나름대로 보험 미가입자나 오지 주민에 대한 기초 의료 서비스의 제공을 고민하고 있고, 많은 국가에서는 지방에서 도시로 이주해 온 주민들의 기초 의료 서비스 가입 여부와 낮은 이해도 때문에 고민하고 있다.

민감한 윤리 문제 역시 혁신의 장애물이 될 수 있다. 개인 프라이버시 보호와 의료 체계 개선 사이의 올바른 균형은 무엇인가? 업계에서는 비용을 제어하고 혁신전략을 추구하는 데 도움이 되는 리스크 관리 기술을 점차 채택하게 되겠지만, 사람의 생명이 관여되었을 때 리스크는 어디까지가 허용 가능한 것이고, 여기에는 논리 외에 어떠한 요소가 추가로 검토되어야 할 것인지가 의문이다.

의료 영역에서의 지적재산권이 어떻게 처리되어야 할 것인가도 중요한 문제다. 브라질이 에이즈 처방약에 대해 행한 것처럼 대기업이 소유하고 있는 특허 의약품이나 특허권으로 인한 이익을 양도하도록 꾸준히 압력을 넣을 수 있을까? 만약 의료 영역에서의 지적재산권을 수입의 원천이 아닌 향후 혁신의 토대로 여기게 하려면 어떠한 협약이 있어야 할까? 의료 영역의 혁신에 대한 다각도의 검토를 통해 가장 혁신의 징후가 큰 분야를 지금부터 살펴보자.

통합된 의무 기록

X-레이 사진은 정형외과 의사에게 있고, 스트레스 테스트 결과는 심장전문의에게 있고, 어릴 적 예방주사 기록은 어디 있는지 아무도 모르고…. 환자의 의료정보를 통합하여 볼 수 없다는 것은 다른 중대한 영역(질병의 조기 방어, 병력을 게놈 데이터와 연결하여 역학적으로 집중 치료, 정보 흐름 및 정보 운영의 개선으로 인한 비용 절감 등)으로의 진전을 가로막는 걸림돌이 된다. 의료 생태계에서는 필요할 때 바로 제공할 수 있도록 통합된 의료 기록을 갖는 것이 중대한 혁신이라는 데 동의하면서도 다음의 두 가지를 우려하고 있다.

첫째, 의료 생태계에는 현지, 지역, 국가, 그리고 국제적으로 엄청난 유형의 관계자들이 포함된다는 점이다. 일부는 앞선 정보기술을 갖춘 대기업일 것이고, 일부는 대규모의 IT 시스템에 투자할 여력이 없는 영세한 기업일 것이다. 또 어떤 국가에서는 보험회사들이 통합된 의료 기록의 일부를 담당할 것이고, 어떤 국가에서는 정부가 공급업체 역할을 할 것이다. 학계나 제약회사의 연구진 또한 환자 데이터에 접근(또는 통제)하려고 할 것이다. 과연 이렇게 다양하고 방대한 이해 관계자들을 어떻게 조율하고 참여시킬 것인가?

둘째, 환자 의료 기록의 통합은 프라이버시와 소유권에 대한 엄청난 이슈가 될 것이다. 의료 기록은 누가 통제하고, 궁극적으로 누구에게 귀속되어야 하는가? 대부분의 의료 생태계에서는 환자라고 얘기한다. 하지만 만약 환자가 통합 의무 기록이 자신의 프라이버시를 위협하거나 자신에게 실질적으로 도움이 되지 않는다고 여긴다면 통합 의무 기록 자체를 반대할 수도 있음을 알아야 한다.

그렇다면 환자 기록을 통합하는 시범 프로그램에서 환자들에게 즉각적인 이익(더욱 신속한 서비스, 더욱 저렴한 비용, 더욱 향상된 진료 서비스)을 제공하는 것이 대규모 추진을 위한 발판이 될 것이다. 그러나 모든 잠재적인 환자를 포괄할 수 있도록 환자 정보를 정의하고 기록하는 표준 방식이 정해지지 않은 상태에서의 접근은 결국 또 다른 장애요인을 만들어낼 뿐이다.

따라서 혁신을 위한 가장 중대한 최우선 과제는 환자 정보 통합에 관한 의료 생태계 전체를 아우르는 표준을 구축하는 일일 것이다.

소외 계층에 의료 서비스를 제공한 새로운 모델

선진국 국민들은 의료 서비스로부터 소외 받는 다른 나라 사람들에 대한 문제를 외국 정부나 자선단체가 알아서 해결할 성질의 것으로

치부해 버리기 쉽다. 그들은 의료 서비스 혜택을 충분히 받지 못하고 사는 사람들을 위해 어떠한 조치가 취해져야 한다는 내용에는 동의하지만, 그 문제가 가깝게 느껴지지 않기 때문에 별로 시급하게 생각하지도 않는다. 물론 이것은 잘못된 판단이다.

최근 사스(SARS)와 같은 지역 전염병의 발발이 선진국으로 급속히 확산되는 사태는 기초적 수준의 건강을 유지하는 것이 누구에게나 중요하다는 사실을 보여준다. 의료 생태계에서는 이러한 이슈가 단순한 인도주의적 문제만은 아니라고 주장한다. 건강은 생산 인력의 필수적인 조건이며, 세계 경제가 개발도상국 또는 신흥 성장 경제에 의존하게 되면서 관련 국가 국민들의 건강이 글로벌 이슈가 되고 있는 것이다.

여기서 흥미로운 가능성을 엿볼 수 있다. 인도나 중국처럼 규모가 큰 개발도상국에서는 비교적 저렴한 비용으로 기초 의료 서비스를 제공하고 있다. 여기에는 원격 의료 확산, 현지 상황에 맞는 새로운 의원 및 보건 교육가 배치, 그리고 전통 의학을 서양 의학에 접목시키는 연구 등이 이뤄진다.

이는 혁신의 여러 형태를 위한 엄청난 가능성을 의미한다. 혁신적인 기술을 통해 충분한 처리 능력을 갖춘 의료 기기가 만들어질 것이고, 기술적 지식이 거의 없는 사람들도 이를 쉽게 사용할 수 있을 것이다. 그리고 이러한 국가들의 규모에서 오는 엄청난 수요 또한 저렴한 의료 서비스 제공을 촉진하는 동인이 될 수 있다.

그러나 현재의 의료 제공 시스템에는 결함이 있기에 혁신적인 비즈니스 모델과의 협업 파트너십이 반드시 필요하다. 이를테면 인도에서는 의료비 지출의 80%가 민간의 본인 부담이므로 지방의 가난

한 사람들로서는 그림의 떡일 뿐이다.

공공 의료비 지출을 위한 새로운 모델 그리고 이를 지원하기 위해 협력하는 더욱 현실성 있는 의료 서비스와 기관에서의 급진적인 혁신이 일어나지 않는다면 현재의 체제가 대규모의 서비스 소외 계층의 수요를 충족시키는 것은 불가능할 것이다. 반가운 소식은 현재의 격차를 우회하여 이러한 수요를 충족시킬 새로운 방법을 시도하고 있는 혁신적인 회사들이 있다는 것이다. 만일 그들의 방법이 성공한다면 매우 저렴한 가격으로 기초 서비스를 제공하도록 선진국에도 적용할 수 있을 것이다. 미국의 몇몇 백화점에서 의사결정 트리 (decision-tree) 진단 소프트웨어 사용법을 익힌 간호사들을 배치하여 환자를 선별하고, 정식 의사의 감독 하에 일반적인 질병에 대한 간단한 처치를 하도록 하는 시범 사업이 그 예가 될 수 있다. 이 서비스는 비용 수준이 낮으며, 사전 약속이 필요치 않으므로 손쉽게 접근할 수 있다. 이러한 사례는 혁신이 현재의 체계를 넘어서는 영역에서 일어날 수 있음을 알려준다. 다음에서 논의하고자 하는 예측 의학으로의 궁극적인 전환 역시 이러한 맥락에서 이해할 수 있다.

예측의학은 우리 자신에 대한 보다 심층적인 이해에서 출발한다

인간 게놈 프로젝트[20]는 인류를 위한 주목할 만한 업적이다.

최근 발행된 완성 보고서는 우리가 약 2만 5,000개의 유전자를 가

---

[20] 인간 게놈 프로젝트(HGP)란 인간유전체를 구성하는 31억 쌍의 디옥시리보핵산(DNA) 염기서열 전체를 해독하려는 연구 과제를 말한다. 인간의 생명현상을 결정짓는 유전자의 지도를 작성하고 DNA 염기서열을 결정하는 것이다. 게놈 해독을 통해 3만여 개의 유전정보를 파악함으로써 질병의 예측이 가능해지고, 예측의학으로의 진보는 기존 투약 위주의 의료 서비스 모델에 변화를 가져올 것이다.

지고 있으며, 인간 게놈의 뉴클레오티드 염기서열은 99.9%가 똑같다는 사실을 알게 해주었다. 각각의 유전자의 기능과 우리의 몸이 어떻게 작동하는지에 대해 연구할 수 있는 문이 열린 것이다. 게놈 지도는 1,000만 페이지의 정보에 달하는 한편, 그것을 이해하는 데에는 그보다 1,000배나 큰 데이터 세트의 분석이 필요하다. 그러나 이러한 지식은 사람을 서로 다르게 만들어주는 0.1%의 뉴클레오티드 서열로부터 배울 수 있는 것에 비하면 아무것도 아니다.

의료 생태계는 개인 정보가 예측의학을 현실로 만드는 데 도움이 될 것이라고 생각한다. 오늘날의 의료 서비스 체제는 병의 원인보다는 결과를 처리하기 때문에 비용이 많이 드는 급성 치료에 집중되어 있다. 개인의 유전자 구성을 통해 우리는 그 사람이 어떤 질병에 걸릴 가능성이 있는지 예측할 수 있다. 그러한 정보를 가지면 질병의 발병 위험을 미리 없애거나 줄이기 위해 식이요법, 운동, 약물치료, 기타 여러 가지 방법을 활용할 수 있다.

그러나 예측의학으로의 길은 게놈을 해독하거나 개개인의 유전 정보를 해독하는 것만이 관건은 아니다. '유전은 총을 장전하지만 생활습관이나 환경이 방아쇠를 당긴다'는 얘기가 있다. 이는 게놈 데이터가 해답의 일부만을 쥐고 있음을 의미한다. 우리는 유전자나 단백질, 세포 간의 상호작용, 체계적인 활동, 신체 활동을 지배하는 분자행동을 뒷받침하는 물리학(단백질 접힘, 활성 사이트 상호작용 등) 등을 좀더 잘 이해할 필요가 있다. 예를 들어 토마토를 먹으면 암 발생 위험을 약간 줄일 수 있다는 등의 관계를 연구하는 것이 아니라, 왜 이러한 관계가 존재하는지, 특정한 사람에게 그것이 어떤 상관이 있는지를 이해하는 데 도움이 될 연구가 필요하다.

또한 그러한 것을 파악하고, 문제를 보다 일찍, 보다 일관되게 탐지하기 위해서는 더 나은 생물학적 모니터링이 필요하다. 하루에 한 번 혈압을 체크하는 것보다는 센서에 의해 혈압의 상승과 하락 패턴을 지속적으로 모니터링하는 것이 더 의미 있을 수 있다. 더 나은 진단을 위해 더 많은 기능을 모니터링하는 과정에서 발생할 정보의 범람과 비용 증가의 위험은 감수해야 할 것이다.

예측의학은 새로운 의학 전문가를 탄생시킬 것이다. X-레이의 발명이 방사선학으로 이어졌듯이, 유전적 지문의 개별적인 해독에 근거를 두는 예측의학은 그 유전 데이터를 해독하고 사람의 생활습관과 환경이 미치는 영향을 파악하여 그것을 기준으로 예측을 하는 전문가들을 필요로 할 것이다.

예측 접근방식에 대해서도 여러 의문이 생길 것이다. 예를 들어 이러한 의료 서비스 개념에서 정신 건강은 어떻게 다뤄질 것인가? 정신적인 질병을 예측한다는 것은 어떤 의미를 갖는 것인가? 누가 예측의료 서비스에 대한 의료비를 지불해야 할까? 예측의료 서비스를 통해 건강보험이 생명보험의 일부가 되면서 생명보험 회사가 의료혁신을 촉진시키는 데 적극적인 관심을 갖고 비용을 지불하는 모델이 생겨날 수도 있다.

예상되는 질병을 예방하기 위해 취해지는 조치로서 초기 단계에는 생활습관의 변화만 강조할 수도 있다. 이는 의약 위주의 모델로부터의 변화를 의미하는 것인데, 그렇다면 의약 개발과 의약 유통 비즈니스 모델에 무엇을 의미하는 것일까?

대부분의 일반 질병은 예측을 통해 미연에 방지될 것이기 때문에 이른바 희귀 의약품(orphan drug), 극히 일부분의 환자에게 매우 치료

효과가 높은 단일 질병 전용 의약품의 개발이 강화될 수도 있다. 목표 환자 집단에 필요한 소량의 약품을 생산하기 위해서는 천문학적인 비용이 들 것이며, 그러한 치료를 위해 의료계는 효율적인 대금 지불 모델을 강구해야 할 것이다. 의약 치료에 의존하지 않는 예측 진료는 제약 회사들로 하여금 오늘날 투석과 물리요법 같은 서비스 모델에 접근하게 할 수 있다.

그러나 우리의 목표는 이렇게 인간이 자신을 더 잘 알게 됨으로써 질병을 예측할 수 있는 것이 아니고, 궁극적으로 질병을 몰아내고 전반적인 복지 체계를 개선하여 삶의 즐거움을 극대화하는 것이다. 21세기의 의료는 더 이상 징후, 진단, 투약에 국한되지 않는다. 우리의 개인적인 목표를 성취하도록 돕는 새로운 진료, 요법, 처방 등을 발견하는 동시에, 우리가 어떻게 보고 생각하고 느끼고 즐기고 심지어는 다른 사람과 어떻게 상호 교류하는지 등에 중점을 두게 될 것이다.

이는 의료 생태계에 새로운 바람을 불어 일으킬 것이다. 유전 데이터 해독 전문가들의 업무가 확대됨으로써 자신에 대해 더 잘 알고 개선시키고자 하는 인간의 욕망을 채워 주고, 목표에 도달할 수 있도록 도와줄 조언자와 코치를 양산하게 될 것이다. 그러한 세상에서는 음식 서비스, 피트니스, 라이프스타일 업계의 구성원들이 의료 생태계의 핵심 세력이 될 것이다.

유전 정보를 과연 누가 소유할 것인가? 말 그대로 유전자 정보를 '소유'한다는 것은 지금으로서는 생각할 수 없을지 모르지만, 유전자 정보가 보다 완벽한 개인의 의료 정보를 포함하게 될 때에는 훨씬 중대한 일이다. 이러한 정보를 관리하고 사용하도록 도와주는 기술 외에도 누가 그 정보에 접근할 것인지, 정보를 어떻게 사용할 것인지, 그리고 정보를 토대로 어떤 의사 결정을 할 것인지를 결정하는 데에는 매우 신중하고 혁신적인 사고가 필요하다.

이러한 심층적인 자아인식은 새로운 유형의 사회적 유대감을 형성할 수 있다. 오늘날 유사한 삶의 경험이나 유사한 질병을 가진 사람들이 만나 서로 의지하고 동지애를 찾는 것과 마찬가지로 사람들이 자신과 유사한 유전적 성향이나 라이프스타일을 갖는 다른 사람들과 유대감을 갖게 될 것이다. 그러한 새로운 동호회 그룹은 전세계에 퍼져 있는 기존 기술이나 새로 부상하는 기술을 쉽사리 모으게 될 것이다. 성별(유전적인), 종족, 또는 신념과 같은 오늘날의 구분 외에 인간의 다양성에 대한 훨씬 풍부한 옵션에서 우리 자신을 재정의할 수 있게 하는 새로운 정체성 찾기가 시작될 수도 있다.

기업의 미래

"지금까지와는 다르게 다양한 그룹이 임의적으로 결합된 새로운 개념의 기업 환경에 대응할 수 있고, 평판이 새로운 자본으로 활용될 수 있으며, 전통적인 정년의 개념을 넘긴 지식노동자가 가져다 주는 환경 변화에 대응할 수 있는 기회를 찾아서…"
– 20세기는 곧 기업의 역사라고 말할 수 있지 않을까?

일을 위해 사람을 모으는 구심점이 기업 그 자체(비즈니스 조직)가 아닌 '집합적인 기업'(공동협력자 또는 공동과업)으로 변해가고 있다. 이러한 경향이 가속화된다면, 리더십에서부터 글로벌 인재들을 관리하고 동기를 부여하는 행위에 이르기까지 기업이 고려하는 경영활동

전반에 근본적인 영향을 미치게 될 것이다.

자유 기업 체제에서 기업의 해체로

기업 경영이 학문의 영역으로 자리잡은 후부터 기업들은 최대의 효과와 성장을 달성하기 위해 다양한 조직구조 모델을 실험해 왔다. 수직 구조와 수평 구조, 그리고 중앙 집중적인 구조, 분산 구조, 매트릭스 구조, 네트워크 구조 등 다양한 구조 모델이 명멸했다. 가까운 미래에 이러한 모델들이 완전히 사라지지는 않겠지만 이와 같이 조직을 개선하여 탈바꿈해 나가려는 기업들의 노력이 핵심을 놓치고 있는 것은 아닐까? 미래의 경영 모델은 종전에 정의되었던 '기업 집단'의 경계선 안팎에서, 복잡하게 변화하는 개인의 네트워크를 조율하는 문제와 싸워나가야 할 것이다. 이것은 단순히 하청업체, 협력업체 심지어 경쟁업체와 보다 생산적인 관계를 유지하는 것으로 해결될 문제는 아니다. 사업의 기본 구성요소를 다시 생각해 보고, 오랫동안 당연한 것으로 받아들여졌던 기업의 성립, 관리, 성장에 대한 가정에 의문을 품어봐야 한다는 뜻이다.

앞으로 공동이익, 목표, 가치를 추구하는 활동, 즉 협력이 개인 또는 집단을 더욱 결속시킬 것이다. 기존 기업의 역할은 이러한 협력 활동의 조율과 촉진에 국한될 것이다. GIO 참가자 중 Z+ Partners의 앤드류 졸리는 이 모델을 할리우드의 스튜디오 시스템에 비교한다. 영화 스튜디오에서는 그 크기나 목표 시장을 불문하고 프로젝트별로 필요 인력의 명단을 조합하고 조율한다고 말했다. 졸리는 "외부에 조직을 만들고 회사 내부와 외부의 인재를 등록시킨 다음 몇 가지 소소한 과정을 거치면 언제든 배치 가능한 인력 자산을 보유하게 될 것"

이라고 설명했다.

이러한 변화는 고용 유연화라는 개념에 보다 친숙한 신세대 인력이 등장했기 때문이기도 하다. 이들 대다수는 자신이 일하는 기업보다도 서로의 관심사와 전문성, 세계관을 나눌 수 있는 자기 분야의 동료들에게 더 진한 소속감을 느낀다. 이들은 직장인이기 이전에 프로그램 개발자, 컴퓨터 생물학자, 디자이너, 강사인 것이다.

유동적이고 기동성 있는 인력은 이러한 변화를 유도하는 한 가지 요인에 불과하다. 협업을 통한 혁신과 기술 연계 그리고 업무 프로세스의 아웃소싱, 고객 중심의 디자인, P2P 생산 등 새롭고 실용적인 사업 모델이 결합되는 현상도 기업 개념을 재정립하는 데 도움이 된다.

이와 관련하여 '전문 기업'의 생존 가능성이 점점 높아지고 있다. 1990년대에 이것은 직무와 활동을 '핵심 기능' 대 '비핵심 기능'으로 나누자는 개념이었다. 목표는 핵심 기능만 남기고 비핵심 기능은 저렴한 업체에 외주를 주는 것이었다. 이제는 이것만으로는 충분치 않다. 보다 집약적이고 글로벌하며 예측할 수 없는 현대의 경쟁 체제는 본질적으로 전 부문에 걸친 능력을 요구한다. 그러므로 기업을 세부적으로 나누어 모든 분야의 강점과 약점 등 진정한 차별화 요소를 정밀하게 파악한 다음, 세계적 수준의 역량을 보유하기 위해 구축, 매입, 제휴 중 어떤 방식이 좋을지 결

인력 이동의 보편화

정하는 것이 오늘날의 과제가 되었다.

이 모델에 따르면 기업은 수많은 분야를 마스터하려고 노력하다가 결국 투자를 낭비하고 경쟁에 뒤지는 대신 진정한 차별화 요소에 에너지를 집중할 수 있다. 정체된 기업으로 남기보다는 내부적으로 서로 보완하면서 시장의 움직임에 적응하거나 심지어 시장을 예측하면서 스스로 확장, 긴축, 구조 개편하는 전문화된 조직의 총체로 변할 수 있는 것이다.

역설적인 이야기지만 시간이 지나면 이렇게 유연한 구조가 더욱 안정적인 것으로 판명될 수 있다. 자율적인 구성과 결속 능력을 갖춘 주체일수록 혼란 상황에서 뛰어난 적응력을 발휘하기 때문이다. 이것은 새떼나 곤충 또는 물고기떼에서 발견되는 분리, 정렬, 집합의 과정과 유사하다. 이들은 모두 자율적인 구성에 의지하여 역동적이고 효과적인 방식으로 이동한다.

기업은 보유할 부분과 외주, 협력, 제거할 부분을 어떻게 정의하게 될까? 핵심과 비핵심을 규정하는 것은 소용이 없다. 지금 핵심적인 것이라도 시간이 지나면 바뀔 수 있기 때문이다. 작가 겸 컨설턴트인 제프리 무어(Geoffrey Moore)가 말했듯이, 결국에는 실질적 가치와 경쟁 우위를 가져오지 못하는 부분에 너무 많은 자원을 투자하는 결과로 끝날 것이다. 궁극적으로 가장 혁신적인 기업은 생산에 필요한 자원과 제휴 관계를 끊임없이 신속하게 조정할 것이다. 이러한 기업이 되려면 핵심 활동이 아니라 핵심 목표 또는 비전을 충실하게 지켜가야 한다. 자기가 하는 일이 무엇이고 왜 하는지를 알고 있어야만 누가, 어디서, 어떻게, 심지어 무엇을 하는지도 보다 유연하게 조정할 수 있는 법이다.

평판 자본에 주목하라

자사의 모든 업무를 직접 관리하는 회사가 점점 줄고 있는 상황에서 고객들이 느끼는 브랜드 만족도를 꾸준히 유지하기란 정말 어려운 일이다. 이것은 필요에 따라 자원조달 및 분배가 가능한 대기업에서 제휴를 통해 규모의 경제를 달성하는 소기업에 이르기까지 모든 기업이 곧 당면할 문제다. 기업의 네트워크를 구성하는 개인이나 비즈니스 파트너들에게 자사 브랜드를 철저히 이해시키고, 높은 충성심과 함께 브랜드 보호노력을 이끌어내기 위한 방안은 무엇일까?

기업이 직원 또는 파트너들의 능력과 충성심을 100% 확신할 수 있다면 브랜드 이미지를 유지하는 데 따르는 위험은 대부분 사라질 것이다. 그렇다면 어떻게 해야 이들을 신속하고 합당하게 평가할 수 있을까?

인력의 개인적, 전문적 자격 조건에 대한 신뢰를 구축하는 수단으로 '평판 자본(reputation capital)'을 활용하자는 주장이 있다. 예를 들어 이름 없는 수십만 명의 기여를 바탕으로 브랜드 구축에 성공한 위키피디아(Wikipedia)와 이베이(eBay)를 보자. 두 곳 모두 거래 참여자의 실적과 신뢰를 확인하고 평가하기 위한 표준을 수립하고, 지속적으로 높은 수준의 성실성과 품질을 보인 참여자에게는 더 높은 점수를 주었다. 즉 이베이는 판매가를 더 높일 수 있도록 했고 위키피디아는 더 많은 권한을 인정해 주었다.

평판 자본은 이미 실제 생활에서도 유용한 수단이 되고 있다. 일부 청년층과 대학생 구직자들이 자신의 이베이 등급을 이력서에 기재하고 있다. 이 트러스트 마크(Trust Mark)가 신뢰성과 건전성을 측정하는 실질적인 지표인 셈이다.

개인의 기여를 바탕으로 하지 않는 업종, 특히 고유한 브랜드 없이 가상 세계에서만 활발하게 활동하는 세계적인 신흥 기업들에게 평판 자본은 흥미로운 가능성을 제시하고 있다. 세계 시장에서 파트너를 구하고자 하는 이러한 신흥업체들을 위해 새로운 표준이나 시스템, 인증기관들이 나타나 이베이의 트러스트 마크나 굿하우스키핑(Good Housekeeping) 인증과 같은 가치를 제공해 줄 수도 있을 것이다.

결국은 작은 세상

디지털 인프라의 보급, 광대역 무선 기능의 발전 그리고 경제 정책의 변화 등으로 인해 세계 시장에서 경쟁의 장벽은 무너지고 중소기업을 위한 새로운 유통 채널이 등장했다. 종업원 수가 25명, 10명 또는 단지 5명에 불과한 기업들이 점점 더 많이 세계무대에서 활약하고 있다.

우리는 고도로 전문화된 초소규모 기업의 탄생을 지켜보고 있다.

세계 시장에서 경쟁하는 이 초소규모 업체들은 기존의 패러다임과 사업 모델에 큰 혼란을 불러일으키기도 한다. 종업원 수가 수십 명에 불과하지만 거래 금액은 수억 달러에 달하는 기업도 있다. 실제로 2002년에는 캘리포니아에 있는 종업원 수 100명 미만의 가전제품 메이커인 아펙스 디지털(Apex Digital)이 10억 달러 이상의 수입을 거뒀다.

많은 대기업에서는 소규모 업체들의 민첩성과 유연성을 따라잡을 방법을 찾고 있다. 전문 기업이란 기본적으로 사내 · 외의 소기업을 모아놓은 것이라고 할 수 있다. 이러한 파트너 네트워크는 기업을 대신하여 특정 업무 프로세스에서 연구 개발에 이르는 모든 활동을 운영한다. 기업이 특화된 제품이나 서비스를 공급하고자 하거나, 수익성 있는 세분화된 시장에 진입하고자 할 때 상대적으로 더 작은 파트너에게 의존하게 된다. 그리고 특정 시장이나 지역을 위한 맞춤형 제품 또는 서비스를 제공하기 위해 소기업을 모방하는 사례도 늘고 있다. 이런 경우에는 오히려 작은 규모가 더 유리하다.

직원 10명 미만의 기업이 유럽 전체 기업의 90%를 차지한다.
출처 The Europen Commission

미국의 소기업들은 대기업보다 직원당 13배나 더 많은 미국 특허를 획득한다.
출처 U.S. Small Business Administration

고용 계약서 다시 쓰기

평생직장이 사라지고 있다는 것은 그 동안 자주 다루어진 주제이며,

한 사람이 평생 한 직장에서 일한다는 개념은 이미 주류에서 밀려나고 있다. 물론 종신고용을 고수하는 업종도 아직 건재하기는 하나, 20세기의 마지막 10년을 되돌아보면 고용주와 종업원 간의 관계 모델이 획기적으로 변화하고 있음을 알 수 있다. '열심히 일하고 충성하면 회사가 보살펴준다'는 종전의 기대심리는 앞으로 어떻게 달라질까?

현재로서는 뚜렷하게 내세울 만한 대안이 보이지 않는다. 스톡옵션, 보너스, 퇴직금 등을 대신할 보상 체계를 포함한 새로운 가치 교환 방식을 설계할 여지는 무궁무진하다. 사실 이제는 은퇴라는 개념 자체가 유동적이다. 과거보다 건강해진 오늘날의 노년층 인력은 이전 세대보다 훨씬 길어진 수명으로 인해 경제적 부담에 시달리고 있다. 그들은 초기 제조업 시대 기준으로 본 은퇴 시점 이후에도 일을 해야 할 것이다. 현대의 근로자, 특히 지식 근로자들은 전성기를 지나서도 한참 동안은 기업과 사회에 기여할 능력이 충분하다. 그러나 이러한 변화를 예측하여 정책과 방침을 개선한 기업은 거의 없다.

그렇다면 이렇게 변화된 환경에서 사회적 안전장치를 제공할 주요 책임은 누구에게 있을까? 기업들이 고급 인력을 유치하여 장기적으로 보유하고자 노력함에 따라 종전까지 정부의 소관이던 문제가 기업에 전가되고 있다. 기업 자체가 해체되고 있는 마당에 앞으로 개인들이 더 많은 위험과 책임을 질 것이라는 전망이 가능할 수 있을까? 아마도 고용의 유연성과 직업 유동성이 증가하는 대신 개인들이 이런 위험을 떠안아야 할지도 모른다.

이러한 관점에서 앞으로는 사회적 네트워크가 개인의 위험을 어느 정도 경감해 주는 안전판 역할을 할 수 있을 것이라고 예상할 수 있다. 예를 들어 모르는 사람들이 모여서 게임을 즐기고, 규칙을 정하고, 사진 같은 것을 공유할 수 있다면 각자의 자원을 모아 강력한 연합을 형성할 수도 있을 것이다. 아니면 기업 네트워크를 통해 지식 자본을 보다 혁신적으로 분배하는 것은 물론 특정한 종업원 집단을 대상으로 이직의 자유와 고용 안전을 보장해 주는 방안도 생각해 볼 수 있다. 미국의 단과 대학들이 연합하여 소속 대학의 학생들이 서로 교류할 수 있도록 한 것처럼, 포춘 글로벌 500대 기업들 간에도 교환 프로그램을 운영하는 날이 올 수 있지 않을까? 피엔지(P&G, Procter & Gamble)은 가상 제조공정에 대한 지식을 갖춘 보잉사(Boeing) 퇴직자를 고용하는 한편, P&G의 퇴직자를 일라이 릴리(Eli Lilly)와 같은 협력사로 보내 소비재 제품의 포장 기술을 전수하는 등 퇴직자 네트워크를 통한 교환 프로그램을 시작하고 있다.

04

혁신을 보상하라

혁신을 추구하는 데에는 위험 감수와 불확실성에 대한 투자가 필요하다. 오늘날 한국 경제사회 전반에서 혁신을 강조하고 있다. 그러나 혁신을 추구하는 데 따르는 불확실성과 위험부담은 혁신투자 부진의 근본적인 원인이 되고 있다. 혁신투자를 촉진하기 위한 방법은 결국 혁신에 대해 보상하는 것이다. 혁신에 대한 보상은 크게 두 가지로 나누어 고려할 수 있다. 먼저 기업이나 개인이 혁신을 위해 불확실한 도전을 하고자 할 때 정부 차원에서 위험성을 경감해 줌으로써 혁신에 대한 도전을 장려하는 방법이 있다. 다음으로 혁신에 대한 도전이 성공적이었을 경우 이에 대한 경제적 이득을 취할 수 있는 메커니즘을 보장함으로써 경제적인 동기부여를 해줄 수 있는 체계가 필요하다. 위험요인을 덜어주는 동시에 보상을 극대화하는 전략이 있어야 한다.

1 _ 성과에 대한 보상을 강화하라

혁신성과에 대한 보상을 강화하기 위해서는 선행적으로 제도 및 지
원체제가 강화돼야 한다. 여기서는 직무발명보상제도 등 기업 내의
보상제도 강화와 기업 간 또는 산학 등 협력성과에 대한 보상 강화
측면을 살펴보도록 한다.

직무발명보상제도 강화

'청색발광다이오드(LED)' 발명에 대한 200억 엔 직무발명 보상금 지
급 소송을 제기했던 일본의 슈지 교수가 2심에서 약 8억 엔(80억 원)의
화해금을 수용한 일이 화제가 되면서 최근 직무발명 보상에 대한 관
심이 높다. 한국에서는 2003년 7월 모 제약회사 연구원의 직무발명

국내 특허출원 동향 및 직무발명 추이(건)

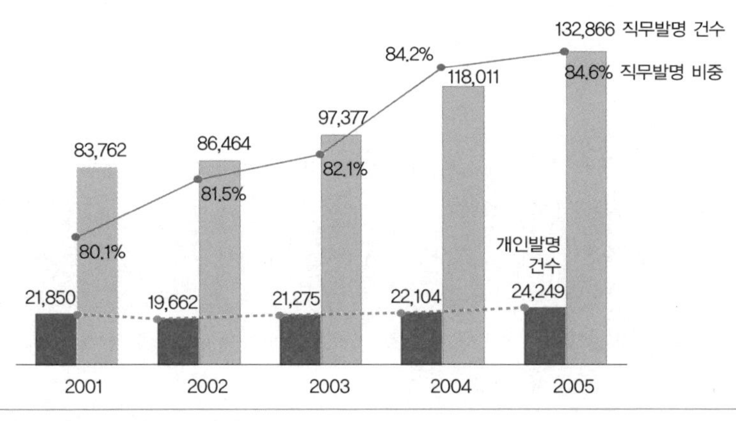

출처 지식재산 주요통계, 특허청, 2006년 2월

보상금청구 소송에 대해 3억 원의 지급판결이 내려진 바 있다. 법원에서 최초로 직무발명 보상을 인정한 이래 전체 특허출원 중 직무발명의 비율이 84.2%(2004년)에 이르는 등 기술혁신에서 차지하는 비중이 갈수록 증가하고 있다. 그러나 이같이 증가하고 있는 직무발명 비율과는 달리 관련 성과에 대한 보상제도를 실시하는 국내 기업은 20.1%에 불과하다. 일본의 제도 도입률이 2002년 당시 62.1%를 기록한 것과 비교할 때 아직까지 한국 민간기업의 직무발명 보상제도화 수준은 매우 미흡하다고 볼 수 있다. 또한 최근 핸드폰 문자입력 방식에 대한 소송을 비롯해 퇴직 발명자들을 중심으로 보상금 청구 소송이 증가하고 있다. 이에 따라 기업의 보상 기준에 따른 보상금액

'천지인' 문자입력 방식 발명보상 소송

일명 '천지인' 분쟁으로 유명한 휴대전화 자판 한글입력 장치의 특허권을 두고 S사와 맞붙은 한 개인에게 법원이 특허권을 인정해 주는 판결을 내렸다.

특허법원은 휴대전화 자판 한글입력 장치의 특허권자인 C씨가 S사를 상대로 낸 등록무효심결취소청구소송에서 "S전자가 출원한 특허와 C씨의 특허는 다르다"며 C씨에게 승소 판결을 내렸다고 1일 밝혔다. 특허법원이 C씨의 특허를 인정함으로써 C씨가 별도로 제기한 민사소송은 새로운 국면을 맞게 됐다. C씨는 S사를 상대로 사용료를 달라고 낸 민사소송 1심에서 패소했다. 당시 법원은 S사가 먼저 출원한 특허와 C씨의 특허가 같기 때문에 C씨의 특허는 무효라고 판단했다. 이에 C씨가 항소한 이후, 2심 법원은 특허 관련 재판 결과를 보기 위해 재판을 일시 중단해 놓은 상태이기 때문에 법원의 판단이 바뀔지 주목된다. 이 소송에서 C씨가 최종 승리할 경우 C씨가 받게 될 특허 사용료는 천문학적 액수가 될 전망이다.

출처 2006년 6월 주요 언론 보도

이 발명성과의 가치에 비해 부족하다는 문제가 지적되고 있다. 제도를 시행한다고 해도 기준이나 가이드라인이 미흡하여 법원의 판결을 통해서만 해결되고 있는 실정이다.

직원들이 혁신성과에 대해 합당한 대우를 받고 보다 혁신적인 연구발명에 주력하며, 회사는 성과물을 독점하여 이익을 극대화한다는 제도의 취지를 제대로 이행하기 위해서는 다음과 같은 방안을 통해 제도를 선진화할 필요가 있다.

첫째, 기업들의 자발적인 제도 실시를 촉진하기 위해 직무발명보상 실시기업에 대한 국가차원의 인센티브 제공과 홍보를 통한 제도 활성화 방안 마련이 요구된다. 2004년 직무발명 실태조사 결과 본 제도를 모른다고 답한 기업의 비율이 43.9%, 향후 도입계획이 없다고 답한 기업의 비율이 54.5%에 달했다. 이와 같이 저조한 관심과 인식 수준은 반드시 높일 필요가 있다.

둘째, 기준 및 보상액 책정에 대한 명확한 가이드라인 마련과 직원과 회사 간 사전 협의 제도화가 필요할 것이다. 발명이란 그 특성상 사업성, 기술성, 시장성 등 향후 이익을 가늠하기 어려운 측면이 존재하므로 회사가 보상 기준과 지급액을 산정할 때 일차적인 기준을 제시해 줄 수 있어야 하며, 이와 함께 직원과 회사 간 사전 협의를 제도화하여 발명성과에 대한 회사의 독점적 권한 소유가 직원에게 피해를 주지 않도록 조정할 필요가 있다.

이와 같은 정책적 보완을 바탕으로 기업들은 보상체계를 선진형으로 정비하고 직무발명에 대한 보상 산정기준의 공정성과 객관성을 확보해야 할 것이다.

규정 및 제도에 대해 직원들이 납득할 수 있도록 의견을 수렴하고 쌍방의 약정에 의해 이루어지도록 하며, 보상제도에 대한 공시를 통해 혁신활동에 대한 참여를 유도해야 할 것이다.

기업의 보상체계 정비

선진기업들은 직원 개개인의 혁신 아이디어와 활동을 고취시키고 외부의 아이디어를 혁신활동에 활용하기 위한 네트워크를 구축하는 등 혁신 지향적이면서 동시에 실패를 용인하는 조직문화를 형성해 오고 있다. 또한 혁신 특성에 부합되는 인센티브 시스템 마련 등 합리적 제도 도입을 통해 이를 실현시키고 있다.

예를 들어 혁신이 곧 조직문화임을 강조하는 IBM은 I innovate, Think Place 등의 제도를 통해 IBM 직원이면 네트워크를 통해 언제 어디서나 혁신 아이디어를 제안할 수 있다. 아이디어가 채택된 직원에게는 금전적 보상을 제공함으로써 기업 전체의 혁신의욕을 고취시키고 있다. 또한 이노베이션 잼(Innovation Jam)의 개최를 통해 IBM 직원은 물론 직원 가족이나 고객 등 모든 이해 당사자들이 참여하여 아이디어를 발굴하고 이를 보상하는 제도를 시행하고 있다.

3M의 혁신제품인 포스트잇(Post-it)이 실패한 아이디어의 활용이었다는 사례는 실패를 용인하여 혁신성과로 연결하는 선진기업들의 조직문화를 보여주고 있다.

혁신은 조직의 일부가 아닌 문화이므로 우리 기업들도 직원들의 과감한 시도를 장려하는 인센티브와 타 조직을 포괄하는 개방성을 통해 조직의 경직성을 완화하고 직원 개개인의 독립적이고 창의적인 사고를 촉진시킬 필요가 있다.

'실패를 활용한 혁신적 발명' –3M의 포스트잇 개발 사례

3M은 웨토드라이(Wetordry)라는 방수사포, 스카치 마스킹 테이프(Scotch masking tape)를 최초로 개발했고 포스트잇(Post–it)을 통해 창의적이고 혁신적인 기업으로 알려진 초일류기업이다. 사실상 포스트잇의 개발은 3M사가 접착제 회사이기 때문에 가장 강력한 접착제를 개발하는 것이 원래의 목표였지만 개발된 상품은 쉽게 떨어지는 접착제로 실패한 개발품이었다.

3M사의 직무발명제도가 활성화된 비결이 바로 여기에 있다. 관련 팀이 개발하던 프로젝트가 실패했더라도 책임 추궁을 앞세우기보다는 이에 대한 개선 아이디어의 제안을 촉진함으로써 새로운 개발 시도로 연계했다는 점이다. 3M사의 체계적인 직무발명제도의 활성화를 위한 팀워크제도로 누구든지 자유롭게 자신의 아이디어를 제안하고, 제안된 아이디어가 채택되면 제안자가 원하는 팀원을 구성하여 발명하도록 기업문화가 조성되어 있다는 점이 좀더 다양한 품종의 혁신적 제품을 통해 성과를 거두는 비결이 되고 있다.

이를 위해서는 조직 리더의 혁신에 대한 강한 의지를 중심으로 구성원 개개인으로 하여금 혁신에 대한 명확한 보상을 기대할 수 있게 함과 동시에 실패시 재기의 기회를 부여받을 수 있는 혁신지향적인 조직문화를 조성해야 한다.

이와 함께 주로 R&D 부문에 국한되어 있는 보상시스템의 정비가 필요하다.

기술개발, 특히 특허등록에 대한 보상시스템이 구축되어 있는 회사는 많다. 그러나 특허로 등록할 수 없는 제품화 아이디어에 대한 보상은 소홀한 경우가 대부분이다. 아무리 훌륭한 기술이 있어도 제품화 아이디어가 없다면 무용지물이 될 수도 있다는 점에서 3M 같은

'구성원들의 창의력을 자극하라'
– 3M의 보상시스템 재설계

3M은 근무시간의 15%를 새로운 아이디어 및 제품 개발에 쓰도록 하는 '15% 룰'로 유명하다. 하지만 2000년 새 CEO로 취임한 GE 출신의 짐 맥너니는 "세분화된 조직은 규모 추구에 제한적이고, 성과 평가 및 책임 소재가 체계화되지 않은 채 나눠먹기 식으로 보상이 제공되고 있다"고 판단하고, 조직 전반에 걸친 혁신의 체질화에 초점을 맞추었다.

이의 일환으로 직원들의 창의력을 극대화하여 신제품 개발 프로세스를 가속화하는 '가속(Acceleration)' 프로젝트를 착수시켰다.

당시 3M의 새로운 아이디어 중에서 실제 신제품 개발로 이어지는 비중이 10%가 채 되지 않던 점을 주목하여, 맥너니는 1년 안에 새로운 아이디어 수를 두 배로, 실제 출시되는 신제품 수 세 배 증대라는 구체적 목표를 제시하고, 먼저 개발자가 명확한 인센티브를 가질 수 있도록 보상시스템을 재설계했다.

프로젝트의 결과 전사적으로 신제품 개발 주기를 1년 이상 단축시키고, 매출을 10% 이상 증가시키는 성과를 이루었다.

회사는 제품화 측면에서 구성원들의 창의성을 고취시키는 방향으로 보상시스템을 고안해서 적용하고 있다.

신제품 개발 성과를 비롯하여, 기타 혁신관련 정보공유 및 팀 단위의 혁신 프로젝트 성과 등 직원들에 의한 혁신은 조직 전반에 걸쳐 그 성과와 가치를 발휘할 수 있을 것이므로, 우리 기업들도 혁신 성과가 발생할 수 있는 활동들을 선별하여 보상과 연계된 체제를 마련하는 것이 필요하다. 비금전적 보상을 통해서도 직원들의 연구개발 및 혁신 의욕을 효과적으로 고취시킬 수 있다. 실제로 R&D 인력들이 특별 보너스나 보상액 지급보다 경력관리 혜택 및 펠로우(Fellow)

제를 선호한다는 조사 결과도 있는 만큼 다양한 비금전적 혜택과 제도를 효과적으로 적용하는 방안이 고려되어야 할 것이다.

해외 선진 기업들은 R&D 전문가들의 연구개발 역량 강화에 '펠로우제도'와 '이원경력제도(Dual Ladder System)'를 도입하고 전문가 집단의 선발 및 평가를 엄격하게 관리하고 있다. 이원경력제도는 순수 연구 개발 업무 같은 특정 업무에 집중하는 전문가 경력 트랙(Track)과 CTO, 부서장 등 특정 직책을 맡아 매니지먼트 업무를 담당하는 관리자 경력 트랙으로 나누어 경력 관리를 달리하는 제도다.

한국 기업들 사이에서도 이와 같은 이원경력제도와 펠로우제도의 시행이 증가하고 있으나 펠로우제도는 그 수혜자가 매우 제한적이고, 이원경력제도는 승진적체 해소를 위한 덤핑 그라운드로 전락하거나 연구위원이 동시에 부서장을 겸임하는 등 본래의 취지대로 정착되지 못하고 있는 실정이다. 이는 아직까지 연공서열과 관리직 선호 성향이 한국 기업 내에 강하게 존재하고 있기 때문이다. 우리 기업들도 제도의 실효성을 점검하고 궁극적인 조직의 혁신성과로 연결시킬 방책들을 마련해야 할 것이다.

연구개발 인력이 선호하는 보상제도

① 펠로우 시스템(21.0%)	⑦ 시장가치를 반영한 보상지급(6.7%)
② 개인별 경력관리 및 개발시스템(12.8%)	⑧ 학위과정 지원(6.1%)
③ 개인자율과제 수행기회 부여(11.7%)	⑨ Post Doc. 지원(5.8%)
④ 특별 보너스(8.6%)	⑩ 희망직무선택권(4.7%)
⑤ Visiting Scholar 제도(8.4%)	⑪ 기타 (7.1%)
⑥ 안식년 제도(7.0%)	

출처 삼성경제연구소, 2002

IBM의 아너스 프로그램 사례

IBM은 다양한 아너스 프로그램(Honors Program)을 통해 혁신적인 사고를 할 수 있도록 내부 지원을 독려하고 이들이 연구 및 개발에 전념할 수 있도록 지원하고 있다.

대표적으로 IBM 펠로우(IBM Fellows)라는 제도가 있는데, 지난 15~20년간 기술적 성취를 이룬 기술·과학 분야 인력으로 IBM 최고의 기술전문가로 인정받는다. 1963년부터 펠로우라는 이름으로 매년 2~3명씩 선정됐으며, 2006년에는 8명이 뽑혀 현재 65명이 활동하고 있다.

해당 분야에서 탁월한 연구 성과를 창출하는 것이 이들의 의무이며 임원 수준의 급여를 지급받고 최소 5년간 회사의 전폭적인 지원 아래 자신이 원하는 프로젝트를 수행할 수 있다.

DE(Distinguished Engineers)는 전문 기술 인력들의 업적과 공헌을 기리고자 1995년에 시작한 제도로 전문지식과 통찰력, 영향력 있는 활동 내역을 종합적으로 평가해 선출하게 된다.

현재 IBM 전체 직원들 중 약 340여 명이 DE 인증을 받고 있다. 진보적인 학설을 발표하고, HW·SW 및 서비스를 위한 방법론을 제시하며, 발생하는 문제들에 대해 최고 경영진과 전세계 기술 공동체와 연계하여 과업을 수행하는 역할이다. 한국 IBM에도 2명이 DE 인증을 받았다.

IBM 테크놀로지 아카데미(IBM Technology Academy)는 특정 사업부에 속하지 않는 독립적인 가상(Virtual) 조직으로 IBM의 기술 전문가들이 참여해 전문적인 기술 관련 지식 및 미래 방향성에 대해 함께 토론하고 연구하는 커뮤니티다.

IBM의 16만 명 엔지니어 중 분야별 최고 기술자들로 구성되며 IBM 펠로, DE 등을 중심으로 400여 명이 활동 중이다. 이들은 글로벌 IBM의 기술적 발전을 견인하기 위한 아카데미 차원의 활동에 참여하게 된다. 높은 수준의 기술 지식을 기반으로 임원 및 IBM 기술 인력을 지원해서 새로운 사업기회 창출을 모색하게 된다.

협력에 대한 보상 마련

미국, EU 등 선진국에서는 기업의 협력회사 지원을 기업의 사회적 책임의 하나로 규정해 놓고 있다. 대기업과 중소기업 간 '상생협력'은 협력을 통한 성과 공유의 이상적인 체계다.

중소기업청이 조사한 바에 따르면 2005년 한국 전체 중소기업 중 대기업과 협력관계에 있는 기업의 비중이 63.1%에 이르고 있지만 아직까지는 수직적이고 일방적 하청관계를 맺고 있는 경우가 많다. 또한 일부 대기업을 중심으로 전담조직 설치 등 상생경영 추진체계가 마련되고 있으나 아직은 협력성과가 미흡하고 실질적인 제도화 노력도 미온적이라는 평가다.

대기업과 중소기업 간의 협력관계를 좀더 활성화하고 촉진하기 위한 방안을 제시해 보도록 한다.

첫째, 성과공유제 도입 촉진과 성과공유 모델 정립이 필요하다.

성과공유제는 부품 및 공정개선, 부품국산화 등 협력활동의 성과를 현금배분, 납품가조정, 공동특허출원 등 사전에 합의한 방법으로 참여기업 간 상호 분배하는 제도다. 국내에서 이 제도를 도입한 기업은 2004년 1개사에서 2006년 13개사로 증가했으며, 여러 기업에서 도입을 검토 중이다. 다만 성과공유제 개념이 불명확하고 대다수 기업들이 낮은 수준의 원가절감형 성과공유에 치중하고 있는 실정이므로 더욱 다양한 발전모델을 개발하고 도입을 위한 인센티브를 확충해야 할 것이다.

둘째, 상생협력 우수기업에 대해 인센티브의 제공과 우수사례 발굴 및 확산을 촉진해야 할 것이다.

최근 들어 성과공유 방식이 원가절감형, 공동부품 개발형에서 차세대기술 공동개발형으로 발전되면서 성과공유 방식도 기존의 현금배분이나 납품가조정 방식에서 공동특허 출원 등으로 고도화되고 있다. 혁신이라는 관점으로 볼 때 대폭적 지원과 보상이 요구되는 차세대 핵심 기술개발 협력을 유도하기 위해서는 신규 사업 우선권 부여나 공동특허 출원 등의 인센티브 체제를 강화하는 방안이 필요할 것이다.

셋째, 상생협력 참여 대기업에 대한 인센티브를 강화함으로써 상생협력이 대기업의 일방적 희생으로 치우치지 않도록 해야 할 것이다. 성과보상 금액에 대한 세제지원 및 장기저리 융자 확대, 협력 관련 제도에 대한 규제완화 등 대기업의 수요가 높은 인센티브를 효과적으로 활용할 방안을 마련할 필요가 있다. 특히 국내 대기업의 휴면특허를 중소기업으로 이전하는 경우 대기업들은 혜택이 거의 없기 때문에 상생협력이라는 취지만으로는 이전에 따른 비용부담 및 향후 위험부담을 감수하기 어려운 실정이다. 이 같은 측면에서 대기업 참여를 촉진시키기 위한 합당한 인센티브 제공이 요구된다.

산학협력 성과에 대한 배분과 인센티브 강화도 실질적 성과로 이어지지 못하고 있는 기업, 대학 간 협력을 활성화할 수 있는 방법이다.

한국의 산학연 연구는 자발적 협력보다는 명분과 형식에 치우친 협력 양상을 보이고 있다. 대학은 연구비 확보차원에서 기업과 공동 연계를 추진하려는 성향이 있는 반면, 기업은 이에 대한 니즈가 크지 않기 때문이다. 기업이 필요로 하는 연구가 이루어지기 위해서는 공동연구 성과의 질이 높아져야 하는데, 기존의 협력연구 성과배분체

해외 선진기업의 상생협력 우수 사례

도요타의 '경쟁력 있고 공정한 파트너십 구축'

도요타는 2000년부터 2003년까지 30% 원가절감을 추진하는 CCC(Construction of Cost Competitiveness) 21 프로젝트를 추진하면서 성과공유 방식으로 부품업체에 적정마진을 보장했다. 도요타는 또 개방적 협력관계를 중시하는데, 도요타가 지분의 24%를 보유하고 있는 덴소(Denso)는 전체 공급의 50% 이상을 도요타 외의 기업에 공급하고 있다. 1949년 도요타 부품사업부에서 독립한 덴소는 창립 초기부터 도요타 외의 기업에 납품했으며, 이는 덴소로 하여금 규모의 경제실현을 가능케 했다. 그 결과 2004년에 약 25조 원 규모의 세계 3위 글로벌 부품회사로 도약할 수 있었다.

인텔의 '투자펀드를 통한 전략적 파트너십 구축'

인텔은 캐피털회사를 통해 인텔 펀드(Intel Fund)를 조성하고, 모바일인터넷, 디지털가전, 사무자동화, 차세대반도체 등 인텔칩을 사용하는 200여 개 혁신네트워킹 기술기업에 약 20억 달러를 투자했다. 또 협력기업들의 신시장 진출을 지원하고, 투자기업에 대해서는 경영상의 자율성을 존중해 주고 있다.

노키아의 '벤처투자 및 전담조직을 통한 전략적 파트너십 구축'

벤처지원 전담조직(Nokia Ventures Organization)으로 7,000억 원 규모의 벤처투자 펀드를 조성하여, 사업 타당성이 있는 아이디어를 가진 중소기업에 주로 투자한다. 또한 울루 테크노폴리스에서 300여 개 부품기업들과 협력을 맺으면서 지역혁신을 주도하고 있다.

계는 대학으로 하여금 산학협력 연구에 매진할 수 있도록 하는 지원이 미흡하기 때문에 이에 대한 개선이 필요한 실정이다. 이에 대한 구체적인 개선 방안은 다음과 같다.

첫째, 산학협력 연구 성과를 교수 업적평가에 적극 반영하는 방안이 고려될 필요가 있다. 기존에는 산학협력 연구를 교수 업적평가에 제대로 반영하지 못했다. 상업적 특성을 가지는 공동기술 연구결과는 학술발표가 어려워 연구 성과로 인정받기 어려운 경우가 대부분이다. 따라서 산학협력 연구업적을 적극적으로 인정해 주고 산업체 참여시 정부의 투자지원을 통해 대학 및 연구소에서 제기하는 연구개발비 부족을 해소시켜줄 필요가 있다. 구체적으로는 특허등록, 창업 및 산업체 기술개발 등 산학협력 사업의 실적을 평가에 반영하는 방안이 고려되어야 한다.

둘째, 공동연구개발의 결과물인 상품 및 지적소유권 등의 명확한 배분이 요구된다. 현재 대학 내 지적재산권 인정 시스템은 연구성과 향상을 위한 충분한 인센티브를 제공하지 못하고 있다. 정부지원 연구개발사업의 지적재산권은 국가 소유가 되며, 민간 주도 연구개발 사업의 경우는 산업체에 귀속되는 경우가 일반적이기 때문에 참여 교수나 대학에 로열티를 배분하는 기준이 미흡하다.

미국의 경우 참여기관들이 1 : 1 : 1로 로열티를 배분받도록 하고 있는 체계인 것과 비교해 볼 때, 국내에서도 연구개발성과 배분 기준을 합리적으로 재정비할 필요가 있다. 특허 등 기술개발 성과가 상업화되면서 창출되는 수익의 일정 비율을 연구자들에게 배분하는 제도 등을 마련하여 지식과 기술개발, 상업화에 이르는 협력 과정상의 실적이 반영될 수 있는 업적평가방법 마련과 함께 합리적인 배분체제 수립이 필요할 것이다.

마지막으로 참여 기업들의 성과배분에 대한 규정을 정밀하게 설계할 필요가 있다. 자본력과 시장역량을 가지고 있는 대기업의 참여는 대학, 연구기관의 혁신연구를 성공적으로 사업화하여 성과 창출로 이어지게 한다는 점에서 매우 중요하나, 경쟁관계에 있는 기업들 상호간 협력 파트너십이 발휘되도록 하는 방안이 병행되어야만 한다.

이를 위해 참여 기업들 간 특허 및 지적재산권 등 성과물 배분의 문제, 공공자금 투입 시 연구결과에 대한 공개 정도, 획득된 지재권의 활용지원 수준 등이 면밀히 규정되어야 한다. 또한 상업화 실적, 연구개발 생산성 등 산업에 대한 기여와 부가가치 창출에 더 많은 비중을 두는 보상을 제공함으로써 협력의 성과가 실질적인 기업성과로 이어질 수 있도록 해야 할 것이다.

2_ 위험투자에 대한 보상을 강화하라

미래유망 산업 등 불확실성이 높은 분야에 대한 기업의 적극적인 선행투자를 유도하기 위해서는 고위험 장기투자에 대한 위험을 경감해주는 정책이 필요하다. 또한 위험투자가 성공했을 때에는 경제적 보상을 획득하기 쉬운 환경을 구축하는 것도 필요하다.

이를 위한 구체적인 방안으로 고위험 장기투자에 대한 정책적 지원과 벤처자본의 투자회수 활성화를 통한 혁신투자 촉진에 대해 살펴본다.

고위험 장기투자에 대한 정책적 보상

차세대 기술을 활용한 신규 산업이나 국가 차원의 U-city 건설 등 미래국가전략 산업에서 선도적 경쟁력을 확보하기 위해서는 개발기술의 조기 실용화가 중요하기 때문에 기술에 대한 제품화 및 상용화를 담당할 민간기업들의 활발한 참여가 요구된다. 그러나 상대적으로 높은 투자 불확실성은 기업의 사업투자에 대한 의사결정에 걸림돌이 되고 있다.

이웃나라 일본의 경우 '신산업 창조전략' 의 수립을 통해 7대 첨단산업군을 선정, 전략산업 분야별 프로젝트 팀을 신설함과 동시에 각종 정책지원을 강화하고 있다. 성장잠재력과 국가 기여도가 높은 고부가가치 미래유망산업의 성장에는 이와 같은 국가차원의 지원과 인센티브 제공이 필수적이다.

한국의 경우에는 미래 유망산업에 투자하는 재벌들의 출자총액제한 예외를 인정해 주는 방안, 참여기업에 대해 조세혜택을 제공하는 방안, 기타 사업화 초기 단계까지 정부가 광범위하게 지원하는 방안 등 기업들이 미래유망산업에 진출할 만한 유인책을 제시하는 것이 필요하다.

사업진출에 대한 인센티브와는 별도로 상업화 성공에 대한 인센티브도 보장할 필요가 있다. 기술의 상업화는 개발보다 더 많은 시간과 자본을 필요로 한다. 혁신기술의 확산에 기여하는 바가 크기 때문에 미래유망기술을 이전받아 사업화하는 기업에는 일정 기간 독점권한을 부여하거나 기술지원을 병행해 주는 방안이 고려될 수 있다.

신약개발 R&D 투자지원에 대한 논의

최근 들어 신약개발 지원책의 일몰기한 도래로 폐지 여부가 논의되면서, 신약개발의 강력한 지원도구가 되고 있는 기업 R&D 투자 조세감면제도를 유지해야 한다는 주장이 제약협회를 중심으로 제기되고 있다. 선진 제약기업들 대부분이 국가의 강력한 R&D 투자 세제지원책을 바탕으로 성장하고 있으며, R&D가 생명인 제약 산업에서는 가장 요긴한 신약개발 지원책이라 할 수 있다는 점에서 본 이슈는 의미가 크다.

보건 산업영역의 바이오(BT), 정보(IT), 나노기술(NT) 등 새로운 융합기술이 출현하면서 미국과 일본 등 선진 각국은 바이오산업을 차세대 동력 산업으로 선정하고 이에 대한 투자를 크게 증가시키고 있다. 신약개발에 있어, 이미 세계 의약품 시장 580조 원의 무려 42%(244조 원)를 점하고 있는 미국은 2003년부터 2년간 바이오 분야 예산을 배로 늘려 추종을 불허하는 바이오산업 선두자리를 지키고 있고, 시장의 9.7%(56조 원)를 차지하는 일본도 정부 주도로 바이오산업 육성계획을 발빠르게 추진하며 세계 신약연구개발비 투자 2위인 15.4%를 점하고 있다. 글로벌 R&D 톱 50 내에는 미국의 화이자사를 비롯한 13개의 제약업체가 포함(영국 통상산업부 발표, 2005)되어, 소프트웨어산업과 함께 제약산업의 R&D 투자증가 속도가 가장 빠른 양대 업종으로 분석되고 있는 상황을 감안할 때, 한국은 분명히 변화가 필요하다.

세계 시장 대비 1.2%(7조 원)의 시장인 한국은 의약품 원료의 90%를 수입에 의존하고 있으며, 미국 FDA(식품의약국) 승인을 받은 신약은 LG생명과학의 항균제 팩티브정이 유일무이하다. 또한 한국의 제약업계는 10대 제약회사를 기준으로 매출액 대비 6.59% 정도만을 R&D에 투자하고 있어 선진국의 17.5% 수준에 크게 못 미치고 있다. 이에 대해 전문가들은 제약업계의 대규모 R&D 투자로 인한 확실한 성공사례의 부재와 신약개발 투자의 높은 리스크를 투자저하의 원인으로 분석하고 있다.

수백억, 수천억을 들여 10년 넘게 신약개발에 매달려도 성공가능성이 20%가 안 되는 제약산업은 고위험 고수익의 특성을 갖게 되므로, 무엇보다 먼저 연구개발에 대한 대기업의 적극적인 투자와 정부의 대폭적 지원이 요구된다.

정부도 연구개발 기업의 신약개발 촉진을 위해 R&D 비용을 꾸준히 확대해 오고 있으나, 신약이나 개량신약 개발기업들이 스스로 전문화의 길을 찾고 미래 혁신 산업 역량을 강화할 수 있도록 기반을 조성할 필요가 있다.

따라서 투자참여 기업에 대한 조세감면 연장 등 세제혜택과 약가차별화와 같은 인센티브를 제공하고, 복합한 인허가 제도의 개선 및 첨단기술을 이용한 제품의 규격이나 기준 등을 보완해 줌으로써 연구개발에 전념할 수 있는 인프라를 확충해 주는 등 투자와 지원의 필요성이 강조되고 있다.

출처 한국보건산업진흥원, 파이낸셜 뉴스, 약업신문 등 신문기사

벤처 투자 회수 활성화

한국의 벤처가 침체된 원인으로 위험자본의 기능 부족을 들 수 있는데, 투자 자본에 대한 회수 메커니즘이 취약하다는 데 그 주요한 원인이 있다. 벤처자본이 투자에 대한 적절한 보상을 받을 수 있는 건실한 회수수단을 마련해 줌으로써 자본회수를 용이하게 하고 이를 재투자로 연결할 수 있는 선순환 구조를 만드는 것이 중요하다.

자본회수 시장의 다양화

국내 벤처캐피털의 투자회수의 40%가 기업공개(IPO) 방식으로 이루어지고 있는 만큼 코스닥 상황에 매우 의존적이라고 할 수 있다. 여기서 제3시장과 구주거래 시장은 또 다른 벤처자금 회수처로서 코스닥에 편중된 현재 자본시장을 확대시키는 대안으로 제시될 수 있다.

프리보드(구 제3시장)의 장점은 진입요건, 공시사항이 최소화되어

진입이 수월하고 진입 후 유지비용이 낮아 부담이 적다는 것이다. 하지만 낮은 시장인지도와 타 증권시장과의 제도 및 방식의 불균형이라는 단점이 존재하고 있으므로 이를 자본회수 활성화 대안으로 활용하기 위해서는 안정적 시장발전이 우선되어야 할 것이다.

중소기업청은 벤처기업 육성에 관한 특별조치법 시행령을 개정(2005)하여 창업투자회사조합과 세컨더리 펀드 간 거래를 허용키로 했다. 이는 벤처캐피털이 투자조합 만기로 처분해야 하는 구주를 유통시켜 준다는 측면에서 벤처시장 활성화에 있어서 중요한 역할을 수행할 전망이다. 구주 거래 시장의 활성화를 위해 더욱 많은 매물이 등록되고 매매 주체가 확대될 수 있도록 관련 기관들 간의 협의를 통한 방안 마련이 필요하다.

M&A의 활성화

위험자본 투자에 대한 회수 방안으로 M&A가 활성화되어야 한다. 2001년 이후 벤처캐피털이 투자기업의 M&A를 통해 투자금을 회수한 비중은 조금씩 늘어가는 추세를 보이고 있다. 하지만 2005년까지도 불과 10~20% 수준에 머물고 있는 상태다. M&A를 통해 벤처투자 자본회수를 강화하기 위해서는 다음과 같은 방안을 제시할 수 있다.

첫째, 벤처기업의 M&A 관련 규제를 완화할 필요가 있다. 코스닥 기업의 소규모 기업합병 요건을 완화하거나 상장 벤처기업에 대한 현물출자를 인정하는 등 M&A 활성화를 위한 법적 제도가 정비됨과 동시에 M&A관련 세제나 절차 등의 애로사항이 개선되어야 한다.

둘째, M&A를 통해 새로운 수익을 모색하는 코스닥 기업과 장외 벤처기업이 시너지를 낼 수 있도록 지원하면서 동시에 수익을 올리는 벤처캐피털의 역할이 절실하다. 단순히 돈만 빌려주는 역할을 하는 것이 아니라 우수인력 확보, 마케팅 지원, 경영 참여, 국내외 기업과 제휴 등 본연의 벤처기업 지원업무를 다하는 미국 벤처캐피털의 '스마트 머니' 역할을 할 수 있도록 우리의 벤처캐피털 역량도 업그레이드가 필요하다.

셋째, M&A 대상기업에 대한 가치를 객관적으로 평가할 수 있는 평가시스템 구축과 중개기능 강화가 필요하다. 벤처 M&A의 중개를 담당하는 투자은행이나 증권사 등은 벤처기업에 대한 평가역량, 합병계약의 설계능력, 자본력을 기반으로 한 인수능력을 강화해야 한다. 그리고 체계적인 업무처리를 위해 산업별, 기업별 특성을 반영한 DB를 구축하여 우수 사례나 실패 사례에 대한 분석정보를 지원해야 한다. 이를 위하여 M&A 관련 특화된 투자은행의 출현이나 M&A 전문기업(Boutique)를 활성화시킬 수 있는 법률적 체계가 필요하다.

기술이전 거래를 촉진

기술거래 시장이 활성화되어 있다면 개발한 기술에 대한 자체 사업화가 힘들 경우 기술을 판매하여 기술개발에 소요된 자금을 회수할 수 있을 것이다. 또한 기술거래의 활성화는 벤처기업끼리 또는 기술개발에 주력하는 실험실 벤처나 연구소와 기술을 필요로 하는 기업 사이에 활발한 사업제휴가 이뤄지는 성과를 가져올 수 있을 것이다.

하지만 아직까지 기술거래 시장이 벤처산업의 성장규모와 대비해 볼 때 크게 활성화되지는 못했다. 그 이유로는 기술 가치를 제대로 평가할 수 있는 역량이 미흡하고 기술 거래를 체결하는 기업 양측이 동의할 수 있는 평가체계가 공식화되어 있지 못한 데에서 기인하고 있다.

이를 해소하기 위한 기술평가능력 제고는 벤처산업 활성화를 위해 선행적으로 강화되어야 할 과제이다. 구체적으로는 기술정보의 공유, 전문교육 강화, 기술가치 평가 기법의 개발 및 보급 등이 필요하다.

3_ 국가 차원의 보상 인프라를 마련하라

지금까지 혁신 성과의 보상을 강화하기 위한 기업 문화의 구축과 보상제도의 정비, 협력촉진을 위한 성과보상 시스템의 개선, 그리고 고위험 장기투자를 끌어내기 위한 지원 및 투자위험의 보상 방안 등에 대해 살펴보았다. 끝으로 이러한 방안들이 좀더 효과적일 수 있도록 정부 차원에서의 과제를 제시하고자 한다.

위험부담(Risk Taking)의 가치에 대한 평가 체계 마련
혁신투자의 위험을 평가하고 이를 지원할 수 있는 기반을 수립하는 것이 필요하다. 미래의 성과를 예측하기 어려운 혁신에 대해 참여와 투자만을 강요하는 것이 아니라 위험 투자로 인한 미래 가치가 어느 정도인지, 위험의 크기는 어느 정도인지, 또한 부담해야 할 위험에는 무엇이 있는지를 파악할 수 있어야 한다. 이를 통해 정부 지원 프로그램의 규모나 성격 등이 규정될 수 있으며 궁극적으로는 혁신을 확산시킬 것이다.

미국의 NII의 제언 사항에서는 산학연 연계 조직 구성을 통한 위험감수 가치평가 방안 연구체제 마련을 정책적 과제로 제시했다. 이러한 사례를 바탕으로 국내에서도 위험부담에 대한 가치를 평가할 수 있는 틀을 만들어 다양한 정책적 수단에 활용해야 할 것이다.

국가 혁신가에 대한 포상

또한 정부는 개인이든 기업이든 혁신가에 대한 포상을 강화하여 혁신친화적인 분위기를 조성할 필요가 있다. 물론 현재도 여러 제도가 있는 것이 사실이지만 외부에 잘 드러나지 않는 측면이 있다. 혜택은 좀더 실질적일 필요가 있다. 예를 들어 신제품이나 새로운 프로세스를 개발한 기업에 대해서는 포상과 함께 혁신성과의 보호와 활용을 보장해 주는 방안이, 벤처 · 중소기업의 뛰어난 기술력과 아이디어에 대해서는 연구 · 기술개발 인프라 제공, 장기 자금의 제공 또는 대기업과의 연계 고리 마련이나 창업보육센터 입주 지원 등이 그 예가 될 것이다.

05

특허괴물과 싸울─
창과 방패를 마련하라

지난 10년을 IT의 시대라 칭한다면, 한국은 시대의 속도에 가장 잘 적응한 나라 중 하나라고 할 수 있다. 정보, 지식 혁명의 파고 속에 한국은 'IT의 테스트베드', 'IT 모범생'이라고 불릴 정도로 우수한 성과를 이뤄냈다.

하지만 원천기술이 부족한 상태에서 이루어낸 IT의 급성장은 고부가가치 창출 측면에서 부족함을 드러냈다. 향후 기술의 발전 방향은 이미 상용화되기 시작한 BT와 NT를 비롯한 6T(IT, BT, NT, ST, ET, CT)와 이들의 융합기술이다. 융합기술이란 IT, BT, NT 등 최근 급속히 발전하는 신기술 분야의 상승적인 결합(synergistic combination)으로 가까운 장래에 인간 활동에 가장 큰 영향을 미치게 될 기술을 의미한다. 융합기술은 1980~1990년대에 시작된 컴퓨터 및 커뮤니케이션 기술혁명과 2000년대 시작한 IT · BT · NT혁명 등 2개 분야의 신기술곡선(S-curve)이 중첩되는 영역에서 발생하고 있다. 대표적인 융합

기술로는 IBT(IT+BT), INT(IT+NT), NBT(NT+BT) 등이 있다.

한국은 선진국들과 함께 새로운 기술혁명을 선도하기 위한 치열한 기술전쟁을 벌여야 하는 환경에 처해 있다. 속도의 경제에서는 누가 핵심적인 기술과 시장을 선점하는지가 매우 중요하다. 과거에는 기술의 습득과 활용이 중요했다면, 이제는 기술을 개발하여 권리를 확보하고, 권리를 이용하여 부가가치를 독점하기 위한 활동이 국가경쟁력을 결정하고 있다. 기술에서 뒤진다면 생존의 여부조차 장담할 수 없는 시대가 다가오고 있다.

또한 기술의 개발과 배타적 권리의 확보만큼이나 중요한 것이 이러한 권리를 어떻게 보호하는가다. 우리 자신의 권리를 보호하는 것뿐 아니라 타국의 권리 보호 움직임에 적절히 대응하는 것도 이제는 매우 중요하게 여겨야 할 때다. 기술의 개발과 권리의 확보가 '창'이라면 권리의 보호는 '방패'라 할 수 있다.

본 장에서는 원천기술의 확보와 국제표준 획득을 위한 정부, 기업, 대학 등 혁신 주체들의 과제를 살펴보고, IT 분야에 특화된 한국에게 큰 위협이 될 것으로 예측되는 특허괴물(Patent Troll)의 등장과 이에 대한 우리의 대응 방안을 살펴본다.

1_ 원천기술 확보가 관건이다

한국이 중요 원천기술 확보에 어려움을 겪는 주요 이유로 투자 대비 낮은 국가 R&D 효율성, 위험 투자의 부족, 출연연과 대학의 기초연구 저조, 협업의 부족 등이 지적되었다. 이러한 문제점들을 해소하기 위한 방안들을 알아보자.

고위험 투자에 대한 정부의 리스크 분담

이미 성숙기에 접어든 정보통신 기술을 비롯하여 바이오, 나노 기술 등 신기술과 이들의 융합기술은 미래에 큰 파급효과를 가져올 것이다. 이러한 첨단기술은 복잡성과 불확실성이 높고, 다학제적인 (Interdisciplinary) 광범위한 연구개발이 필요하기 때문에 대규모 투자를 필요로 한다.

한국 기업은 외환위기를 제외하고 2004년까지 연평균 20% 가까운 연구개발 투자 증가율을 보여왔다. 그러나 최근의 이러한 증가율은 소수의 상위기업의 연구개발투자 증가에 기인한 것으로 이들을 제외한 기업의 연구개발투자는 사실상 답보 상태라고 할 수 있을 정도다. 기업의 낮은 부채 비율과 높은 현금 보유, 지속적으로 감소하고 있는 벤처캐피털의 신규 투자 등 리스크를 회피하는 경향은 고위험 장기 투자를 통해 핵심 기술을 확보해야 하는 우리에게 암울한 뉴스일 수밖에 없다.

위험성이 큰 혁신 투자를 촉진하기 위해서는 이를 민간에만 맡겨서는 해결이 되지 않는다. 자발적인 신기술 개발에 대한 리스크가 큰 만큼 '시장의 실패'를 보완한다는 관점에서 정부가 이러한 리스크를 나누어 소화함으로써 혁신 자금의 유입과 기술개발 촉진이라는 선순환 구조를 형성해야 한다.

먼저 정부는 장기적이고 위험성이 매우 높아 민간에서 하기 힘든 기초연구 분야에 대해서는 과감하고 직접적인 투자를 해야 한다. 과거 모방경제체제 하에서는 정부의 정책이 기업의 부족한 연구역량을 보충하는 산업기술 위주의 정책을 지향해 왔다. 이에 따라 원천기술 개발과 부가가치창출의 핵심이 될 기초연구 역량을 축적하는 데는 소홀한 측면이 컸다.

이제 정부의 역할은 민간이 할 수 없는 일을 대신하는 방향으로 전환되어야 할 것이다. 미국의 경우 정부 R&D 투자의 절반가량은 국방 등 수십 년 이후에 상업화가 가능한 영역에 투입되고 있다.

최근 상업화 단계에 접어들기 시작한 나노기술은 선진국에서는 몇 년 전부터 정부 주도의 기획과 투자가 진행되어 왔다. 미국의 경우 2000년 클린턴 정부가 국가 나노기술전략(National Nanotechnology Initiative, NNI)을 발표한 이후 나노기술 R&D 투자를 대폭 확대했으며, 전세계 공공 부문의 2004년 나노기술 R&D 투자는 46억 달러에 달하는 것으로 추정되고 있다. 이 중 미국과 일본, 유럽이 각각 10억 달러 정도를 투자하고 있어 선진국 사이에서는 이미 신기술 확보를 위한 기술전쟁이 치열하게 전개되고 있다.

한국의 경우도 2004년 3,000억을 투자하는 등 정부연구개발사업 중 5.1%를 배정하는 등 노력을 기울이고 있으나 민간이 집중하는 영역과 중첩되지 않는 명확한 역할 수행이 요구되는 상황이다.

둘째, 정부는 기업의 신기술개발에 대한 직간접적인 자본공급을 통해 리스크를 분담함으로써 기업의 원천기술 개발 의지를 높여야 한다.

미연방정부의 경우 장기적인 거액의 투자가 요구되는 고위험 고수익 기술개발에 대한 직접 지원 프로그램인 선진기술프로그램(Advanced Tech Program, ATP), 중소기업 혁신연구 지원(Small Business

정부의 기업 연구비 부담 - 미국 NIST의 ATP

미국표준연구소(NIST)의 선진기술프로그램(Advanced Technology Program, ATP)은 미국의 산업 및 경제 전반에 광범위한 혜택을 줄 수 있지만 개발위험이 매우 커서 개별 기업들로서는 엄두조차 내지 못하는 초기 단계의 기반기술이나 경쟁 전 기술(Generic or Pre-Competitive Technology) 개발을 위한 프로젝트를 지원하는 프로그램이다. ATP는 2004년 신규 프로젝트의 지원이 중단될 때까지 총 768개의 프로젝트에 22억 6,900만 달러를 지원했고, 몇몇 ATP 프로젝트의 장기성과를 측정한 결과 경제 전체에 미친 효과는 150억 달러를 넘는 것으로 측정되었다.

ATP 과제 선정에는 몇 가지 원칙이 있다. 일단 정부가 아닌 미국 산업계의 기술적 필요에 그 우선순위를 둔다. 또한 제품개발은 지원하지 않으며, 혁신성, 기술적 위험도, 잠재적 경제효과, 기술의 상업화 계획 등에 초점을 둔 전문가 평가를

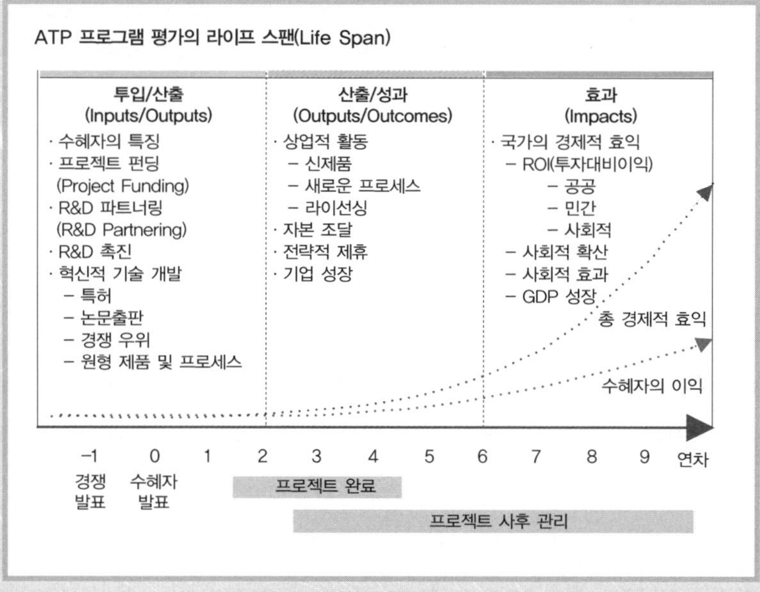

통해 프로젝트를 선정한다. 선정 후 엄격한 지원 관리도 ATP의 특징이다. 과제 수행의 결과물에 대한 지적재산권은 전적으로 지원기업이 보유하게 된다. 중소기업에 대한 특별한 혜택은 없으나 절반 이상(59%)의 지원과제에 중소기업이 참여하고 있다.

ATP는 개별 기업을 단독으로 지원할 수 있고, 3년간 200만 달러까지 지원 가능하다. 두 개 이상의 영리 기업이 비영리 연구소, 대학 등을 파트너로 참여할 수 있고 5년 동안 총 과제비용의 절반을 지원받을 수 있다. 철저한 비용분담(strict cost-sharing)의 원칙이 적용되기 때문에 협동연구일 경우 전체 비용의 절반 이상, 대기업인 경우 60% 이상, 그리고 중소기업인 경우 연구 프로젝트의 모든 간접비를 분담해야 한다. 선정 후 엄격한 지원 관리를 받고 과제 수행의 결과물에 대한 지적재산권은 전적으로 지원기업이 보유한다.

ATP는 기업 간 또는 대학 및 연구소와의 협동연구를 크게 촉진했는데, ATP 프로젝트 참여 기업의 약 85%가 ATP를 통해서 다른 기업 및 조직들과 공동연구를 수행한 것으로 조사됐다. 약 75%의 기업들은 ATP 지원 결과로 자체 연구개발 투자를 늘린 것으로 나타났다.

Innovation Research, SBIR), 중소기업 기술이전 프로그램(Small Business Technology Transfer, STTR) 등을 통해 상당한 성과를 거둔 바 있다.

한국의 경우에도 APT와 유사한 정부의 직접적인 투자 분담이 필요하다. 국내에서도 기업의 R&D를 직접 지원하는 정책이 없었던 바는 아니나, 기술의 평가와 집행에서 공정성 문제 등 여러 문제점을 노출해 왔다. 엄격한 심사와 기획이 선행되지 않은 보조금 지급이나 보증지원은 담당공무원과 기업 담당자의 도덕적 해이를 불러오기도 했다.

고위험 혁신 투자에 대한 리스크를 분담한다는 차원에서는 정부의 직접적인 투자 분담이 필요하지만, 방식에 있어서는 기업이 정부에 의존하도록 하는 것이 아니라 시장으로부터의 자본공급과 기업의 기술개발, 그리고 상품화를 통한 자본 회수의 선순환 고리를 지원하는 방향으로 정책이 실행되어야 할 것이다. 이에는 철저한 경쟁 시스템과 이에 따른 공정한 기술 심사 평가가 선행되어야 함은 물론이다.

셋째, 리스크 캐피털에 대한 리스크를 분담해야 한다. 정부가 리스크 캐피털을 제공하는 금융기관에 대한 위험 분담을 통해 자금 공급을 확대할 수 있다. 중소·벤처기업의 경우 금융기관의 과도한 리스크 회피 성향으로 기술개발이나 사업 확장에 필요한 자금조달에 큰 어려움을 겪고 있다. 이러한 중소·벤처기업의 자금 지원 확대를 위해 일반 기업과 중소·벤처기업 간 리스크 차이를 정부가 지원함으로써 금융기관의 대출을 촉진하는 방법을 활용할 수 있다.

벤처기업 대출이 일반기업 대출보다 대손가능성이 큰 점을 감안하여 벤처기업과 일반기업의 대손율 차이, 즉 리스크 스프레드에 해당하는 부분을 정부 자금으로 지원하여 벤처시장에 금융자금 공급이 활발하게 투입되게끔 할 수 있다. 또한 금융기관이나 신용평가기관의 평가 시스템과 평가능력 향상을 동시에 기한다면 건전한 자본시장 육성을 촉진할 수 있고 이를 통해 활발한 기술개발을 촉진할 수도 있다.

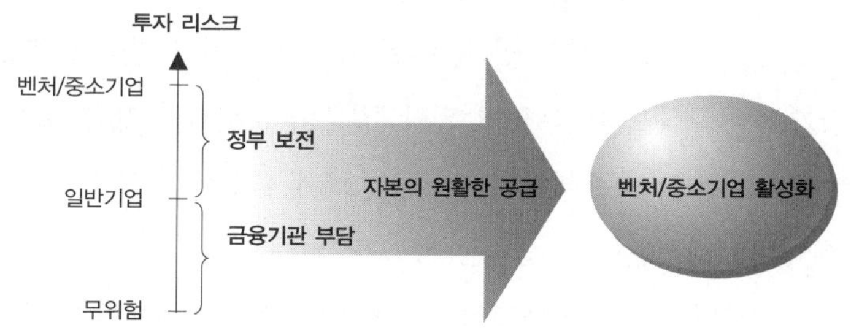

예를 들어 벤처기업 평균부실률이 약 6%(2005년 신용보증기금 부실률), 일반기업에 대한 금융기관의 대손율이 2%(2002년 일반기업 부도율)라고 가정하여 1조 원을 벤처기업에 투자해 보자. 벤처기업에 투자함에 따른 대손액과 일반기업에 투자했을 경우 대손액의 차액은 400억 원이므로 400억 원을 정부가 보전하게 되면 1조 원을 벤처시장에 공급하는 효과가 나타날 것이다.

출연연, 대학의 기초연구 활성화

한국의 원천기술 보유수준이 낮은 주요 원인 중 하나는 정부 R&D 예산의 50% 이상을 쓰는 정부 출연연구소와 국내 박사급 인력의 70% 이상을 보유한 대학의 기초연구 기능이 충분하지 못하기 때문이다.

이에 대한 해결 방안을 먼저 출연연의 체질 개선 측면에서 살펴보자. 첫째, 출연연 자체의 연구기획 기능 강화가 필요하다. 미국 국립보건원(National Institute of Health, NIH)의 사례를 보면 NIH는 여러 연구부서와 병원들을 산하에 두고 있는 거대한 기관이지만 '포트폴리오 분석 및 전략조정실'을 따로 설치하여 연구자원의 관리와 자원배분을 위한 포트폴리오 분석, 새로운 과제의 발굴, 프로그램의 평가 및 조정 등의 역할을 하고 있다. 이에 따라 연구원이 연구에 집중하고 장기적인 구상을 할 수 있게 된다. 별도의 전문적인 기획, 조정 부서가 존재하지 않거나 행정처리만 하는 국내 출연연의 연구기획·지원 부서와는 대비된다.

연구 투자의 성과를 극대화하고 효율적인 연구를 수행하기 위해서

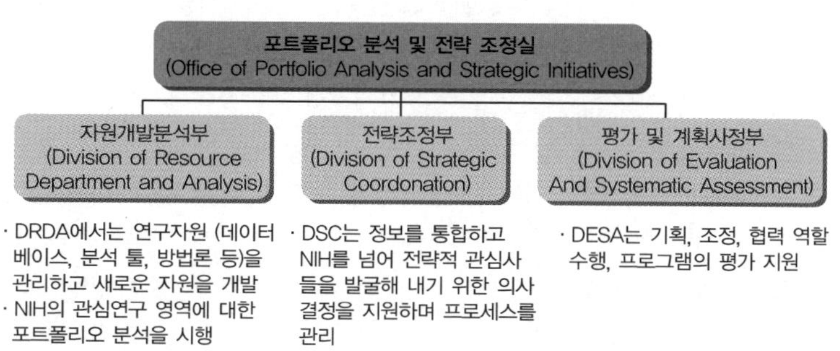

는 연구소 내 기획 기능을 강화해야 하고, 필요한 경우 외부 전문가를 활용할 수도 있다.

이와 함께 연구기획 예산도 확대할 필요가 있다. 미국 ATP는 연구개발투자 대비 12%, 미국과학재단은 5%가 연구기획관리비인 데 비해 한국은 1.5%에 불과하다.

둘째, 출연연의 미션 재정립과 유연한 조직운영 체제를 갖춰야 한다. 1970년대 주로 설립된 출연연은 당시의 산업 수요를 충족하기 위해 설립된 이후 설립목적의 변동 없이 현재 그 체제를 유지하고 있다. 기업의 연구 역량이 향상된 현재에는 그 역할이 상당 부분 중복된 경우가 많다. 정부의 R&D 투자 방향성 재정립과 함께 정부의 직접적인 관리 하에 있는 출연연의 역할 재정립이 요구되는 시점이다.

영국의 공공연구기관의 구조조정 사례와 같이 민간기업체의 연구분야와 중복되는 출연연의 경우 민영화를 고려할 수 있을 것이다. 시장의 실패를 보완하는 출연연 고유의 역할을 수행할 부분에 대해서는 중복된 출연연을 통폐합한다거나 출연연 간 우수인력을 유기적으

영국 공공연구기관의 구조조정

영국은 단기간에 국가연구 시스템이 급격하게 변한 국가 중 하나다. 영국에는 정부 부처와 R&D를 총괄하는 RC(Research Council)로부터 자금을 지원받는 여러 연구소들이 있는데, 이들을 통칭하여 공공연구기관(Public Sector Research Established, PSREs)이라고 하며 영국 국가연구 시스템의 개혁은 공공연구가 사회적 요구와 부합할 수 있도록 공공연구기관을 구조조정 하는 방향으로 진행되었다.

영국의 정부 연구기관들은 1990년대 초 일부 연구기관의 민영화를 중심으로 하는 구조조정을 단행했다. 많은 부분을 점차 정부 밖에서 아웃소싱 하는 방향으로 변했으며 정부 연구기관의 일부가 민영화되기도 했다.

민영화 과정은 다양하게 전개되었는데, 영국의 통상산업부(Department of Trade and Industry, DTI)에 속해 있던 PSRE는 가장 빠르게 민영화되었고, 민영화가 많이 진행되지 않은 다른 정부 부처의 PSRE에는 많은 상업적인 운영기법이 도입되었다. 이러한 구조조정의 중심에는 각 연구기관 간의 조정과 협력이 중요한 이슈로 부각되었다.

2001년 2월부터 11월까지 10개월에 걸쳐서 영국의 연구기관에 대한 전면 평가가 실시되었다. 그 결과 통합적인 리더십 제도의 마련, 국내 및 국제의 과학기술 우선순위 결정, 통합관리 절차의 마련이라는 세 가지 결론을 도출했다. 이를 통해 RC는 여러 학문 분야를 통합하고 최고 수준의 전략결정을 조율할 수 있는 집단으로 재정립되었다. 현재 영국의 RCUK(Research Councils UK)에는 총 8개 부문이 존재하는데, 각각의 연구기관들은 최근의 학제 간 연구나 사회적 요구사항의 해결을 위한 문제 중심적 연구를 위해 조정과 협력을 강화하고 있다.

로 활용할 수 있도록 하는 프로젝트 조직의 도입 등 시스템 개선이 필요하다. 또한 해외 유명 공공연구기관에 비해 연구 인력의 외부 활용이 극히 저조한 실정이므로 프로젝트 단위로 외부 우수인력을 활용하는 방안도 강구해야 할 것이다.

셋째, 출연연의 성과평가 시스템도 개선해야 한다. 현재의 성과평가 시스템은 부족한 인건비 확보를 위해 소형의 프로젝트를 다수 수행하도록 조장하는 측면이 크다. 이로 인해 장기간 소요되는 기초연구나 원천기술 확보를 위한 연구를 수행하는데 큰 걸림돌이 되고 있다. 따라서 현재의 성과평가 시스템을 개선하여 출연연이 민간기업에 기초기술과 첨단기술의 공급원으로서 본연의 역할을 수행할 수 있도록 해야 할 것이다.

또한 기업에 대한 기술이전, 분리신설창업, 기업에 대한 연구개발 서비스, 기업 및 대학과의 협동 연구를 강화하고, 이러한 다양한 연구 활동이 기관 및 연구자 개인 평가에 반영돼야 한다. 성과평가 시스템 구축 시 부가가치 창출에 대한 기여 정도를 핵심 성과 지표로 명확히 제시할 필요도 있다.

대학은 국내 박사인력의 70% 이상이 모여 있음에도 불구하고 선진국에 비해 연구의 규모도 작고 생산성도 낮다. 이와 같은 문제점을 극복하고 대학의 연구 기능을 강화하기 위한 구체적인 방안을 알아보자.

우선 교수의 승진, 재임용, 정년보장 및 각종 보상에 대해 엄격한 성과관리 체계가 수립되어야 한다. 미국의 경우 교수가 정년을 보장받기 위해서는 세계적인 수준의 연구 성과가 필요하며, 대학에서 정한 엄정한 평가 과정을 거쳐야 한다. 또한 연구와 강의평가 결과에 따른 금전적, 비금전적 보상체계가 비교적 잘 갖추어져 있는 편이다 (9개월은 연봉제, 나머지 3개월은 연구 또는 강의 인센티브제를 적용하는 '9+3 시스템' 등). 이러한 성과관리 시스템은 연구 활동의 질에 지대한 영향을 미칠 수밖에 없다. 한국의 대학에서도 좀더 실질적이고 체계적인 교수 연구업적평가시스템을 도입하여 대학의 연구기능을 더욱 강화하기 위한 발판을 마련해야 할 것이다.

또한 이러한 평가체계는 대학 고유의 특성 및 전략과 긴밀히 연계되어 차별화적으로 추진되어야 한다. 연구 중심 대학은 연구실적, 교육 중심 대학은 교육 역량, 지역 기반의 산학협력 강조 대학은 산업체 경험 교수의 채용과 산학협력 연구역량을 우선적으로 평가하는 등 평가에서 중점을 두어야 할 부분도 제각기 다르게 가져갈 수 있을 것이다.

둘째, 상당수의 혁신 원천기술이 스타 교수에 의해 산출된다는 점에서 대학이 이들 스타교수를 적극적으로 양성할 필요가 있다. 이를 위해서는 기존의 수동적인 공모제와는 다른 새로운 채용방식을 고려해 볼 수 있는데, 우수 교수를 직접 발굴, 선발, 스카우트하는 방식 (Search and Recruit)이 가능한 대안 중 하나가 될 것이다. 또한 탁월한 교수를 채용하기 위한 채용 펀드를 별도로 조성할 필요도 있다. 이렇게 영입된 스타 교수가 우수한 성과를 창출하고 명성을 얻어 추가적인 연구비와 재원을 확보하면, 학교 차원에서는 또 다른 유능한 교수를 영입할 수 있는 토대를 구축할 수 있어 우수 인력 확보의 선순환 고리를 만들어낼 수 있을 것이다.

셋째, 기초분야 대학 연구소를 활성화하는 것도 시급히 보완해야 할 과제다. 대학에서 기초연구의 전초기지 역할을 못하게 된 이유 중의 하나로 대학연구소의 역할이 선진국에 비해 활성화되지 못한 측면이 강하다. 대학의 학과 조직은 교육 의무가 크기 때문에 연구 경쟁력을 강조하는 데 한계가 있다. 연구소의 연구 인프라를 극대화하여 연구소를 구심점으로 한 전략적 기초연구 분야에 대한 유기적인 연구체제를 확립해야 한다.

필요에 따라 다학제 간 연구의 성격이 강한 연구소는 별도의 석·박사 대학원 과정 도입을 고려할 수 있다. 이를 위해서는 대학 연구소를 위한 예산을 늘려 전임 연구원을 확보하고 정년이 보장된 교원으로 승진할 수 있도록 하여 박사후 과정(Post-Doc)의 연구원 및 연구교수 등이 소속감과 자부심을 가지고 연구에 전념할 수 있는 분위기를 조성해야 할 것이다.

협업의 강화

협업의 확대는 기술의 복잡성이 증가되고 산업 간 경계가 허물어지는 추세에서 더욱더 중요해지고 있다. 그러나 국내에서는 산학연 연계 미흡이란 말이 누구에게나 익숙할 정도로 이에 대한 개선이 시급한 편이다.

먼저 혁신 주도형 산학연 연계를 강화할 필요가 있다. 지역 기업과 밀착하여 현장 애로를 해결하는 지원형 산학협력은 비교적 활성화되어 있는 것으로 나타나지만 정작 기초·원천기술 개발을 위한 혁신형 산학협력은 부족한 편이다. 이에 대한 가장 근본적인 원인은 대학과 출연연의 낮은 연구 성과에 기인한다. 따라서 산학연 연계 활성화를 위해서는 대학과 연구소의 연구 역량 향상과 기업 수요에 기반한 연구의 강화, 협력 메커니즘의 활성화, 협력을 유도할 수 있는 성과 평가제도 및 성과배분제도의 합리화가 필요한 상황이다. 이를 좀더 구체적으로 살펴보면 다음과 같다.

기업의 수요가 있는 기초연구 강화

기업이 자발적으로 찾아올 수 있는 기술을 창출하고 수요처를 확대하는 것이 필요하다. 대학의 경우 연구 중심 대학을 중심으로 기초연구 능력을 강화하되, 순수 학문 이외에 기업의 수요가 있는 원천기술 개발에 집중할 수 있도록 정책적 지원을 해야 한다. 대학 자체도 다양한 형태의 기금을 조성하여 대학의 특성화 전략과 연계하여 상업적 가치가 높은 원천기술 개발을 강화해야 한다. 출연연도 역할 재정립과 함께 연구 기획력 향상을 통해 기업에서 필요한 원천기술 개발에 주력해야 할 것이다.

대학에 대한 기업 투자 확충

한국에서 대학과 출연연에 대한 연구비의 대부분은 정부 재원이다. 이러한 예산 지원은 한계가 있기 마련이다. 부족한 재원 확충을 위해 대학 등 공공 부문에 대한 기업의 투자가 확대되는 것이 필요하다. 이를 위해서는 대학이 기업 수요를 반영한 연구를 확대하는 등의 문제들이 해결되어야겠지만 장학사업, 문화사업 등에 치우쳐 있는 기업의 사회 공헌 사업을 활용할 수 있다. 공공성을 띠고 있는 희귀병 치료, 지구온난화 방지 등의 기초연구에 지원한다면 연구비 확대와 기초연구 확대라는 일석이조의 효과를 거둘 수 있다. 정부 또한 대학에 대한 기업의 기부 확대를 위해 기금이나 재단 설립에 관련된 법적, 제도적 지원을 해야 한다.

전문 기업에 의한 중개 기능 활성화

현재 국내 대학에는 산학협력단, 기술이전센터 등이 설치되어 있다. 그러나 행정적인 업무에 치중하고 있고 공공적인 성격이 강하여 비즈니스 마인드를 가지고 사업을 전개하기 힘든 상황이다. 일본 대학들의 80% 이상은 주식회사 형태로 기술이전 사업을 전개하고 있으며 전문 경영인이 CEO를 맡고 있다.

자체에서 개발한 기술 사업화의 실효성 제고를 위해 중개기관을 대형화하고 전문기업으로 육성할 필요가 있다. 즉 각 대학과 지방에 산재해 있는 중개기관들을 점진적으로 통합하여 기술이전 및 개발 전문기업을 육성하여 기업 요구에 맞는 기술이 공급될 수 있도록 유도해야 한다.

영국의 BTG(British Technology Group)는 1981년 영국 통상산업부 산하의 공기업으로 출발하여 1992년 민영화된 후 1995년 런던 증권거래소에 상장된 기업으로 대학과 연구소로부터 특허 출원 전의 초기기술에 대한 독점권을 확보한 후 특허 출원, 추가 개발 등을 통해 부가가치를 높여 기업에 기술을 이전하는 사업을 영위하고 있다. 대학과 연구소가 전체 40%가량을 차지한다.

산학협력 기술지주회사

중개 기능 활성화와 함께 산학협력 활성화를 위해 기술지주회사의 개념을 참고할 필요가 있다. 대학에 있는 산학협력단과 정부의 지원

세계적인 제약 회사의 R&D 네트워크 활용 전략

의약 및 바이오 분야의 경우 어떤 조직이나 기업도 신약개발과 관련된 모든 기술과 지식을 축적한다는 것은 불가능하다. 제약업체 간 치열한 경쟁이 계속되고 신약개발에 소요되는 비용과 시간이 지속적으로 증가함에 따라 선진국의 제약 기업들은 연구개발에 따른 리스크를 최소화하기 위해 관련 기업, 대학, 연구소 등과의 광범위한 R&D 네트워크를 통해 유용한 정보를 제공받아 활용하는 협력적 지식 생산 체계를 갖추게 되었다. 자체 상품화 기반을 갖춘 기업은 주로 대학 및 신기술을 보유한 바이오 벤처기업과 R&D 네트워크를 구축하고 있다. 초기 신약 아이디어 개발에 주력하고 있는 기업은 대형 제약기업들과 적극적인 제휴를 맺고 있다.

Novartis의 R&D 네트워크

구분		제약기업	바이오 벤처	대학/연구소	병원
주력 약효군	이식 · 면역	Yoahitomi	Biotransplant T-cell Science		존스홉킨스 병원
	심혈관계 질환	Knoll, Titan	Synaptic		
	중추신경계 질환		Idun, Neurokrine, Sibia	신경과학 연구재단	보스턴 아동병원
	호흡기계 질환		Genentech Tanox Biosystems		
	종양	ISIS Pharma	Medarex	다나파버 암 연구소	튜머 클리닉
	피부질환	OSI Pharma	Myriad Genetios	비엔나 대학	
기반 기술	조합화학기술		Chiron, Pharmacopeia Trega Biosciences		
	약물전달기술		Emisphere Tech SkyePharma		
	스크리닝기술		Ecoeto		
	유전자기술		Affymetrix, Inoyte		
	광범위 기반기술			프리드리히 미셔, 스크립스 연구소	

출처 제약기업의 R&D 네트워크 활용전략, 심상만, LG경제연구원, 2000

자금으로 기술지주회사를 설립하고, 기술지주회사는 외부 유치 자금 등의 재원을 바탕으로 연구개발 자회사를 설립하는 것이다. 연구개발 자회사는 대학 기술 기반에 의한 벤처 등이 분리신설창업(spin-off)된 기업이며 이들이 민간기업과 기술 협력을 하게 된다.

협력에 대한 인센티브 메커니즘 강화

각 주체 간 협력을 유도하기 위해서는 이를 지원하는 성과보상체계가 갖추어져야 한다. 대학의 경우 연구실적 중심의 획일적인 교수업적 평가 및 정부연구개발과제 평가제도로 인해 자발적인 산학협력에 대한 유인이 부족하다. 출연연의 경우에도 연구비 수주를 통한 재정기여도와 연구실적 위주의 연구원 평가로 기업과의 협력에 대한 유인이 부족한 것이 문제점으로 지적되었다.

산학연 협력에 대해서는 성과 반영도를 높여 산학연 간 자원의 교류를 촉진해야 할 것이며, 산학연 협력 등에 대한 투자세액공제 확대 등 기타 유인책의 개선도 뒤따라야 할 것이다.

둘째, 해외 부문과의 실질적인 협업을 확대하는 것도 중요하다. 아일랜드, 핀란드, 싱가포르 등은 글로벌 기업에 개방적인 시장 환경과 국가의 체계적인 지원 정책을 바탕으로 글로벌 기업의 허브 및 R&D 센터를 유치하고 국내 혁신 주체들과의 네트워킹에 성공하여 성장한 대표적인 나라다. 한국도 이러한 글로벌 R&D 센터를 유치하는 데 많은 노력을 기울였으나 국내 부문과의 상호작용이 미약하다는 문제점이 드러났다. 최근에는 글로벌 기업이 중국에 R&D 센터를 앞다투어 설립하고 있어 신규 R&D 센터의 설립이 감소하는 추세에 있다.

이에 대해 한국 특유의 차별화된 유치 전략을 제시할 필요가 있다.

외국 R&D 센터 유치의 주요 결정 요인인 한국 기업의 세계 시장 점유율과 기술력을 기준으로 유형을 구분하고 맞춤형 유치 및 활용 전략을 추진할 수 있다.

우선 반도체와 정보통신 분야와 같이 한국의 기술 수준이 우수하고 세계 시장 점유율도 높을 경우 첨단기술 핵심 연구소를 유치하고 시너지를 창출할 수 있는 개방형 혁신체계 구축이 필요하다. 자동차와 기계 산업과 같이 세계 시장 점유율은 높으나 기술 수준이 낮은 경우 글로벌 제품개발 연구소를 유치하여 한국뿐 아니라 동북아, 세계 시장을 대상으로 제품을 개발하는 거점으로 격상시킬 수 있는 업그레이드 전략이 요구된다.

기술 수준과 세계시장의 점유율이 모두 낮은 바이오나 제약 부문은 비영리 연구소와 국제기구의 R&D 프로그램을 유치하고 파격적인 조건을 제시하여 해외 벤처 기업을 유치하는 방법을 고려해 볼 수 있다.

글로벌 R&D 센터의 맞춤형 유치 전략

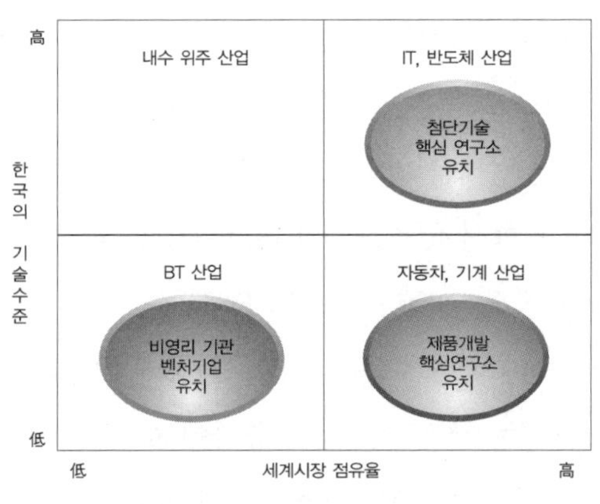

출처 한국 진출 글로벌 R&D센터의 특성과 상호작용 분석, 복득규, 삼성경제연구소, 2006

새로운 지식과 기술을 확보하려는 해외 연구소들은 현지 대학 및 연구소와 상호작용을 수행하는 것이 일반적이다. 한국에 들어온 글로벌 R&D 센터들의 경우는 수요 기업 및 공급 업체들에 한해 간간히 상호작용하고 있는 것으로 나타났다. 이를 개선하기 위해서는 글로벌 R&D 센터의 유치만이 아니라 한국의 기술 혁신 주체들과 활발한 상호작용을 전개할 수 있도록 제도적, 정책적 지원이 필요하다. 모든 과정을 유기적으로 연계시켜 시너지를 창출하는 종합적 계획을

해외 부문과의 협력 강화
– 한국전자통신연구원과 캐임브리지 대학의 공동연구 협력

한국전자통신연구원(ETRI)과 영국 캐임브리지(Cambridge) 대학은 융합기술 분야의 원천기술을 확보하기 위해 2005년 6월 R&D 센터 설립 및 국제공동 연구 과제 관련 협약을 체결했다. 이 공동연구 협약의 주요 내용은 차세대 고성능 광전소자 및 스마트 생화학 센서구현을 위한 IT–BT–NT 융합기술 개발이다. 세계적인 경쟁력을 가진 캐임브리지 대학의 BT, NT분야 원천기술과 ETRI의 IT 상용화 기술을 접목한 원천, 융합 기술 개발을 우선적으로 추진, 진행할 계획이다.

주요 과제는 '나노기술 기반의 광전소자용 핵심기술 개발'과 'USN용 스마트 생화학 센서 핵심 기술 개발'이며, 나노 와이어와 폴리머를 혼합한 차세대 광전소자용 투명 신소재개발과 나노기술 기반의 고감도 바이오센서 및 다기능 환경센서 기술개발을 연구하게 된다.

영국 캐임브리지에는 대학과 관련하여 1,200여 개의 기술관련 회사와 3,500여 명의 우수 연구원이 운집해 있다. 우수인력 확보 및 대학의 첨단 기술을 활용할 목적으로 세계 굴지의 외국기업들이 과학기술클러스터를 이루고 있다.

융복합 기술의 확보를 위한 ETRI와 영국 캐임브리지의 공동연구는 글로벌 R&D 네트워크 구축하고 이를 활용하여 과학기술자원의 한계 극복을 위한 사례로 한국이 과학기술 경쟁력 확보를 위한 하나의 시사점을 제공한다.

수립해야 할 것이다.

신기술 선도기업 육성

정보기술이 비트(bit)에 기초한 사이버 세계를 주도한다면, 바이오기술은 유전자(gene) 연구를 토대로 한 생명의 세계를 주도하고, 나노기술은 원자(atom)에 기초한 물질세계에 새로운 장을 열어나갈 것으로 기대되고 있다. IT, BT, NT와 IBT, NBT 등 융합 기술은 대규모 장기 투자와 위험성에도 불구하고 세계적인 대기업들의 기술경쟁의 각축장이 되고 있다. 산업성숙도 관점에서 아직은 산업화 초기단계여서 후발국인 한국의 입장에서도 충분히 추격이 가능한 분야이기도 하다.

신기술과 관련한 선도기업(Leading Company) 육성은 한국이 기존에 강점을 가진 전자 등의 제조업 분야의 리더십 유지뿐 아니라 관련 분야에서의 국제 수준의 경쟁력 확보에 기여하고 인재 양성의 기반과 관련된 중소 벤처기업의 활성화에도 기여할 것이다.

원천기술 확보를 위한 정부, 대학, 출연연의 노력 못지않게 중요한 것이 기업 부문에 대한 것이다. 기업은 원천기술의 개발 과정에 직접 참여할 뿐 아니라 기술을 상업화하여 실질적인 가치를 창출함에 있어서 가장 주도적인 역할을 수행하는 주체다. 그런 점에서 각 분야의 기술에서 탁월한 리더십을 가지고 세계 시장을 주도해 나갈 신기술 선도기업 육성의 필요성은 아무리 강조해도 지나치지 않다.

대기업 측면에서의 신기술 선도기업 육성

한국의 대기업들은 자체 계열사 또는 사업부로 BT, NT 관련 사업에 대부분 진출해 있다. 삼성, LG 등 10여 개의 대기업이 제약회사를 계열사로 두거나 의료기관, 연구소 등을 통해 BT 관련 사업을 진행하고 있다.

이미 관련 계열사를 보유한 대기업의 경우 실패 위험을 무릅쓰고 원천기술을 개발하려는 강력한 의지와 적극적인 투자가 필요하다. 여기에 정부가 일정 부분 리스크를 분담하거나 기업이 투자할 수 있는 제반 여건을 마련해 주어야 한다. 여기에 벤처나 대학 등의 참신한 아이디어나 기초기술 지원이 동반되어야 함은 물론이다.

BT는 일종의 '물탱크 채우기' 식의 성격을 갖고 있다. 물탱크가 다 차야 넘치듯 일정 수준 이상의 투자가 누적되어야 성과가 나타나기 시작한다. 그렇기 때문에 투자 여력이 있는 대기업의 기본적인 투자가 필요하다. 정책 측면에서는 경영권 유지에 대한 위협(이것이 맞든 틀리든)으로 인해 움직이지 않는 대기업을 위해 총액출자제한 등을 선별적으로 완화할 필요가 있다. 또한 위험회피에 빠져 있는 기업 성향을 반전시킬 수 있는 보상 메커니즘과 같은 정책적인 지원을 해야 할 것이다. 신기술 선도기업 육성을 위해서는 정부, 대학, 벤처 그리고 기업 부문 모두의 노력이 필요하다.

중소·벤처 측면에서의 신기술 선도기업 육성

특허 등 지적재산권에 기반을 둔 NT, BT 등 신기술 벤처기업의 경우 지속적으로 자금을 확보할 만한 비즈니스 모델을 갖추지 못한 경우가 많다. 이들 벤처기업들이 막대한 돈과 시간, 그리고 경쟁이라는 죽음의 계곡(death valley)을 넘어 선도기업이 되기 위해서는 대기업, 정부와 자체적인 노력에 의해 이를 극복해야 할 것이다.

기본적으로는 위험자본의 자금 및 경영 지원 체계, 중소·벤처가 대기업과 상생할 수 있는 사회 전반의 체계가 갖추어져야 한다. 중소·벤처의 부족한 자금 규모를 확보하기 위해 대기업과의 자본 결합(직접 투자 등)이나 전략적 제휴가 필요하다. 이를 통해 기술과 생산, 시장정보의 공유, 공동 마케팅을 통한 수익창출 기반을 조성해야 한다. 정부 측면에서도 평균적인 지원이 아니라 우수 기업을 양성하기 위한 선택과 집중을 해야 할 것이다.

중소 벤처 자체적으로는 규모의 경제 확보를 위해 M&A를 통한 몸집 키우기나, 연구 자원(인력, 시설, 자금) 공유 등 협업 네트워크 구축을 통해 R&D 규모의 경제를 확보할 수도 있다.

추가적인 대안 – 프로젝트 컴퍼니의 설립

추가적으로 앞서 언급되었던 여러 혁신 주체의 역량을 결집하여 신기술 선도기업을 만들어가는 새로운 모델도 생각해 볼 수 있다. 여기서 이야기하는 가칭 '프로젝트 컴퍼니'는 대기업, 기술벤처 및 독립 연구기관 등이 각각 자본과 기술, 인적자원을 공급함으로써 하나의 회사를 설립하고, 정부와 자본시장은 정책적, 재무적으로 지원하는 국가적 실험기업을 뜻한다.

다른 목적과 관점을 가지고 있는 여러 연구주체의 자본적 결합과 회사 설립의 사례는 비록 한시적이긴 하지만 나노기술 분야에서 네덜란드가 실험적으로 추진한 바 있다. 네덜란드는 나노기술을 차세대 성장을 주도할 신산업으로 주목하고 있었다. 이에 네덜란드는 전통적으로 강점을 가지고 있는 식품 및 농업, 의료, 정밀기계 및 전자, 소재산업 등자국의 전통산업과 나노기술이 연계될 경우 예상되는 막

네덜란드의 나노네드

운영기간은 2005년부터 2009년까지이며 컨소시엄 파트너는 8개의 독립연구소 및 대학연구소와 Philips 유럽 연구소로 이루어져 있다. 연구분야로 플래그십 (Flagship)으로 불리는 11개의 상호 의존적 프로그램(Advanced Nanoprobing, Bottum-up Nano Electronics, Chemistry and Physics of Individual Molecules, BioNanoSystems, NanoElectronic Materials, NanoFabrication, NanoFluidics, NanoInstrumentation, NanoPhotonics, NanoSpintronics, Quantum Computation)이 가동되고 있다.

나노네드(Neano Ned)는 영리적 회사라기보다는 한시적으로 운영되는 공동연구 조직에 가깝다. 따라서 참여 주체가 공동으로 공유할 수 있는 수익모델이나 운영모델 또는 이해관계자의 조율에 관한 모범사례나 구체적인 시사점을 주지는 않는다. 그러나 다양한 연구기관이 공동 투자를 통하여 하나의 연구 주체를 설립해 운영함으로써 해당 기술 분야와 밀접한 광범위한 산업에 대한 기술적 인프라를 제공함과 동시에 경쟁력 있는 기술개발 역량을 바탕으로 원천기술의 글로벌 리더로 성장시키고자 하는 시도는 한국에게 충분히 시사하는 바가 있다. 신기술 분야에서 프로젝트 컴퍼니의 설립 등이 가능하려면 사업 진출에 관련된 규제나 신설 사업체가 충분한 재무적 편익을 누릴 수 있도록 초기의 정책적인 지원이 뒷받침되어야 할 것이다.

출처 www.nanoned.nl

대한 시너지효과를 감안하여 나노기술에 대한 국가적 역량결집에 고심해 왔다. 이러한 배경에서 네덜란드 유수의 연구소와 대학 그리고 필립스와 같은 글로벌 기업 등이 공동투자를 통해 2005년 나노네드 (NanoNed)라는 회사를 설립했다. 현재 연인원 1,200명의 연구원이 2억 3,500만 유로의 연구비를 집행하면서 200개의 프로젝트를 동시에 진행하고 있다.

2_ 표준은 기술개발보다 더 중요한 경쟁 무기다

표준은 국가적으로 중요한 인프라일 뿐만 아니라 세계적으로 기술 전쟁이 치열하게 벌어지고 있는 가운데 기술 개발보다 더 중요한 경쟁 무기가 되고 있다. 과거 한국은 이에 동참할 기술 수준에 도달하지 못해 주로 선진국이 정한 표준을 따라가는 위치에 있었다. 하지만 지난 몇 년간 IT 분야의 괄목할 만한 성과를 기반으로 국제표준의 제안자로 도약하는 중이다. 그러나 아직까지는 국가 내부의 표준 인프라의 선진화와 표준 획득과 연계된 R&D 시스템의 정비, 국제적 표준 외교 등에서 부족함이 많다. 한국의 국제표준 확보를 위한 선결 요건인 국내 표준 정비와 국제표준 선점을 위한 전략을 알아보자.

국내 표준 정비를 서둘러라

ISO, IES등 국제표준이 2만여 종이 넘는 가운데 각 부처가 각각 국제 규격과 부합하기 위한 사업을 진행하고 있다. 부처별, 기관별로 표준 정보가 분산되어 있어 체계적 관리가 미흡하고 정보 공유가 없어 표준화 현황을 파악하기조차 힘든 상황이다. 이를 극복하기 위해서는 가장 먼저 각 부처에서 보유하고 있는 정부 규격을 데이터베이스화하고 국제표준 정보를 함께 제공할 수 있는 원스톱 서비스를 제공하는 국가 표준 정보화 시스템의 구축이 필요하다.

우선 DB를 구축하고 정보를 공유할 수 있는 네트워크 구성을 돕는 소프트웨어나 홈페이지를 개발하여 표준정보를 필요로 하는 기업과 개인 수요자가 편리하게 이용할 수 있도록 해야 한다. 정보 시스템의 구축에서 그치는 것이 아니라 좀더 많은 수요자 및 이해관계자가 이를 이용하고 업데이트해 나갈 수 있도록 국가 차원에서 정보 시스템에 대한 구체적이고 적극적인 홍보를 강화해야 한다. 이는 민관 모두에게 기술기준 및 규격 간의 중복을 방지할 수 있게 할 뿐 아니라 제품을 개발하고 R&D 계획을 세울 때 유용하게 사용될 것이다. 표준화 정책이 국가 주도로 이루어지고 있는 상황에서 민간 부문의 요구를 적시에 반영하기 위해서 정보화 시스템 구축은 반드시 선행되어야 한다.

기술향상과 국내 표준의 통합 못지않게 중요한 분야가 시험인증 역량 확보의 문제다. 국가 표준의 질이 떨어지고 신뢰성이 떨어지면 국제표준으로 나아가는 길이 요원해질 뿐 아니라 국외의 시험 인증 기관을 이용할 수밖에 없어 외화 낭비와 기술 유출의 위험을 안게 된다. 시험인증 기관의 질을 높이고 국가표준의 심사를 강화하여 국내 제품 및 표준의 질을 향상시켜야 한다. 시험검사 능력은 그 나라의 기술수준을 나타내는 척도로 기술혁신을 위한 기본 인프라다. 고부가가치 상품개발 및 일류화 상품은 이에 상응하는 시험 능력의 뒷받침 없이는 추진이 불가능하기 때문이다.

이를 위해 국내 시험 검사 기관에 대한 지원을 강화하여 국제 공인 적합성 평가기관을 확대할 필요가 있다. 각 부처별로 개별법에 의거해 수행하는 적합성 평가기관 지정을 국가 단일 전문 인정기구로 통합할 필요가 있다. 적합성 평가기관의 지정 요건 및 평가 제도를 국제 기준에 부합시켜 국제적 신뢰성을 확보해야 한다. 또한 기업 차원에서 비용을 절감하고 비효율을 줄일 수 있도록 하나의 적합성 평가 기관에서 다양한 인증을 동시에 지원할 수 있는 능력을 구축하도록 해야 할 것이다.

적합성 평가 기관의 설비 구입비용을 일부 지원하고 고객 확보 경쟁에 따른 시험 평가의 부실화를 방지할 수 있는 정부 차원의 대책이 필요하다. 국내 시험검사 기관의 경쟁력 제고는 표준 인프라 확보에서 매우 중요한 이슈다. 이는 한국이 국제표준 선도국으로 발돋움하기 위한 밑거름이 될 것이다.

국제표준 선점을 위한 활동을 강화하라

산업 초기, 예를 들어 메인프레임 서버 시장에서 IBM이 독식하고 있을 때 표준은 내부적인 의사결정 문제였다. 하지만 지금은 어떤 기술이 더 많은 동조세력을 가지는가, 어떤 세력의 힘이 더 강력한가로 표준이 결정된다. 특정한 기술이 국제표준으로 채택되면 호환성 확보 등을 위한 필수적인 요소가 될 뿐 아니라 각종 보완재를 개발할 수 있기 때문에 지속적인 우위를 점할 수 있는 초석이 된다.

이러한 이유로 세계 시장에서 각종 벤처들이 몇 년 만에 세계적인 대기업으로 성장하기도 하고 유명 기업이 몇 년 안에 도산해 버리는 드라마틱한 일도 자주 벌어진다. 이 때문에 막대한 R&D 비용이 요구되는 현대의 기술전쟁에서는 기획 단계부터 연구자와 표준관계자 사이에 연계를 강화하는 것이 필요하다. 특히 첨단기술 분야에서는 기술개발과 그 성과의 보급에 이르는 기간이 매우 짧기 때문에 상품화와 동시에 표준화하는 것이 매우 중요하다. 이 경우에는 공적 표준을 목적으로 할 것인지, 아니면 사실상 표준을 목적으로 할 것인지에 대하여 사전에 R&D 기획 단계부터 검토하도록 해야 할 것이다.

기업 차원에서는 기술 로드맵과 연계하여 민간 컨소시엄을 구성하는 등 표준화를 위한 전략적 파트너를 선정하고, 국제표준 기관에서의 활동 강화가 필요하다. 내부에 R&D와 특허, 표준까지 한꺼번에 관리할 수 있도록 여러 분야의 전문가가 모인 지적재산(Intellectual Property)팀 구성을 적극 고려해야 한다.

국가 차원에서도 국가 R&D 로드맵과 연계된 구체적인 분야별 표준화 로드맵 수립이 요구된다. 첨단 기술의 개발과 표준화 노력을 기울여야 함은 물론, 원천기술이나 이에 대한 특허가 외국 기관에 있을 때 외국과의 국제 협력을 강화하여 이에 연동된 제품을 개발하는 등 세계적 추세를 함께 선도할 수 있도록 해야 할 것이다.

기술의 우위 보다는 네트워크를 통한 힘의 크기가 좌우되는 국제표준의 특성상 한국은 아시아 국가들을 적극 활용할 필요가 있다. IP-TV의 사례에서도 알 수 있듯이 유럽 국가들은 네트워크를 십분 활용하여 자신들의 요구를 반영시키고자 한다.

동북아 지역에서는 1981년 한·일 표준협력회의를 시작으로 20여 년 동안 표준과 인증 등에 대한 협조체제 구축을 위해 논의를 거듭해 왔다. 하지만 아직 구체적인 성과를 거두지 못하고 있다. 일본은 과거 동아시아 침략 역사로 인해 아시아의 우려와 경계를 받고 있다. 중국을 비롯한 개발도상국들은 표준화를 주도할 역량을 갖추지 못했기 때문에 아시아에서의 표준 통합 주도권 확보에 있어 한국에게 주어지는 기회를 십분 활용해야 한다.

한국이 아시아 국가를 통해 국제표준을 선점하기 위해서는 각 국가별 표준화 분야의 중대 이슈에 대한 연구를 시행해야 한다. 특히 인구 측면에서 잠재력을 가진 중국의 독자적 지적재산권 문제나 기술 표준에 대한 국제 정책 연구를 강화해야 한다. 또한 표준 간의 호환성을 높이고 아시아 표준 관리기구 간의 교류와 정보 공유를 확대해야 한다. 지정학적 위치를 적극적으로 활용하여 국제표준화기구(예를 들어 태평양지역 표준회의, PASC) 회의 주최를 강력하게 추진하고, 한국 기업이 산업 간 표준화 활동에 실질적으로 참여하는 주체가 되도록 지원해야 할 것이다. 특히 한국 기업의 아시아 지사들을 통해 각 지역에 대한 정보를 공유하고 기업 간 협력관계의 전초기지가 되도록 하는 등의 방안도 고려해 볼 수 있다.

3_ 특허괴물에 대비하라

특허소송을 통해 국제적으로 관심이 고조되고 있는 특허괴물(Patent Troll)은 보유 원천 특허가 부족한 한국 기업에게는 커다란 위협요소로 자리잡고 있다.

특허괴물은 특허를 비롯한 지적재산권을 통해 로열티 수입만으로 이익을 창출하는 특허관리 전문기업을 일컫는다. 2001년 인텔에서 소송을 맡았던 변호사 피터 데트킨이 처음 사용한 용어다. 이러한 형태의 기업은 특허기술을 활용하여 상품화를 하거나 서비스를 개발하는 대신 특허권을 유지하다가 특정기업이 이를 이용한 제품이나 서비스를 선보일 경우 법적 공방을 벌이고 이 과정에서 거액의 합의금을 이끌어내는 것으로 악명이 높다.

대표적인 사례로는 블랙베리(PDA)기술과 관련한 NTP.Inc와 RIM(Research In Motion)사 간의 소송, 온라인 경매(Buy it now) 기술을 둘러싼 이베이와 머크익스체인지(Mercexchange)사 간의 소송, GSM 기술과 관련해 인터디지털(Inter-digital)이 삼성전자와 노키아에 제기한 소송 등을 들 수 있다.

캐나다의 무선 휴대장비 제조업체인 RIM사와 미국의 NPT.Inc 간의 블랙베리(무선단말기인 PDA의 명칭) 기술과 관련한 소송은 특허괴물의 대표적인 사례로 꼽힌다. 미국 내에서 특허괴물이라는 닉네임으로 불리는 NPT사는 블랙베리가 상용화에 성공하자 블랙베리 서비스의 일부가 NPT사의 기술 일부를 무단 사용했다고 주장하며 특허소송을 제기했다. 이 기술특허는 1990년대 초반 모토로라에서 300만 달러를 지원받아 무선 이메일 서비스를 상용화했던 굿 펠로우란 사람의 것이었으나 NPT가 이를 확보했고, 이후에 굿 펠로우가 개입하지 못하도록 적극 제지한 바 있다. 이 소송으로 가짜 특허권자라고도 할 수 있는 NPT가 10억 달러에 이르는 거액의 합의금을 받아내는 데 성공함으로써 특허도 충분히 경제적 가치를 창출할 수 있다는 사실을 일깨웠다.

삼성전자와의 소송으로 한국에도 잘 알려진 인터디지털(Interdigital)은 무선 통신 관련 특허를 많이 보유하고 있으며, 이를 토대로 한 특허공세를 강화하고 있는 기업이다. 인터디지털은 2005년 노키아와 삼성전자를 대상으로 특허소송을 제기하여 승소함으로써 GSM 특허와 관련해 노키아는 2억 5,300만 달러, 삼성전자는 1억 3,400만 달러의 로열티를 지불하기로 합의했다. 이 소송에서 승소한 후 본격적으로 국내기업을 대상으로 특허소송을 시작했는데, 2006년 LG전자도 노키아와 특허공방에서 승소한 인터디지털과의 싸움에 승산이 없다고 판단, 조기에 합의하여 2006년부터 2008년까지 매년 9,500만 달러씩 총 2억 8,500만 달러 상당의 휴대폰 로열티 계약을 체결했다. 대기업 외에도 중소 휴대폰 업체에 미칠 영향은 매우 클 것으로 예상되며, 실제로 일부 중소 업체들은 이미 경고장을 받은 경우도 발생하고 있다.

특허괴물은 대량의 특허권을 매입하거나 원천기술을 보유한 소규모 기업을 인수·합병하는 형태로 특허권을 확보하거나 부도가 난 기업의 특허를 경매를 통해 사들이기도 한다. 미국에서는 이러한 특허괴물을 위한 특허 경매가 자주 열리고 있으며, 특허중개만을 전문

특허괴물의 유형

구분	대표 기업	주요 사업내용
페이퍼 형태의 특허권 유지	인터렉추얼 벤처스 (Intellectual Ventures)	• 실제로 제품을 제조하지 않고, 기업에게 라이선스를 제공하고 로열티 받는 것을 사업모델로 함 • 연간 300여 개의 특허를 신청 중이며, 향후 많은 소송을 제기할 것으로 예상됨 • 자사의 새로운 아이디어 창출 및 특허를 다량 매입하여 새로운 특허 포트폴리오를 구축함
	NTP Inc.	• 직원 없이 서류로만 존재하는 기업. 특허소송을 바탕으로 한 라이선스 수익을 주요 사업으로 함
신포트폴리오 구축 및 판매	포전트 네트웍스 (Forgent Networks)	• 아시아와 유럽 및 미국을 대상으로 특허 포트폴리오를 활용한 라이선스 수익사업 전개 • 향후, 디지털비디오(DVR) 업계를 겨냥한 특허 소송을 제기할 예정
	아카시아 리서치 (Acacia Research)	• 등록된 특허를 바탕으로 라이선스 수익을 올리거나 타 기업의 특허를 매입, 신포트폴리오 구성 • 노키아, 플레이보이, 펫코, 월트디즈니 등의 기업과 라이선스 협약 체결
	인터디지털(InterDigital)	• 휴대폰, PDA, 노트북 등 무선통신기기의 내부 구조와 관련된 특허 4,200여 건을 보유하고 있으며, 이를 토대로 최근 전방위적인 특허 라이선스 사업 전개
특허 컨설팅	요션토모(Ocean Tomo)	• 지적재산권의 포트폴리오를 운영하고 이를 판매함으로써, 라이선스 수익을 극대화시킴 • '특허경매'를 포함한 종합적인 지적재산권 서비스 컨설팅 업무 수행

출처 국내외 Patent Troll 현황 분석 보고서, 한국특허정보원, 2006

으로 하는 컨설팅 기업도 등장하고 있는 추세다.

기업 관점에서는 특허괴물로 인하여 그들이 소유하지 않는 지적재산권에 대해 로열티를 제공해야 할 잠재적 위험이 증가하고, 자사 특허에 대해 지속적으로 모니터링해야 할 필요성이 생기기 때문에 비용이 증가하게 된다. 하지만 특허괴물은 경제적인 측면에서 개별 발명가들이 활용하지 못하거나 상업화되지 않은 특허를 사들여 시장에 제공함으로써 지적재산권의 유동성을 높여주기도 하고, 특정 기술에 대해 전반적인 관점에서 특허 포트폴리오를 관리하는 조직으로서 지적재산권으로의 법적 접근을 수월하게 해주는 장점도 있다. 또한 새로운 발명이나 특허에 대한 인센티브를 제공하는 과정에서 혁신을 촉진하기도 한다.

특허괴물의 형태는 다양하다. 마이크로소프트 출신의 최고기술자들이 창업한 인텔렉추얼 벤처스나 블랙베리 관련 소송으로 유명해진 NPT. Inc의 경우 제품은 생산하지 않고 자체적인 기술개발을 통해 특허권을 확보하고, 기업과 개인 등의 특허를 다량으로 매입한 후 페이퍼 형태로 특허권을 유지한다. 포전트 네트웍스와 아카시아 리서치, 인터디지털 같은 경우는 기술 분야 별로 제품의 생산 및 연구개발을 바탕으로 특허권을 획득한 뒤 라이선스 수익 사업을 전개하는 형태다. 오션토모는 지적재산권에 대하여 인수, 이전, 평가 등의 특허 컨설팅 업무를 전문적으로 수행한다.

최근 미국에서는 인텔, 시스코, HP 등 IT 업체들이 특허소송 남발로 기업 활동에 제동을 거는 행위를 원천 봉쇄하기 위하여 2006년 5월 '특허 공정성 연합(Coalition for Patent Fairness)'을 결성했다. 이는 비즈니스 자체보다는 소송 합의금만 노리는 일부 기업을 경계하기

신비즈니스 모델로서의 '특허괴물' – 인터렉추얼 벤처스

인텔렉추얼 벤처스는 2000년 MS의 CTO를 역임한 나단 미어볼드(Nathan Myhvold)와 MS의 최고 소프트웨어 설계자였던 에드워드 정에 의해 공동으로 설립되었다. 이들은 자사를 발명기업(Invention company)이라고 말한다. 이곳에서는 발명가와 과학자들을 초대하여 브레인스토밍을 통해 아이디어를 내도록 하고, 법률가와 특허 전문가들이 이 중 가능성 있는 아이디어를 특허로 전환하고 있다.

업무 프로세스는 네 단계로 이루어져 있다. 먼저 발명 랩(Invention Labs)에서는 특허를 낼 수 있는 아이디어를 창안하기 위해 10여 명가량의 일류 과학자들을 파트타임 컨설턴트로 고용하여 하루 일정의 간담회를 매주 개최한다. 다음 발명 R&D(Invention R&D) 단계에서는 다양한 분야에서 과학자들이 연구·개발한 내용을 정리한 뒤 가장 유망한 아이디어를 선택하여 이를 변호사들이 특허출원이 가능한 상태로 전환하도록 한다. 발명도서관(Invention Library™)에서는 MS, 인텔, 소니 등 하이테크 기업으로부터 투자 받은 금액을 바탕으로 기존의 특허권을 대량으로 사들임으로써 자사특허와 함께 새로운 특허 포트폴리오를 구성한다.

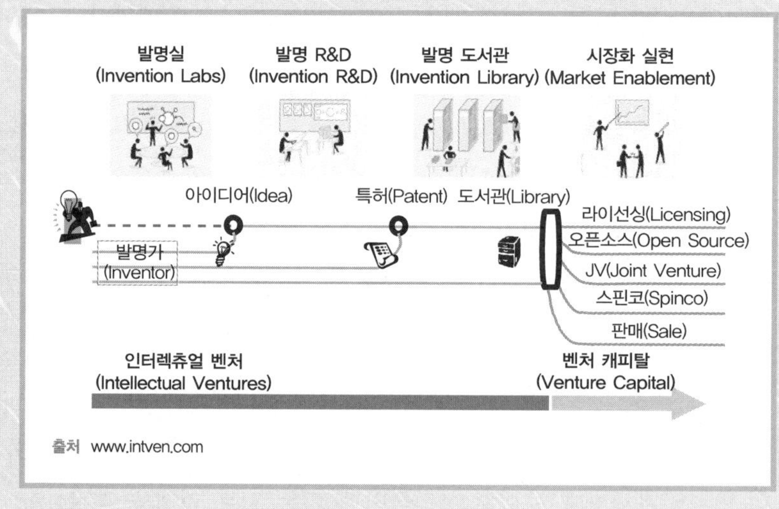

위해서다. 인텔, 마이크론, 내셔널 세미컨 등 미국 반도체 업계는 특허괴물을 법으로 규제해 달라는 입법안을 요청한 상태다. 이에 미 의회는 특허괴물 문제에 대한 공청회를 개최하여 특허괴물이라 불리는 기업들이 특허 시스템을 남용하는가에 대한 논의를 시작했다. 이러한 시도가 현실화된다면 그나마 다행이겠지만, 우리의 입장에서는 특허괴물이 아니라도 지재권 보호에 대한 낮은 대비 수준은 해결해야 할 과제임에 틀림없다.

국내의 경우 특허괴물과의 소송에서 국내 기업이 피해를 입는 경우가 속출하면서 국내 대기업은 각자의 대응전략을 세워두고 있다. 하지만 지적재산권에 대한 인식이 이전부터 미약했던 점에 비추어 볼 때 향후 다가올 위험에 한국 기업이 피해를 보게 될 가능성이 매우 높으며 이러한 손해를 예방하기 위해 기업과 정부 차원에서 다양한 노력이 필요하다. 정부 입장에서는 관련 법규나 사례를 구체적으로 홍보하고, 국제 특허 동향과 관련된 정보를 신속하게 국내에 알릴 수 있는 종합적인 DB 구축과 함께 관련 국제특허 및 기술과 관련한 인력 풀을 확보하여 기업 차원에서 도움을 받을 수 있도록 지원해야 할 것이다. 특허괴물로 인해 발생할 수 있는 피해를 최소화하기 위한 일반적인 방안으로는 다음과 같은 것이 있다.

특허감시	사전조사	이의제기	조기타협	특허위반보험
신규 특허 동향을 파악하여 자사 경영 활동에의 영향 여부를 판단	신제품 개발 또는 상업화 전에 관련성이 있을 만한 특허가 존재하는지 조사	기존 특허 중 지나치게 넓은 범위를 포괄하는 특허에 대해 이의 제기	특허 관련 소송 발생시 조기 타협을 통해 시간과 비용절약	부주의하게 제3자의 특허 침해시 보험을 통한 도움을 받음

첫 번째로는 '특허감시(Patent watch)'를 들 수 있다. 다수의 기업들은 정기적으로 새롭게 등록되거나 출원되는 특허 동향을 파악하면서 이들이 자사의 경영활동에 어떠한 영향을 미치는지를 확인한다. 만약 관련된 특허가 등록되거나 출원된 것을 발견하면 기업은 이에 대하여 이의를 신청하기도 하고, 특허를 라이선스하거나 특허를 침해하지 않는 방향으로 자사 제품을 변경하기도 한다. 그렇지만 이 방법은 시간과 돈이 많이 드는 단점이 있다.

기업들은 새로운 제품을 개발하거나 상업화하기 전에 기본적으로 침해하게 될 가능성이 있는 특허가 있는지 사전조사를 실시한다. 토마스 에디슨을 예로 들면 그는 캐나다 출신의 두 발명가가 가지고 있던 기술이 향후 그가 개발하는 전구의 성능 일부분을 커버할 가능성이 있다고 판단해 그 두 사람이 특허괴물이 될 가능성을 제거하기 위해 관련 특허를 매입했다.

'이의제기(Opposition proceeding)' 또한 행해질 수 있다. 유럽에서는 제3자가 취득한 특허범위에 대해 이의를 제기할 수 있는 권리를 가진다. 미국의 경우에서는 비슷하긴 하지만 이보다는 제한적인 개념으로 재검을 허용한다. 블랙베리와 관련한 소송에 휩싸인 RIM사도 NTP.Inc에 대응하여 재검 요청을 제기하기도 했다.

일반적으로 특허소송이 생겼을 때 이를 조기에 타협하면 시간과 비용을 절약할 수 있다. 하지만 여러 분쟁 사항에 대해 될 수 있는 한 소액에 조기 타협할 것인지, 거액의 손해를 감수하고 모든 상황에 대항하여 싸울 것인지에 대한 전략적 결정이 먼저 내려져야 한다.

마지막으로 기업이 부주의하게 제 3자의 특허를 침해했을 경우에는 특허위반보험(Patent infringement insurance) 형식으로 보험을 통한 도움을 받을 수도 있다.

06

인재가 곧 미래 경쟁력이다

오늘날 세계가 점차 지식기반경제 구도로 전환되어 감에 따라 혁신인력은 경쟁우위의 중요한 요소로서 부각되고 있다. 그러나 한국의 경우 대학교육이 보편화되면서부터 고학력 인력의 수는 지난 몇 십 년간 지속적으로 증가해 왔지만 지식기반 경제에서 정작 중요한 혁신인력은 그 수가 절대적으로 부족한 실정이다.

본 장에서는 혁신기반 경제체제로 도약하고자 하는 한국 사회에서 혁신인력의 부족을 해소하기 위한 방안을 제시해 보고자 한다. 첫째, 대학 교육체계의 변화를 통한 혁신인력의 양성, 둘째, 혁신인력에 대한 보상 및 유인 강화를 통한 혁신인력의 확보, 마지막으로 절대수가 부족하고 편중되어 있는 혁신인력의 국가적 활용성 제고를 위해 혁신인력의 네트워크를 구축하는 방안으로 나누어 제시하고자 한다.

1_ 대학교육 체계에도 변화가 필요하다

혁신인력 부족 현상을 해결하기 위한 근본적인 방안으로 대학의 교육 기능을 기업의 수요를 반영하는 방향으로 변화하는 것이 필요하다. 물론 산업에 필요한 인력 부족을 대학의 기능 미비로만 한정짓는 것은 대학 고유의 정체성을 훼손시킬 수 있는 일이다. 하지만 대학의 목적이 학문 연구와 함께 사회에 필요한 인력을 배출하는 것임을 고려한다면 혁신인력의 원활한 공급을 위해 대학 교육 기능을 산업 수요를 충족시키는 방향으로 개선하고 강화하는 일이 필요하다. 새로운 가치를 창출하는 창조적 역량을 갖추고 급변하는 기술 및 비즈니스 환경 속에서 기회를 포착할 수 있는 혁신인력을 양성하기 위해서는 다학제, 맞춤형 학과 제도, 전문대학원 제도 등의 활성화가 필요하며 근본적으로 대학마다 특화된 경쟁력을 갖추기 위한 분야별 집중이 필요한 상황이다.

다학제를 실시하라

최근 정체된 한국 경제의 성장 동력으로서 6T와 IBT, INT 같은 융합기술의 중요성이 부각되고 있다. 융합 신기술은 그 역사가 길지 않아 미국 등 기술 선진국과의 기술격차가 크지 않고 투자의 매력도가 높은 분야다. 각 산업에서는 융합기술을 연구하고 개발할 수 있는 인력에 대한 수요가 많기 때문에 융합 기술 연구에 적합한 혁신인력을 공급하기 위해서는 공급자인 대학에서 통합적이고 다양한 시각을 가지도록 교육하는 다학제를 추진해야 한다.

UC버클리의 다학제 시스템

UC버클리는 학부과정에서부터 기계와 화학, 물리, 생물, 수학, 전자, 사회과학 등 서로 다른 전공을 자유롭게 수강할 수 있는 교육을 실시하고 있다. 전문 분야에 대한 깊이가 떨어지는 부담을 감수하더라도 다학제 교육이 가져다 주는 시너지효과를 최대화하고 융합기술에 대한 기업의 수요를 맞추기 위해서다. UC버클리는 이런 교육을 시작하면서 자연스럽게 전공을 바꿀 수 있는 유연한 학풍을 가지게 되었다. 또한 학생의 다양한 학문에 대한 수강과 함께 교수들도 다른 전공 분야와 겸직할 수 있는 분위기도 자연스럽게 형성됐다.

이러한 UC버클리의 분위기는 융합기술의 산실인 '버클리센서 & 액추에이터 센터(BSAC)'를 통해 그 성공 사례를 볼 수 있다. 1986년 설립된 BSAC는 처음에는 반도체 관련 센터로 시작했으나 지금은 마이크로머시닝(micromachining) 공정을 기반으로 전기, 전자, 바이오, 기계, 화학 분야의 응용 시스템을 연구하는 융합기술의 핵심 분야를 포괄한다. BSAC는 전자, 기계, 생물 분야의 25명의 교수와 30명의 산업체 인력 외에 120명의 연구진이 포진, 폴리실리콘 마이크로머시닝을 처음으로 시작하는 등 융합기술 분야의 획을 그었으며 나노-바이오 분야로 관심 영역을 확대하고 있다.

출처 세계는 지금 융합기술 전쟁, 전자신문, 2003

다학제 실시를 위한 대학 간 네트워크 구성

미국은 대학 내 다학제 연구의 중요성과 함께 대학 간 협력을 통해 다양성을 가진 인재 양성에 주력했다. 스탠퍼드는 공학교육과 실습방향 제시를 목적으로 미국과학재단(NSF)의 지원을 받아 워싱턴 대학, 콜로라도 스쿨 오브 마인스(Colorado School of Mines), 하워드 대학, 미네소타 대학과 공동으로 공학교육발전연구센터(Center for the Advancement of Engineering Education, CAEE)를 설립했다. CAEE는 학부생뿐 아니라 교수와 졸업생에 이르기까지 다양한 배경과

전공을 지닌 인재로 구성되어 있다. 대학의 연구 결과를 경험할 수 있는 교육과
정을 제공한다. CAEE의 목표는 다음과 같다.

● 이공계생들의 학습에 대한 이해 강화
● 다양한 영역을 하나로 통합하고 이공계생의 다양성을 넓힘
● 이공계 기초연구 강화
● 이공계 교육 지도자들의 커뮤니티를 넓힘.
● 현재와 미래를 위한 효과적인 지도를 촉진시킴

출처 '6T, 나포되지 말고 차차세대까지 생각을', 포스텍 박찬모 총장, 문화일보, 2006년 11월

다학제란 단순한 학문 간의 협업을 넘어서 인문, 사회과학과 자연
과학의 경계를 넘나들고 미시, 거시적인 접근을 포괄하는 총체적인
학문 영역 간의 협력활동을 말한다. 이를 위해 대학 내에서는 학생들
이 기본적인 학문 영역에서의 교육을 광범위하고 자유롭게 받을 수
있도록 하는 교육 커리큘럼을 실시해야 한다. 또한 대학 간에도 각기
특성화된 연구 분야를 통합적으로 연구할 수 있도록 하는 협력 네트
워크 구축이 필요하다.

맞춤형 학과를 개설하라

삼성전자는 2007년 1학기부터 성균관대와 공동으로 일반대학원 석·박
사 과정으로 휴대폰학과를 개설했다. 입학생 전원에게는 삼성전자가
학비와 교재비, 생활비 전액을 지원하고 졸업 후에는 삼성전자 입사
가 보장된다. 신입생 지원접수를 마감한 결과 28명을 선발하는 석사
과정에는 266명이 지원하여 9.5대 1의 높은 경쟁률을 나타냈다.

맞춤형 학과개설 사례

핀란드 울루 대학

기술 클러스터로 유명한 울루 테크노폴리스의 거점에는 울루 대학이 있다. 클러스터에 입지한 기업의 필요인력 중 80%를 공급하고 있다. 울루 대학의 교과과정은 기업의 실제 생산 공정을 염두에 두고 기업과 대학이 함께 만들어낸 것으로 시뮬레이션과 실습이 중심이다. 기업 입장에서는 필요한 연구를 대학에서 대신 수행해 주므로 적은 연구 투자비로 기술을 사업화한다는 이익을 얻을 수 있고 실무에 필요한 지식을 대학에서 배운 학생들을 채용함으로써 재교육에 필요한 비용을 줄이는 효과도 누릴 수 있다. 대학 입장에서는 프로젝트를 수행한 후 특허권을 취득함으로써 대학 재정을 증가시킬 수 있다. 학생은 프로젝트에 참여함으로써 손쉽게 입사할 수 있다. 대학, 기업, 학생 모두 윈윈(win-win)할 수 있는 전략이다. 핀란드 정부는 이와 같은 선순환 구조를 지원하기 위해 대학의 연구 주제에 대해 두 개 이상의 기업이 관심을 보일 경우 연구비의 최대 80%까지 지원하는 정책을 펴고 있다.

국내 맞춤형 학과개설 사례

기업	대학	내용
(주)만도	경북대	기계공학부 · 전자전기공학부에 5과목 개설(만도트랙). 대상 학생에 등록금 · 생활비 지원. 취업보장
GM대우	홍익대 · 고려대 · 성균관대	기업에서 사용하는 최첨단 소프트웨어 등 설치한 '페이스센터' 개설. 자동차 관련 공대 · 미대생 인턴십 및 입사시 혜택
CJ엔터테인먼트	연세대	캠퍼스에 독립영화 전문상영관 개설. 영상대학원과 공동 운영. 수익금 배분
삼성전자	성균관대	반도체학과(학부)에 이어 휴대폰학과(대학원) 개설. 등록금 · 생활비 지원. 취업보장
제일모직	한국과학기술원 (KAIST)	고분자 정보 · 전자소재 전공 석 · 박사 34명에게 등록금 · 연구보조금 등 연 6억 원씩 지원
(주)대우조선해양	인하대	선박해양공학과 학부 · 대학원생 교육해 우선 채용
넥센타이어	경남정보대학	기계자동차산업 계열에 '넥센타이어과' 설치. 현장교육 · 취업보장
현대제철	신성대학	제철산업과 맞춤형 교육받은 학생 연 50명 정도씩 우선 채용

출처 '대학들, 기업 주문대로 가르쳐요', 중앙일보, 2006

이와 같이 기업이 필요로 하는 교육을 기업의 지원을 받아 대학에서 실시하는 것은 대학 측면에서는 재정확보 측면과 산업의 니즈를 학문에 접목시킬 수 있다는 장점이 있고 기업 측면에서는 즉시 현장에 투입할 수 있는 혁신인력을 확보함으로써 재교육 비용을 줄일 수 있는 등 상호간에 이익을 줄 수 있다. 정부는 이러한 맞춤형 교육 시스템이 각 대학에 광범위하게 확산되도록 지원해야 한다.

전문대학원 체제의 조기정착

현재 한국의 대학교육은 학부제의 확산, 학부대학과 전공불문 입학 총원제의 도입 등으로 점차 산업에서 필요로 하는 기본 소양을 배양하는 방향으로 전환되고 있다. 또한 산업현장에서 실질적으로 사용되는 지식과 기술에 대한 교육 기능은 비즈니스 스쿨, 로스쿨, 의·치학 전문대학원, 공학대학원, 교육대학원 등 분야별 전문대학원 체제로 이전되는 추세다. 이러한 체계를 조기에 정착시켜 고등교육기관 사이에 교육의 질과 성과에 대한 경쟁체제를 조성하여 수준 높은 실무형 혁신인력을 산업으로 공급하는 것이 필요하다.

전략적 포지셔닝에 따른 차별화된 대학을 육성하라

한국의 대학들은 '일류대학 따라하기'로 인해 천편일률적인 종합대학 형태를 가지게 되었다. 그로 인해 특성화된 학과 체제를 찾아보기 힘들다. 또한 대학에서 양성되는 인력들도 별다른 특징 없이 기존에 있는 지식이나 기술을 습득하는 것에만 익숙하게 되었다. 이러한 인

대학의 전략적 포지셔닝 유형

구분		전국기반	지역기반
연구	종합	• 세계 수준의 연구수행과 차세대 지도자 양성 　– 우수 교수 확보, 연구 인력 양성, 대학원에 많은 투자 　– 학부과정에서는 사회진출과 기초 및 전문교육을 위한 광범위한 학문 분야를 다룸 　– 졸업생 진출, 사회 및 산업 기여도가 전국 범위 • CSF(Critical Success Factor, 핵심성공 요인) : 세계수준의 연구교수, 경쟁시스템 • 사례 : 성균관대학교, 하버드 대학	• 지역의 비전 공급자 　– 소수의 특정 분야 및 기초 분야, 지역사회와 지역 산업분야의 연구를 위한 우수 교수 확보, 연구인력 양성, 대학원에 많은 투자 　– 학부과정에서는 사회진출과 기초 및 전문교육을 위한 광범위한 학문 분야를 다룸 　– 대학 소재 지역 및 지역산업 발전에 기여 • CSF : 지역전력산업 R&D 역량 교수 • 사례 : 경북대학교, UC버클리
	집중	• 특정 전문 분야에서 세계적인 연구능력을 지향하는 대학원 중심의 대학 　– 학부보다는 대학원에 더 많은 투자 　– 학부과정은 고등전문교육을 위한 기초교육에 더 많은 비중 　– 졸업생 진출, 사회 및 산업 기여도가 전국 범위 • CSF : 연구중심의 학제 · 커리큘럼, 연구 인프라 • 사례 : 포항공과대학교, MIT	• 한국의 경우 지역을 기반으로 한 핵심 기초연구 시장이 열악하여 기초분야 연구를 위해 많은 재원과 우수 교수를 확보해야 하는 지역기반 연구 중심 대학은 경쟁력이 매우 취약하므로 포지셔닝 유형에서 삭제
교육	종합	• 학부교육 중심의 대학 : 응용 · 상용화 연구 　– 광범위한 학문영역 　– 대학원, 사회진출을 위한 기초교육, 전문 분야의 실무교육 위주 　– 전국적으로 기여 　– 사회 각 분야의 글로벌 리더 및 전문가를 양성하는 교육중심 대학 • CSF : 다양, 광범위 학제 • 사례 : 윌리엄스 대학	• 학부교육 중심의 대학 : 응용 · 상용화 연구 　– 광범위한 학문영역 　– 대학원, 사회진출을 위한 기초교육, 전문 분야의 실무교육 위주 　– 지역적으로 기여 　– 지역산업과 연계된 특성화된 분야에서 실용인재를 양성하는 교육 중심 대학 • CSF : 실무 · 응용 R&D 역량 교수, 비즈니스 중심의 산학협력 • 사례 : 동서대학교
	집중	• 학부교육 중심의 대학 : 응용 · 상용화 연구 　– 학부는 선택과 집중화된 학문 분야를 가지며 특히 사회과학, 이공계 중심 　– 대학원이나 사회진출을 위한 전문실무 교육 　– 전국적으로 기여 　– 공학 등 시장성 있는 분야에서 글로벌 리더 및 실무전문가를 양성하는 교육 중심 대학 • CSF : 소수정예 교육, 시장성 있는 교육 • 사례 : 한동대학교	• 학부교육 중심의 대학 : 응용 · 상용화 연구 　– 학부는 선택과 집중화된 학문분야를 가지며 특히 사회과학, 이공계 중심 　– 지역적으로 기여 　– 지역산업 클러스터에 기술과 실용인재를 공급하는 공학 중심 대학 • CSF : 교육과정 특성화, 교수와 산업전문가 간의 유동성, 산학협력 중심의 평가 • 사례 : 한국산업기술대학교, RIT

출처　대학혁신을 위한 제언, 삼성경제연구소, 2005

력양성 방법은 과거 인력이 부족하고, 모방을 통한 기술 습득을 주목
적으로 삼았던 모방자 시절에는 중간 수준의 인력을 양성하는 것이었
으므로 큰 문제가 없었다. 하지만 미래사회를 이끌어갈 혁신인재 양
성 측면에서는 창의성이 있고 특화된 인력 공급이 요구된다. 따라서
대학은 기존의 보편적인 운영방식과 체제를 버리고, 개별 대학 나름
의 전략적 포지셔닝(Strategic Positioning)을 통해 사회에 필요한 인재를
양성해야 할 것이다. 포지셔닝을 위한 기준들은 다양하다. 예를 들어
교육 중심 또는 연구 중심, 종합대학 또는 소수 학문에 집중화된 대학,
전국기반 또는 지역기반 등이 있고 이 기준들을 결합하여 다양한 조합
이 가능하다. 전략적 포지셔닝을 취하기 위해서는 다음과 같은 과제가
선결되어야 한다. 첫째, 대학 스스로 포지셔닝 전략을 선택할 수 있도
록 자율성이 보장되어야 하며 이를 위해 정부 주도의 교육 정책 기조
에서 파생된 각종 규제를 완화해야 한다. 둘째, 전략적 포지셔닝 자체
가 구조적 혁신이므로 이를 추진하기 위해 총장 선출제도, 교수 평가
제도, 행정 시스템 등 대학 내부의 시스템을 개선해야 한다.

2_ 혁신인재를 우대하라

필요한 혁신인력의 수가 부족한 이유로는 교육의 문제도 있지만 혁신
인력에 대한 적절한 보상이 이뤄지지 않기 때문에 우수한 인재들이 기
피하는 측면도 무시할 수 없다. 본 단원에서는 혁신인력을 위한 인사제
도 시행, 이공계와 해외인력 확보 방안, 그리고 연구 환경 및 보상의 개
선을 통한 우수 인력의 공공연구소 유입 방안에 대해 살펴보고자 한다.

삼성전자	• 핵심 인재 영입을 전담하는 IRO(International Recruit Officer)라는 전담조직을 가동하여 전세계에 배치되어 있는 우수인력을 발굴하고 지속적으로 접촉함.
	• 2002년부터 핵심 인재 확보율을 임원들의 인사 고과(100점 만점에 30점)에 반영함.
	• ETRI에서 얻은 정보에 기초하여 인력확보를 위한 전담팀을 구성하여 선진국에서 공부했거나 일류 다국적기업에서 근무 중인 350여 명의 혁신인력을 스카우트함.
LG전자	• 모든 임원을 헤드헌터화하고 외국 출장시 반드시 인재 확보 활동을 병행하며, 평가시 인재 확보 능력이 절대적인 비중을 차지함.
	• 중량급 인재 채용시 연봉, 국적, 형식을 불문에 부침. • 우수 인재가 입사할 경우 사이닝 보너스를 상한선 없이 일시불로 지급하며 회사에서 성과를 내면 지급 횟수와 상관없이 1인당 최고 1억 원까지 보상함.
SK	• CEO들이 우수 인재를 많이 뽑고 양성하는 데 본업의 80% 이상을 투입하도록 강조함. • 핵심 인재 확보를 위해 글로벌 오픈 채용제도를 실시하고 있으며 필요시 국적 불문함.

출처 Global HR Forum, 한국경제신문, 2006

혁신인재를 위한 인사제도를 강화하라

혁신 인재 유입 확대를 위해서는 수요처인 기업이 혁신인력 확보와 유지에 초점을 맞춘 제도를 강화하는 것이 필요하다.

삼성의 경우 인재 중시 경영 이념에 따라 기업의 혁신을 주도하는 인력 유인에 파격적인 인센티브를 제공하고 있다. 삼성은 이건희 회장의 '신경영' 선언 이후 삼성전자를 중심으로 S(Super)급, A(알파벳의 첫 글자)급, H(High Potential)급 3계층으로 이뤄진 인재풀을 구성하고 국내는 물론 인도, 러시아 등 신흥 IT, 기초 소재 강국의 천재급 인재를 유치하는 데 역점을 두고 있다. 이들을 영입하는 데 지급한 보상의 수준은 직급을 떠나 임원 수준 이상인 것으로 알려져 있으며 영입 후에도 특별한 관리를 통해 이들이 조직 내에서 혁신을 주도하도록 유도하고 있다. 이외에도 몇몇 대기업들은 지식중심의 사회에서 혁신을 주도하기 위한 인적자원의 중요성을 절감하고 혁신인력을 유인하기 위해 획기적인 제도를 시행하고 있다.

이공계 인력에 대한 보상을 강화하라

정부는 이공계 기피 현상을 해소하기 위해 출연연의 이공계생 의무 채용, 병역 특례 제도 등의 정책을 실시하고 있으나 이공계 기피 현상은 날로 심각해지고 있다. 이공계 지원자가 줄어드는 것도 문제지만 더욱 중요한 것은 우수 인력들이 이공계를 기피한다는 것이다. 이는 혁신인력 부족과도 직결된다.

우수인력들을 이공계로 유인하기 위해 현실적으로 가장 중요한 방안은 우수 이공계 졸업생에 대한 보상을 강화하는 것이다. 한국과 유사하게 독일의 경우에도 이공계 기피 현상이 과학을 전공한 사람보다 마케팅, 법 등 비 이공계 인력의 연봉이 높은 데서 비롯되었다고 판단하고 1996년부터 이공계 인력에 대한 보상 강화에서 그 해결책을 찾으려 노력하고 있다. 기업차원에서 보면 삼성이 S급 핵심인력에게 부여하는 최고 명예직인 '삼성 펠로우'를 통해 우수 이공계 인력에게 파격적인 보상을 해주는 것과 같이 타 기업들도 우수 이공계 인력들에게 파격적이고 직접적인 인센티브를 제공해야 한다.

포춘 100대 기업 CEO 중 60%가 이공계 학위를 가지고 있다. 한국의 경우에도 이공계 출신의 CEO가 점차 늘고 있지만, 이공계 인력에 대한 사회적 보상이 낮다는 인식은 사라지지 않고 있다. 정부 차원에서도 이공계 인력을 관료로 중용하여 이공계 인력이 낮은 대우를 받고 있다는 사회적 인식을 개선시킬 수 있는 방안들을 시행해야 할 것이다.

재교육을 통한 지속적인 경력 개발 기회를 부여하는 것도 이공계 우수 인력을 확보하는 좋은 방안이다. IMF 이후 고용안정성에 대한 조사 결과 비자발적 퇴직시 이공계 졸업생이 인문 사회계 졸업생에 비해 퇴출될 확률이 상대적으로 높은 것으로 나타났다. 이공계 출신이 관리직으로 승진하는 경우도 인문 사회계에 비해 상대적으로 적은 것으로 나타났다. 비자발적 퇴출이나 금전적인 보상하락, 관리자로의 승진 탈락 등의 직·간접적 원인은 급격히 변화하는 최근의 기술 환경에서 새로운 기술이나 지식을 습득하지 못하는 데 있다. 현실적으로 이공계 인력이 학위 과정 이후에 새로운 기술을 습득하는 것은 매우 어렵다. 정부 차원에서 이공계 인력에 대한 경력개발을 위한 재교육을 지원해야 하며 산학 연계를 통해 대학 내에 기업의 재교육 프로그램을 시행하는 것이 필요하다.

공공연구기관의 연구원 처우를 개선하라

현재 PBS 제도에 의해 정부출연연구소에 대한 인건비 지원율이 평균 35% 수준에 머물고 있다. 연구원들은 부족한 인건비 충당을 위하여 단기 외부수탁 프로젝트 수주에 집중하고 있다. 이에 따라 연구원당 평균 연간 3.2개(2004년) 정도의 과제들을 동시에 추진하는 것으로 나타나고 있다. 이러한 과도한 연구 수주 경쟁으로 인해 연구기관 간 상대평가에서 높은 고과를 받기 위해 협업이 필요한 경우에도 타 연구소가 아닌 값싼 외부 업체에 용역을 위탁하여 연구 부실화를 야기하고 있다. 무엇보다도 처우에 따른 연구원들의 직무에 대한 불만과 사기 저하는 출연연으로의 우수인력 유입을 저해하고 있다.

연구개발의 비효율성을 제거하자는 PBS 제도의 본래 취지를 살려 기존 인력의 이탈 방지 및 신규 우수 인력의 유입을 위해서는 연구비 수주에 대한 기본적인 경쟁 기능은 유지하되 출연연에 대한 정부의 인건비 출연 비중을 상향 조정할 필요가 있다. 또한 근본적인 임금 수준 인상이나 처우 개선을 통해 우수 인력을 계속 확보해야 한다. 폴란드에서는 2001년에 공공연구기관의 연구원봉급을 인상하여 연구 인력이 타 부문으로 빠져나가거나 외국으로 나가는 비율이 현저히 감소했다.

해외 전문 인력 유치를 위한 지원 강화

자국민의 취업을 보호할 목적으로 외국인 취업에 대해 시행중인 각종 규제를 완화하고 나아가 장학금 지원, 생활편의 제공, 세제지원 등의 지원체계를 마련하여 적극적으로 해외 혁신인력을 유치하는 것이 필요하다. 현재 해외 전문 인력 유치를 위해 체류기간을 연장해 주는 IT Card, Gold Card, Science Card 등의 제도를 실시하고 있으나 실적이 낮고 대부분 미숙련 근로자가 혜택을 누리는 등 실효성이 낮다.

선진국의 혁신인력 유입을 위한 정책 사례

금전적 유인책

중국은 세계 100위권 이내에 드는 유명 대학과 연구기관에서 대가(大家)급에 속하는 학자와 중견 연구인재 1000명을 데려와 중국 상위 100개 학과에 열 명씩 배치하겠다는 111계획을 발표했다. 이들에게 주택과 자동차 등 생활편의 시설과 소득세 감면 혜택, 파격적인 수준의 보수를 약속했다. 대가의 경우 1년에 1개월, 중견 연구 인력은 3개월 이상만 중국에 머무르면 이 모든 혜택을 누릴 수 있도록 했다. 일본 정부도 '제3기(2006~2010) 과학기술기본계획'을 내놓고 해외 고급 두뇌를 끌어들이는 데 본격적으로 나섰다. 특히 정책의 초점을 아시아 인재 유치에 맞추어서 '아시아 인재기금'을 설립해 학·석사 과정에 있는 아시아계 유학생 2,000명에게 월 20만~30만 엔의 장학금을 지원하기로 하고 내년에 60억 엔의 예산을 별도로 배정해 둔 상태다.

제도적 유인책(비자, 노동허가증 등)

미국은 전문기술직을 유입하기 위해 6년 기한의 임시 고용비자(H-1B)의 연간 발행 상한선을 증가시켰다. 독일의 경우 정보통신 분야의 약 7만 5,000명 인력부족 해소를 위해 2000년 7월부터 2만 명의 외국 인력에 대해 그린카드(노동허가증)를 발급해 주었다. 싱가포르는 전문직, 행정직, 경영 관리직종에 취업을 원하는 자 또는 사업가나 투자가 또는 숙련노동자나 기술자로 월 기본급여 2,000달러 이상인 경우 고용허가증(work permit)을 최초 2년까지 발급하고 추후 3년까지 갱신 가능하도록 했다.

출처 Global HR Forum, 2006, 한국경제신문, 2006

3_ 혁신 주체 간 인적 네트워크를 구축하라

혁신인력 편중 현상의 주요한 원인은 보상 격차다. 이 격차가 해소되지 않은 상태에서 인위적으로 인력이 몰리는 곳에서 부족한 곳으로 이동시키는 것은 완전한 해결책이 되지 못한다. 성과에 맞는 합리적인 평가체계에 따라 혁신인력이 가장 높은 성과를 산출할 수 있는 혁신 주체에 배치되도록 유도하는 것이 바람직하다. 따라서 구조적 문제에 의해 적절한 보상을 해주기 어려운 혁신 주체에 대해 정부가 인력의 교류를 통해 지식이 확산되는 네트워크를 구성해 주는 등의 간접적인 지원 수단은 국가적 차원에서 혁신인력의 활용도를 제고하기 위한 효과적인 방안이 될 수 있다.

국내 혁신 주체 간 인적 네트워크 구축

혁신 주체 간 인적 네트워크 구축을 통한 인력 교류 활성화 방안을 살펴보면 기업과 대학 간 인적 네트워크 구축, 중소기업의 박사급 인력 채용시 보조금 지급, 중간 조직을 통한 중소기업의 연구 인력 활용도 제고 방안이 있다.

우선 네트워크 구축을 통하여 기업과 대학 간 인력 교류를 활성화하는 방안은 다음과 같다.

첫째, 대학과 기업 간에 협력적 관계를 구축하는 것이 필요하다. 현재 이공계 인력의 경력 경로(career path)는 석·박사 취득 이후 대학교수로 가는 것이 선호되고 있다. 이러한 고착화된 상황을 해결하기 위해서는 대학은 기업의 연구 인력이 대학에서 연구를 수행할 수 있는 기회를 제공하고 기업체 근무 경력에 인센티브를 주는 것이 필요하다. 기업은 대학의 연구 인력이 기업의 프로젝트 수행시 자신의 연구 성과를 실무에 적용할 수 있는 기회를 마련해 줘야 한다.

대학이 이공계 교수를 채용하고 평가할 때 산업현장 경험에 대해 인
센티브를 주는 방법도 있다. 현재 전공학과 및 관련 분야의 직무 경력
은 30~70%만 인정되고 있는데, 70~100%까지 허용하도록 관련 규정을
개정하는 것이 필요하다. 미국의 경우 전문대학 교수의 자격요건으로
4,000시간(2년) 이상의 전공 관련 현장 경험을 요구하고 있다. 기업은 안
식년을 맞이한 교수가 기업 프로젝트에 참여하여 자신의 연구 분야에
서 획득한 지식을 활용할 수 있도록 기회를 적극적으로 제공해야 한다.

둘째, 기업은 대학(원)생이 산업 실무 경험을 쌓음으로써 기업 수요
에 적합한 인재로 성장할 수 있는 기회를 제공해야 한다. 대학 졸업
자에 대한 기업의 불만이 존재하고 있는 상황인데, 학·석사 과정을
통합하여 우수 이공계 학생이 기술개발과제 수행을 통해 석사학위를
취득하게 하거나 정부의 산학 공동연구개발 사업 추진시 대학 인력
을 우선적으로 참여하게 하고 연구수당을 지급하게 하는 등의 방안
을 통해 불만 요인을 제거할 수 있을 것이다.

셋째, 혁신인력을 중개하고 알선하는 인프라를 강화해야 한다. 이러한
중개 인프라는 대학을 졸업한 혁신인력이 기업, 출연연 등 적재적소에 배
치되는 것을 유도할 것이다. 한국산업기술진흥협회에서는 과학기술부의
과학기술진흥기금으로 RNDJOB.com이라는 전문취업사이트를 운영하
고 있는데, 이러한 시스템이 좀더 적극적으로 활용될 필요가 있다.

한편, 한국산업기술진흥협회 조사에 의하면 중소기업이 박사급 혁
신인력을 확보하고 대기업으로 이들이 이탈하는 것을 막는데 어려움
을 겪는 가장 큰 이유로 대기업만큼의 보상 제공이 어렵다는 점을 들
었다. 이러한 문제 해결을 위한 방안으로 정부의 중소기업 혁신인력
에 대한 보조금 지급을 들 수 있다. 중소기업청과 산업연구원 공동조

중소기업의 혁신인력 확보 지원을 위한 선진국의 정책 사례

프랑스 '연구인력 및 R&D 엔지니어 고용지원제도'를 통해 1988년부터 연구개발 능력이 있는 중소기업이 한 명 이상의 박사인력을 고용할 수 있도록 고용 첫 해에 기업에서 발생하는 비용의 50%, 최대 3만 500유로까지 지원하고 있다. 또한 기업의 응용연구 프로젝트에 박사과정 학생 신규채용지원제도(CIFRE convention)를 통해 박사과정 학생들의 기업진출을 지원하고 있다. 1981년부터 시행 중인 이 제도는 민간기업이 박사과정 학생을 고용하여 기업프로젝트를 수행하게 하면 정부는 해당 기업과 박사과정 학생에게 최대 3년간 1만 4,000유로를 지원하고 있다. 반응도 좋아서 매년 지원규모가 증가하여 1999년에는 800명 규모를 지원했으며, 학위를 마친 학생의 75%가 같은 기업에 남아 연구 활동을 지속하는 성과도 거두었다.

이탈리아 '공공연구소 연구할당과 중소기업 연구자 고용(Research Assignments to Public Research Laboratories & Employment of Researchers by SMEs)'을 통해 1998년부터 중소기업이 박사인력을 고용할 경우 법인세 감면 혜택을 주고 있다. 1개 기업에 대해 최대 4명까지 지원하고 있다.

독일 연구개발 인력에 대한 인건비 보조프로그램을 시행하고 있다. 독일연방 교육연구부(Federal Ministry of Education and Research, BMBF)는 중소기업이 추가로 고용하는 연구개발 인력에 대하여 인건비를 보조하고 있다. 독일의 이러한 프로그램은 중소기업이 우수인력을 확보하는 데에는 크게 기여한 것으로 나타났다.

벨기에 중소기업의 고급 연구개발(R&D) 인력 유입 및 산학 협동 촉진 등을 위해 '중소기업(SMEs) 연구자 고용' 정책을 시행하고 있다. 1998년부터 시행 중인 이 사업은 중소기업이 박사학위 소지자를 고용할 경우 세금 감면 혜택을 제공한다.

출처 21세기 과학기술인력강국실현–핵심 과제와 정책방안, STEPI, 조현대 외 2명, 2003

독일 산업계의 산업연구협회연합회 사례
– 중간조직을 활용한 혁신인력의 활용도 제고

산업연구협회연합회(AIF)는 독일의 산학연 협력을 위한 자율적인 연구 기획 및 실행 조직이다. 1954년 설립되어 현재 세계 최대 규모의 멤버십을 가지고 있는 R&D 협회다. AIF는 중소기업들의 연합체로서 민간이 자율적으로 운영하면서도 내부 집행 조직에는 산학연의 전문가와 기관들이 광범위하게 공동 참여하는 매우 협동적인 운영체제다. 기업이 연구과제 니즈를 탐색하여 기획하면 공공 부문에서 이를 연구하는 시스템이다.

협회 내에 회원기업들이 공동연구를 수행할 수 있는 연구소 조직을 가지고 있다. 연구 수행기능을 내부화시켜 보유하는 방식은 산업계 중간 조직이 단순한 중개 기능만 수행하는 경우보다 훨씬 더 회원기업들을 결집시키는데 유효할 수 있으며 산학연 협력을 활성화시키는 데 효과적인 구조가 된다. 이로 인해 중소기업의 연구 인력에 대한 수요를 자극하고 협회 안에서 연구 인력의 교류가 활발하게 일어날 수 있다. 또한 중요한 특징으로 AIF는 산업계 조직이면서도 연방정부의 중소기업 지원의 정부 연구개발 사업의 집행을 위임 받은 대리인 기능도 수행한다.

출처 국가기술혁신시스템의 창조성과 협동성 발전연구, STEPI, 김갑수 외

사에 의하면 중소기업의 52%(61.2% 복수응답)는 대기업의 전문기술 인력에 대해 활용할 의사가 있는 것으로 나타났다.

현실적으로 중소기업은 내부 자원이 부족하기 때문에 개별적으로 혁신인력이 충분한 연구활동을 할 수 있는 연구 기반을 만드는 것이 어렵다. 이를 해결하기 위한 방안으로 중소기업, 대학, 출연연이 연계하는 연구 네트워크(중간 조직을 활용한 연구 네트워크)를 생각해 볼 수 있다. 이러한 네트워크 형성을 위해서는 공동연구 과제의 탐색과 기획 과정을 주도하고 동시에 협동 연구활동도 수행하는 중간 조직을

구성하는 것이 필요하다. 중소기업의 수요를 적극적으로 반영하여 공동연구를 기획하고 수행하는 중간 조직 역할을 통해 연구에 적합한 환경을 조성함으로써 혁신인력의 활용도를 제고할 수 있을 것이다.

해외 부문과의 네트워크 구축

다음으로 해외 부문과의 인적 네트워크 구축을 통한 인력 활용도 제고 방안이 필요하다. 학문과 기술의 글로벌화에 따라 높은 보상 수준과 좀더 나은 연구 환경이 있는 국가로의 혁신인력의 이동이 빈번히 발생하고 있다. 국내의 연구 환경과 해외 혁신인력에 대한 보상 수준이 근본적으로 개선되지 않는 한 혁신인력을 국내로 유입하는 것은 어려운 실정이다. 따라서 해외 부문과의 네트워크를 구축해 기술과 정보를 공유함으로써 마치 해외 혁신인력을 국내에 유입하는 것과 같은 효과를 거두기 위한 전략이 필요하다.

현재 한국에서는 2000년 과학기술부의 지원 아래 2,900여 명의 회원으로 시작한 '한민족 과학기술자 네트워크(KOSEN)'가 해외 부문과의 네트워크 구축의 선구적 사례로 꼽힌다. KOSEN을 통하여 해외에 진출한 혁신인력과 국내인력 간에 연구 정보를 공유하고 있다. 게시판을 통하여 해외 혁신인력은 자국의 연구개발 사업 평가에 참여하고 국내 혁신인력은 해외 공동 연구를 위한 파트너를 찾는다. 향후 한국의 혁신역량 제고를 위해 해외 인력이 가지고 있는 지식과 기술이 더욱 요구되므로 보다 많은 혁신인력을 포함시키는 광범위한 네트워크 구축과 국내외 혁신인력의 정보를 데이터베이스화한 혁신인력 지도 작성 등의 네트워크 강화 방안이 필요하다.

해외의 인력 네트워크 사례

중국의 뱀부네트워크

뱀부(Bamboo)네트워크는 전세계 화상(華商) 인적 네트워크 시스템이다. 이 네트워크 시스템은 9가지 분야로 구성돼 있다. 네트워크의 개요를 소개하는 '세계화상네트워크', 세계 각지 화상(華商)의 연락처가 등록되어 있는 '상회자료(商會資料)', 200여 상업단체의 명세서인 '상단자료(商團資料)', 이 네트워크의 핵심이라고 할 수 있는 15개국 3만여 상호의 데이터베이스가 수록된 '상호자료(商號資料)', 수출입 관련정보를 제공하는 '상무기회(商務機會)', 판촉활동을 전개할 수 있는 '상업광고(商業廣告)', 각 기구의 인사근황 및 직원모집 등에 대한 정보를 얻을 수 있는 '대사동태(大事動態)', 세계 각지의 최신 상업뉴스를 이용자에게 전달하는 '최신동향(最新動向)' 등이 있다.

인력 네트워크 구축 측면에서 보면 뱀부네트워크가 해외에 직접 R&D 센터를 설립하여 외국에서 공부하고 실무 경력이 있는 중국인을 R&D 센터에 취업시켜 그들의 지식과 기술이 본국과 공유되도록 한다. 미국에 설치한 중미반도체전문가협회(The Chinese-American Semiconductor Professionals Association)가 그 예다.

스코틀랜드의 글로벌 스콧(GlobalScot)

글로벌 스콧은 세계 각국의 기업과 연구소에서 핵심적인 업무를 담당하고 있는 스코틀랜드인들이 해외에 진출한 자국 기업을 돕기 위해 결성한 단체다. 900여 명의 회원이 사업자문, 시장정보 제공, 멘토링 등의 서비스를 제공한다. 서비스는 무료로 제공되며 글래스고에 위치한 글로벌 스콧 본부에서 회원과 서비스 의뢰인을 연계시키는 역할을 수행한다. 글로벌 스콧 회원들은 전기전자, 생명공학, 금융서비스에서부터 비즈니스 서비스와 관광 분야에 이르기까지 다양한 분야에 종사하고 있다. 대부분 해당 업계에서 핵심 업무를 담당하거나 개인 회사를 운영하고 있다. 회원들이 주로 활동하는 국가는 미국 유럽, 중동, 아시아 등지다.

출처 중화네트워크와 기술혁신의 블럭화, STEPI, Globalscot 홈페이지

07

적극적 역할 변화가 공공 정책을 성공으로 이끈다

앞에서 살펴본 바와 같이 공공 정책의 혁신 지원 기능은 충분하지 못하다. 이에 대해 많은 사람들이 공공기관 인력의 전문성 부족과 정부 부처 간 협력 부족 등 정부 자체의 역량 제고의 필요성을 제시하고 있다. 그러나 공공 부문의 역량 제고만이 공공 정책의 혁신 지원 활성화를 위한 필요충분조건인가 하는 점이다. 공공 기관의 혁신 역량 제고 외에 공공 정책이 기업 혁신을 촉진하기 위해 추가적으로 해결해야 하는 이슈가 무엇이며, 어떤 해결 방안이 있는지 살펴보도록 하자.

1_ 공공 정책의 효과가 낮은 이유

공공 정책이 기업 혁신을 충분히 지원하지 못하는 원인은 다음 세 가지로 파악할 수 있다.

- 정부 주도의 (혁신) 정책 기획 및 추진
- 공공 정책의 경제 · 사회적 목표 조율의 어려움
- 공공 부문의 역량 부족

도출된 세 가지 원인 중에서 공공 부문의 역량 부족 문제를 제외하고,[21] 나머지 두 가지 문제점에 대해 살펴보기로 한다.

공공 정책이 기업 혁신 지원을 충분히 하지 못하는 주요 원인

정부 역할	핵심 이슈	핵심 원인
산업정책기술 로드맵 수립	· 산업 이슈의 복잡 다양화 등으로 정책의 효율성이 저하되고 있음	· 정부 주도의 혁신정책 기획과 추진 · 공공 부문의 역량 부족
개별 공공정책의 기업 혁신 촉진 기능	· 공공 정책의 경제사회적 목표 상충	· 경제 · 사회적 목표 조율의 어려움
	· 정책 방향성이 산업 수요를 미 반영	· 공공 부문의 역량 부족 · 정부 주도의 혁신정책 기획과 추진
	· 정부 부처 간 협력 미흡	· 공공 부문의 역량 부족
	· 정부 인력의 전문성 미흡	· 공공 부문의 역량 부족
인프라를 통한 자원 지원	· 정부의 Risk capitalist 기능 수행부진	· 공공 부문의 역량 부족
	· 정책의 혁신인력 수요 반영 미흡	· 경제 · 사회적 목표 조율의 어려움
	· 혁신에 필요한 기초기술 제공 미흡	· 공공 부문의 역량 부족
직접 보조금 지원	· 직접 보조금 지원을 대체할 충분한 간접적 지원 방안을 제공하지 못함	· 공공 부문의 역량 부족 · 정부 주도의 혁신정책 기획과 추진

출처 IBM 분석

---

[21] 공공 부문 역량 개선과 관련해서는 기존에 많은 분석이 이루어졌고, 여러 문제에 공통적인 사안이므로, 본 보고서에서는 나머지 두 가지 문제에 대한 개선 방안에 초점을 두고자 한다.

'정부 주도의 혁신 정책 기획 및 추진'으로 인한 문제점

정부 주도의 정책 기획의 효과가 낮아지는 요인으로는 주로 산업 이슈와 기술의 복잡, 다양화로 인해 미래에 대한 예측이 과거보다 현저히 어려워지고 있는 점 등을 꼽을 수 있다. 공공 부문 인력의 전문성을 강화하는 것은 정부 주도 정책기획의 효율성을 어느 정도 제고할 수 있는 방법이다. 하지만 정부보다 비즈니스 현실에 좀더 가까이 있는 기업의 시장 분석 및 예측, 사업 기획, 기술 개발 역량이 급격히 향상되고 있는 상황을 감안할 때 국가 혁신 방향성 정립, 기술 로드맵 수립, 세부 공공 정책의 기획 등에서 민간의 참여와 권한을 확대해야 할 필요성이 제기되고 있다.

최근 정부는 산업정책 수립과 기술 로드맵 작성 등에서 정부의 역할 중 상당 부분을 민간에 위임하는 급진적인 변화를 추구하기보다는 민간의 참여를 독려하는 협력형 역할 정립을 추진해 왔다. 그러나 이러한 역할을 해야 할 협의회가 정부가 당초 목표했던 수준의 민관 협력을 이루었다고 보기는 어려우며 아직까지는 정부 정책의 전달 기관 역할을 주로 해왔다. 즉 정책의 입안 등에 있어 민간의 참여는 형식적이었으며 민간의 참여를 통한 정책의 기업 혁신 지원 활성화는 이루어지지 않고 있다.

경제·사회적 목표 조율의 어려움

규제, 교육, 혁신클러스터 같은 정책들은 서로 상충하는 두 가지 목표를 동시에 추구하는 과정에서 정책 조율의 어려움을 겪고 있다. 이런 점이 기업 혁신 지원에 추가적인 장애 요인으로 작용한다.

예를 들어 규제는 단순히 경제 측면의 효과와 비용에 대한 고려 외에 각 이해관계자(대통령, 국회, 대기업, 중소기업, 시민단체, 반기업 정서를 가진 국민들, 해외 자본, 정부 해당 부처 및 지방자치단체 등)의 이익이 서로 일치되어야만 효과적으로 개혁 정책이 입안되고 집행될 수 있다.

공교육은 모두에게 동일한 소양을 갖추도록 해주는 교육과 각자의 서로 다른 역량과 재능을 살리는 차별화된 교육으로 구성되어 있다. 그러나 한국의 공교육은 사회적 지위 획득을 준비하는 것쯤으로 인식되어 버리면서 획일화되고 입시 위주로 변질되고 있다. 게다가 한국의 특수한 사회적 특성으로 인해 정책 초점이 산업에서 요구하는 창의력, 문제 해결능력 및 전문성을 가진 인재 양성보다는 사회적 측면에서 국민들의 평준화 교육에 대한 욕구 충족에 초점을 맞추고 있다. 이로 인해 기업 혁신에 필요한 인력 제공 측면이 상대적으로 소홀하게 되었다. 혁신클러스터의 경우에도 정치적 이해관계에 많이 좌우되어 경제적인 문제가 등한시 되는 경우도 있다.

2_ 기획·실행 과정의 조력자로 거듭나는 정부

핀란드 등 선진국들은 산업정책을 효과적으로 기획하기 위해 민간에 상당 부분 권한을 위임하고 정부는 조력자 기능을 수행하고 있다. 한국과 비슷한 국가주도형 경제를 채택해 왔던 프랑스도 베파보고서를 통해 민간 참여의 확대와 정부의 지원자적 역할 수행을 강조했다.

한국의 경우도 산업 발전 전략, 기술 로드맵 작성 등에 전문성을 확보하고 있는 기업 부문의 적극적인 주도가 필요하다고 판단된다. 특히 현재처럼 기술 진화와 시장의 발전 방향의 예측이 점점 더 어려

프랑스에서의 정부 역할 변화 사례– 베파보고서

프랑스는 정부가 경제 분야에 적극적으로 개입하는 대표적 국가였다. 미국과 영국 등 시장 메커니즘을 중시하는 앵글로 섹슨계 국가와는 달리 프랑스는 정부 주도의 시장 규제나 산업정책을 통해 경제를 성장시켜 왔다.

그러나 경제 침체가 지속되면서 정부 역할 변화의 필요성이 커졌다. 2003년에는 1993년 이후 처음으로 없어진 일자리 수가 창출된 일자리 수보다 많아져 취업자 수가 감소했다. 2004년 3/4 분기에는 경제성장 정체, 기업투자 감소 등의 현상이 잇따라 나타나면서 무역수지 적자도 최고조에 달했다. 이러한 와중에 프랑스 최고의 알루미늄 제조업체인 페시니(Pechiney)가 캐나다로 넘어가는 등 국가 경제에 대한 위기감이 점차 고조되고 있었다.

결국 2004년 9월 프랑스의 시라크 대통령은 이와 같은 위기를 타개하기 위한 해결책으로서 정부의 역할변화를 모색하게 되었다. 프랑스의 대표적 기업인 생 고뱅 그룹의 총수 베파에게 새로운 산업정책과 정부의 역할에 대한 연구를 의뢰하게 되었다.

이 연구는 베파보고서라는 이름으로 작성되어 시라크 프랑스 대통령의 신년담화문에서 발표되었다. 베파보고서에서는 1970년대와 같은 정부 주도의 산업정책 수립이 아닌 민간의 창의성을 최대한 지원하는 중도적인 접근을 시도했다. 정부와 민간의 역할에 대해 다음과 같이 제안했다.

정부는 이미 다국적 기업으로 성장한 대기업의 R&D 조달에 참여하여 이들의 위험을 줄여줘 이들이 좀더 쉽게 대담한 기술 개발 프로젝트에 참여할 수 있도록 독려한다. 민간은 새로운 시장에 대한 발전 전략을 주도한다. 즉 민간 대기업 주도로 공공연구소와 중소기업이 참여하여 발전 전략을 기획한다.

워지는 환경은 이러한 주장의 설득력을 높이고 있다.

정부는 민간이 수립한 발전 전략 등에 부합하는 재정적, 제도적 지원을 수행하는 조력자로서의 역할과 함께 민간 주도로 수립된 발전전략 등이 특정 기업의 이익이 아닌 경제계 전체에 파급효과를 갖도록 조정하는 기능을 수행할 필요가 있다.

참여 부족으로 문제 드러낸 차세대 성장 동력 사업

정부의 역할이 조력자로 전환되더라도 구체적으로 어떤 권한이 민간에 이양되어야 하는지는 좀더 많은 고찰이 필요하다. 정부와 민간의 역할 배분의 이슈와 개선 과제를 세부적으로 파악하기 위해 국내 '차세대 성장 동력 사업'의 선정 및 사업계획서 수립 과정과 독일의 푸투어 프로세스(Futur Process) 사례를 비교해 보자.

정부는 세계 경제의 불확실성이 증가하고 성장잠재력이 감소하는 상황에서 5~10년 후 캐시카우(cash cow)로서 일자리 창출을 선도할 수 있는 부가가치가 큰 산업에 국가역량을 집중하고자 차세대 성장 동력사업을 추진하게 됐다. 10대 차세대 성장 동력 산업은 과학기술부, 산업자원부, 정보통신부 등 9개 부처가 선정했다. 이를 통해 기술혁신 주도형으로 경제체제를 전환하고 민간과 정부 간 전략적 협조체제 구축 및 효율적이고 체계적인 정부지원체제 구축을 통해 한국 경제성장을 견인해 국민소득 2만 달러 시대 도래를 앞당기고자하는 정책의지를 담고 있다. 10대 차세대 성장 동력 산업으로 선정된 분야는 디지털TV · 방송, 차세대 이동통신, 디스플레이, 지능형 홈 네트워크, 지능형 로봇, 디지털 콘텐츠 · SW솔루션, 미래형 자동차,

차세대 전지, 차세대 반도체, 바이오 신약·장기 등이다.

차세대 성장 동력 사업은 2003년 5월부터 7월까지 약 3개월 동안 태스크포스팀(TFT) 형태로 정책 기획이 이루어졌다. 미래전략기술위원회는 10대 산업의 1차 기획 및 선정 작업을 수행했는데, 미래전략기술위원회의 정부 12개 부처 담당자와 민간전문가 12명이 사업의 실질적인 내용을 기획했다. 또한 민간자문회의, 분과위원회, 실무위원회는 10대 사업의 최종 선정과 선정 이후의 심의, 평가를 수행했고 실무 위원회에서는 세부 계획 수립과 진행 사항을 평가했다.

차세대 성장 동력 사업 선정 과정

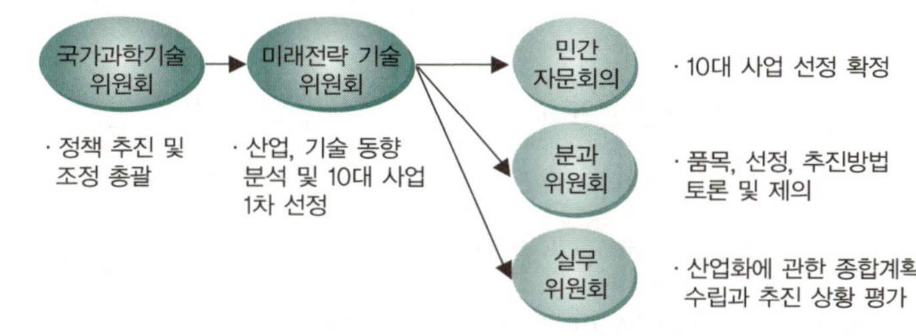

출처 과학기술정책, 함께 준비하는 미래, STEPI, 서지영

차세대 성장 동력 사업 기획 과정은 아젠다 선정(Agenda shaping), 사업대안 검토, 최종 사업 선정, 사업 세부 실행계획수립 등 4단계로 요약할 수 있다. 전체적으로 세 가지 문제점이 발견되었다.

첫째, 사업 기획이 3개월이라는 매우 짧은 시간에 이루어져 전반적으로 정교한 사업 기획에 필요한 시간이 부족했다. 대부분의 시간이 개별 사업의 선정에 집중되었다. 독일의 푸투어 프로세스의 경우 총 2년의 기간 동안 진행됐다.

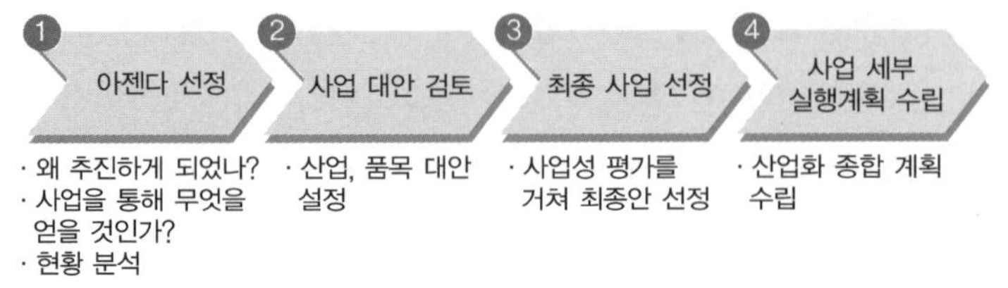

둘째, 사업 추진에 필요한 다방면의 기술, 산업 전문가와 이해 관계자의 참여가 부족했고, 소수의 전문가 중심으로 진행됐다.

셋째, 국민과의 커뮤니케이션 채널을 통한 이해와 관심을 유도하고, 국민들의 요구를 파악하여 정책에 반영하는 부분이 미흡했다.

개별 진행 단계별로도 여러 이슈들이 발견되었다. 먼저, 아젠다 선정 단계에서는 차세대 성장 동력 사업을 왜 추진하게 되었는가 하는 문제제기, 차세대 사업의 추진을 통해 한국 경제의 어떤 문제를 어떻게 해결하고 국가 경제에 어떠한 기여를 할 수 있는가 하는 사업목표, 한국의 산업별 경쟁력과 해외동향 미래기술과 산업의 트렌드 등 현황 분석에 대한 검토 과정이 거의 없이 바로 사업 대안의 검토 및 선정, 사업 추진 세부 기획 과정으로 들어갔다. 이는 최종적으로 선정되는 차세대 사업들이 실제로 차세대 사업 추진 목적에 가장 부합하는 방안인지에 대한 의문을 유발하게 된다.

사업 대안 검토, 최종 사업 선정, 사업실행 계획 수립 단계에서는 사업과 관련된 전문가와 기업 등 실질 이해관계자와의 활발한 의견교환이 부족했다. 이로 인해 실제 기획된 사업이 현실화 될 때 이해관계자들의 적극적인 참여가 미흡해 사업의 효과적 전개에 장애가 발생할 가능성이 상존하게 되었다. 산업 활성화에 참여해야 할 산업 부문의 관심 부족이나 최종 상품화 된 이후 수요자의 구매 관심 저하 등이 우려되고 있다.

수요자 중심의 독일 푸투어 프로세스

한국과 비교하여 독일 푸투어 프로세스(Futur Process)는 많은 차이점을 보이고 있다. 푸투어 프로세스는 독일 연방교육연구부가 실시한 미래 예측 프로그램을 말한다. 미래 독일을 이끌어갈 과학기술 분야를 선정하기 위한 사업으로 1999년 시범 시행된 후 2001년부터 본격적으로 시작했다. 이 프로그램의 가장 큰 특징은 수요자 중심의 연구개발 정책 과정을 이끌어냈다는 것이다. 정책의 기업혁신 촉진이라는 측면에서 주목되는 특성은 다음과 같다.

정책 기획 전 과정에서 민간 참여 활성화와 정부 부문의 지원

독일 혁신정책의 기본 방향은 기술혁신이 원활히 일어나도록 사회 전반적인 시스템을 갖추는 것이다. 이러한 시스템은 수요자 중심의 연구개발 정책을 가능하게 한다. 2001년도에 본격적으로 시행한 푸투어 프로세스도 연방교육연구부가 실시했지만 정책 기획과정에서 민간 참여를 통해 사회 니즈를 반영했다.

　푸투어 프로세스의 정책기획 결정 과정을 살펴보면, 다수의 전문가와 시민이 참여하는 포커스그룹(토론그룹)이 선도비전(Lead vision)을 선정하고 혁신자문위원회(Innovationbeirat)의 자문과 각 부처별 전문위원(Fachreferat)의 검토를 거쳐 최종 선도비전이 결정된다. 민간 의

사가 적극적으로 반영된 정책이 수립된 후 연구개발 단계가 진행되는데, 2003년도 제2차 푸투어 프로세스에서는 '바이오닉 하우스'와 '수요 중심의 소비재와 협력적 고객통합을 통한 혁신', 그리고 '건강한 식생활'이 선정되었다.

폭넓은 전문가 풀 확보를 통한 민간 참여 활성화 및 전문성 강화

기획과정에 참여하는 전문가는 컨소시엄이 전문가 풀을 구성하여 선정하게 된다. 1,300여 명으로 구성된 전문가 풀에는 과학자는 물론 환경, 노동, 문화 등 다방면의 전문가들이 참여하고 있다. 이들의 학문적 업적, 전문지식, 명성뿐 아니라 사회문제에 대한 관심이 선정의 중요한 기준이 되고 있다. 또한 '전문가'의 범위에 기업 등에서 많은 경험을 쌓은 사람들도 포함된다. 시민들은 직접 신청을 통해 참여할 수 있는데, 컨소시엄은 사회 각 분야 시민이 포함될 수 있도록 선발한다. 독일은 정책 수립시 광범위한 분야의 전문가와 시민의 참여로 사회전반의 이해를 이끌어낼 수 있었다.

전문가 역할 분화를 통한 전문성 강화

푸투어 프로세스에서 전문가 활동은 크게 세 가지 차원으로 나뉜다. 우선 포커스그룹 참여 전문가들은 사회 각 분야의 대표자격으로 미래의 모습에 대해 대중과 대화하고 일반적인 지식과 정보를 제공함으로써 '어떤 과학기술을 원하는가'의 문제를 구체화시킨다. 다음으로 특정 분야 전문가가 전문지식을 활용하여 '무엇을 어떻게 실현할 수 있는가'에 대한 문제를 다룬다. 마지막으로 이러한 전문 지식이 어느 부분에 투입되어 활용되는지 평가하는 전문가 그룹과 포커스

그룹 토론에 정보를 제공하는 전문가 그룹이 있다. 이와 같이 전문가 역할 분화를 통한 전문지식의 활용은 차세대 성장 동력 사업에서 전문가의 활용이 사업 선정에만 한정된 한국과는 사뭇 대조적이다.

푸투어 프로세스에서는 경제 분야 전문가 집단 등 민간 부문이 비전 수립(Visioning) 등 기획 초기 단계부터 적극 참여하고 있다. 정부 부문은 초기 기획된 아이디어를 추가 검토하여 확정하며 수행하는 역할에 집중하고 있다. 정부는 폭넓은 전문가 풀 확보와 전문가 역할 분화 등을 통해 전체 기획 및 선정 과정 등을 적절히 조정하는 기능을 수행한다.

아울러 정책의 이해관계자가 될 수 있는 각 집단(기업, 소비자 단체 등)의 의견을 초기 단계부터 지속적으로 반영함으로써 정책의 실패 가능성을 줄인 것 역시 한국이 주목해야 할 대목이다.

정부와 민간의 역할 재정립

한국 차세대 성장 동력 사업에서 도출된 이슈와 독일 푸투어 프로세스의 사례에서 발견한 시사점을 토대로 정부 주도의 혁신 기획상의 문제를 정부와 민간의 역할재정립 측면에서 제언하고자 한다.

민간 부문 : 비전 수립 및 기획 과정의 민간 역할 강화와 참여 폭 확대

국가의 중장기적인 미래를 내다보는 정책을 기획하려면 첫째, 정책 또는 사업의 추진 목적과 추진 의제를 정의하고, 둘째, 사업 추진의 주요 문제(key question)에 대한 명쾌한 답을 제시할 수 있도록 핵심 이슈를 명확히 정의하는 과정이 선행되어야 한다. 차세대 성장 동력 사업의 사례처럼 특정 부서의 소수 담당자·전문가 주도 하에 극히 짧은 시간에 끝내기보다는 이러한 사업의 추진을 위한 비전 수립과 기획에 필요한 역량과 관련 지식을 가지고 있는 민간(기업, 대학, 연구소 등) 부문의 주도로 진행되는 것이 타당하다.

비전 수립과 현황 분석 과정을 통해 밝혀진 이슈와 미션을 기반으로 민간 전문가들은 세부 사업 또는 정책 기획안을 만드는 작업을 주도해야 한다. 차세대사업의 경우, 사업 아이디어 개진, 사업성 평가, 선정 등의 작업을 주도해야 한다. 이 과정에서 무엇보다 중요한 것은 각 사업 및 세부 정책의 선정과 사업성 평가에 필요한 역량을 가진 민간 전문가 그룹의 적극적 참여를 통해 사업 기획의 정교함을 높이는 것이다.

정부 부문 : 최종 의사 결정권과 공보 기능, 인재 풀 확대에 초점
정부는 최종 시행 사업 등의 세부 정책을 최종 선정하고, 각 정책의 세부 추진 계획을 수립하는 과정에서는 특정 기업, 특정 집단의 이익이 반영되기보다 국가 전체의 이익이 반영될 수 있도록 해야 한다. 이를 위해 정부에 소속된 전문가가 객관적인 시각으로 구체화하고 최종적인 결정을 내릴 수 있도록 적극적인 참여가 필요하다.

정책의 초기 기획 단계부터 각 집단의 공감대를 형성할 수 있도록 정부의 사업 공보기능이 강화되어야 한다. 이를 통해 특정 이익 집단의 반발을 최소화하고, 산업의 적극적인 참여를 유도할 수 있다.

정부는 국가 경제의 청사진을 제시하는데 필요한 핵심적인 인재 풀을 확대하고, 그들의 역량을 제고할 수 있도록 대안을 마련할 필요가 있다. 민간의 참여 폭이 확대된 상황에서 전문적인 역량을 가진

민간 전문가 풀을 확보해야만 전문성 있는 기획 과정이 진행될 수 있다. 또한 이들의 전문적인 견해를 객관적이고 깊이 있게 판단하여 최종 의사 결정을 내리기 위해 민간 부문 못지않는 전문적 식견을 가진 인재들이 공공 부문에도 필요하다.

3_ 목표가 상충될 때는 이해관계자 조율을 강화하라

규제, 교육, 혁신클러스터 정책과 같이 경제적 목표와 사회적 목표가 상충하는 경우 정부는 다양한 이해관계자의 요구와 의견을 효과적으로 조율해 나갈 필요가 있다.

국내 혁신클러스터 정책의 경우 발견된 이슈는 정부 주도의 정책 기획·추진과 시장 요구 반영 미흡, 정부 부처 간 협력과 실행 메커니즘 미흡, 지방자치단체의 추진 역량 결여 등 세 가지로 요약된다. 이 중 뒤의 두 가지 이슈는 공공 부문의 역량과 관련된 문제로서 논의에서 제외하면 결국 정부가 시장 수요를 고려하지 않은 채 정책기획·추진을 주도하는 것이 혁신클러스터 정책과 관련된 주요 문제점이라고 볼 수 있다. 그 동안의 혁신클러스터 정책은 프로젝트 유형, 혁신창출의 기여 정도와 같은 경제적 요소보다는 지역 안배 등 정치적 이해관계에 많이 좌우되는 측면이 있었다. 사회적 목표가 중시되는 과정에서 한정된 자원을 불필요하게 많은 분야에 투자하게 되고, 과다지정과 같은 폐해도 나타나 개별 사업의 성공 가능성이 저해되는 등 효과가 감소되었다.

이러한 유형의 문제에 대한 해결방안으로 제시될 수 있는 것이 바로 덴마크의 혁신클러스터 정책인 DK21 사례다. DK21은 경제적 목표를 효과적으로 달성하기 위해 민간에 기획 권한을 위임하고 사회적 목표 달성을 위해 기업, 일반 시민 등 이해관계자를 초기부터 적극적으로 참여시킴으로써 혁신클러스터를 발전시킨 좋은 본보기다. DK21에 나타난 시민 참여 모델에서는 각 정책과 관련된 전문 지식을 보유하고 있는 산업, 학계 전문가, 전문 컨설팅 그룹 등의 주도로 현실성 있고 체계적인 정책이 기획되었다. 시민 사회 등 다양한 이해관계자의 의견이 아젠다 선정(agenda shaping) 등 기획 초기 단계부터 지속적으로 반영되어 정책의 사회적 기능을 충족시킨 바 있다. 한국에서도 경제, 사회적 목표를 효과적으로 조율하기 위해 덴마크 사례를 참고할 필요가 있다.

덴마크의 시민 참여 모델

덴마크 정부가 수립한 DK21 정책(혁신클러스터 정책)은 사회복지와 국가경쟁력을 하나로 통합하고자 구상되었다. 지식과 경쟁, 정책 형성과정에서 글로벌한 관점을 적용하고 민간으로의 기능 위임, 시장기능의 활성화, 합리적인 규제와 기업의 사회적 책임 부여를 주요 특징으로 하고 있다. 정부는 보조금 지급과 같은 직접적인 지원에서 탈피하여 혁신네트워크를 통하여 산업을 간접적으로 지원하는 정책으로 전환했다.

DK21 정책수립 과정은 경제적 목표와 사회적 목표를 달성하는 효과적 방법을 제시해 준다. 정부는 프로젝트 전반의 과정을 진행 감독하는 기능과 최종적인 사업을 선정하고 예산을 배정하는 등의 과정에만 집중한다.

사업의 기획은 민간 컨설팅 기업 주도로 정책자문단의 조언을 수용하여 작성된다. 이를 통해 정책(사업) 기획의 전문성이 확보된다. 아울러 정책의 기획 과정에서는 정책과 이해관계가 있는 기업집단이나 시민단체 등과의 사전 조율을 적극 추진하게 된다.

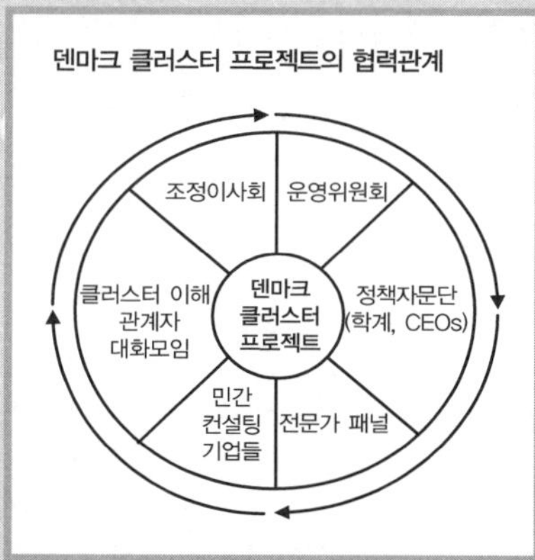

사회 각계의 전문가로 구성된 운영위원회와 이해관계자들이 참여하는 지속적인 세미나 등을 통해 정책의 현실성과 효율성을 제고하도록 하고 있다. 다양한 정책조언 경로들은 혁신 활동의 장애요인과 기회요인을 구분할 수 있는 효과적인 방법이 될 뿐 아니라, 사회의 필요한 요구를 적재적소에서 부응하게 하는 효과적인 수단이 되기도 한다.

출처 유럽강소국의 클러스터 전략, 연구개발정책연구부, STEPI, 한동우

08

혁신 한국의 체계를 재정립하라

본 장에서는 국가혁신체계와 이를 추진하기 위한 조직 측면에서 개선 방안을 제시하고자 한다. 국가혁신체계는 국가혁신에 관련된 모든 주체(기업, 대학, 정부 등)와 이들의 활동 메커니즘이라고 보면 된다. 국가혁신 추진조직은 국가혁신체계라는 하나의 메커니즘을 효과적으로 움직이고 통제하기 위한 국가 차원의 조직이라고 보면 된다.

사실 본 보고서는 국가혁신체계에서의 문제점을 기술하고 개선방안을 제시했다고 봐도 무방하다. 다만 본 장에서는 앞에서 언급된 모든 것을 염두에 두고 체계와 조직이라는 관점에서 문제점과 개선 방안을 제시하고자 한다.

1 _ 국가혁신체계를 점검하라

국가혁신체계(National Innovation System, NIS)는 크게 금융기관, 교육기관, 정부 출연연구소 등의 혁신 인프라, 기업 그리고 이들의 활동을 지원하는 정부로 구성된다. 이들의 혁신활동과 원활한 상호작용에 따라 국가혁신 성과가 결정된다.

정부는 국가혁신체계 내에서 산업 방향성 수립과 정책 수단을 통한 혁신인프라 구축, 기업 성장을 위한 직·간접적인 지원을 하고 있다. 기업은 국가혁신체계에서 가장 중요한 주체로서 기술 개발, 혁신적인 제품생산 등 혁신활동을 통해 부가가치를 창출함으로써 국가의 경제성장을 이끈다. 공공 연구기관은 민간이 투자하기 힘든 기초, 첨단, 공공기술 연구를 담당하고 교육기관은 혁신활동에 필요한 인력을 공급하며 기초연구를 수행한다. 금융기관은 혁신에 필요한 위험

국가혁신체계

자본을 공급함으로써 기업의 성장을 지원한다.

국가혁신 성과를 극대화하기 위한 국가혁신체계 내에서의 혁신 주체들 간 협력도 중요하지만, 체계 전체적인 측면에서 해외 부문과의 상호연계도 중요하다.

각개약진형 전략을 버려라

현재의 한국 국가혁신체계는 과거 요소주도형 고도 성장기에서부터 형성되어 1980년대와 1990년대 초에 완성되었다.[22] 이러한 한국 국가혁신체계의 주요한 특성은 모방형 전략이고, 혁신 주체 간 협업이 부족한 각개약진형이라고 할 수 있다.[23] 이를 극복하고 혁신형 체제로 나아가기 위해서는 몇 가지 해결해야 할 문제가 있다.

첫째, 국가혁신과 관련된 부처 간 협력이 미흡하여 혁신 정책의 수립과 실행 과정에서 상당한 진통이 따른다. 최근 차세대 성장 동력 추진 과정에서 나타난 과학기술부, 산업자원부, 정보통신부 간의 경쟁으로 인한 의견 조율 진통이 그 예다. 최근 혁신 정책의 범위가 확대됨에 따라 과학기술부 외에도 산업자원부, 정보통신부 등 혁신과

---

[22] 요소주도형과 혁신주도형 경제 : 저명한 경영전략가 마이클 포터(Michael E.Porter)에 따르면 국가의 경제발전 단계를 1단계 요소주도(Factor-Driven)부터 2단계 투자주도(Investment-Driven), 3단계 혁신주도(Innovation-Driven), 4단계 부의 주도(Wealth-Driven)로 나눌 수 있다. 요소주도형 경제에서는 자본노동 등 생산요소의 확대에 의해 성장이 좌우된다. 혁신주도형 경제에서는 긴밀한 산업연관, 제품차별화, 기술혁신 및 창의적 인력양성 등에 의해 성장이 좌우된다고 했다.
[23] 모방형, 각개약진형이란? : 모방형이나 각개약진은 외국의 원천기술과 핵심부품 소재 도입을 통한 조립, 생산 위주의 산업이 중심이 된다. 외부 조직과의 네트워크가 발전되지 않은 내부 완결형의 기술혁신을 추구한다. 산학연, 해외 부문과의 협력 네트워크가 취약하며 각 혁신 주체가 개별적으로 혁신 성과를 높이는 것에 주력한다. 대기업과 세트업체 중심의 경제성장을 이루며 인력 측면에서는 단순, 모방적 기술 인력의 공급에 주력한다. 모방자의 혁신체제에 적합하다.

관련된 정부 기관 간의 원활한 협력 미흡은 혁신 정책의 큰 장애 요인으로 작용하고 있다.

둘째, 정부 정책이 하향식으로 고착화되어 있다. 과거 정부의 과학기술정책은 정부 주도로 민간 부문이 조달하기 어려운 혁신 자원을 공급하고 기업혁신을 유도하는 역할을 했다. 그러나 하향식으로 고착화된 정부 정책은 이제 한국이 혁신형 체제로 나아가는 데 제약요인이 되고 있다. 예를 들어 공급 위주로 이루어진 과학기술 정책은 민간의 수요 및 발전 방향을 충분히 반영하지 못해 혁신 성과가 낮아지는 결과를 초래했다.

셋째, 산학연 협력이 미약하다. 1970년대 산업화 이후 충분한 과학기술 지식과 혁신 주체들의 연구개발능력을 확보했으나 국가정책 추진 과정에서 협력체제 전반에 대한 고려가 부족하여 산학연 연계 체계가 취약해지고 기술 확산이 제대로 이루어지지 않았다. 예를 들어 과거에는 활발했던 출연연의 기능과 역할이 민간기업의 연구활동과의 중복 등으로 인해 비효율이 발생하고 있다.

핀란드의 국가혁신 사례에서 배울 점

핀란드는 혁신 주체 간 네트워크 측면에서 전세계에서 가장 활성화되어 있는 나라 중 하나다. 국가혁신체계 개념을 혁신 정책에 적극적으로 도입한 이후 급속한 경제발전을 이루었기 때문에 정부 부문 간 협력 미흡, 정부의 하향식 정책, 산학연 연계 미흡이 문제가 되는 한국 국가혁신체계의 개선 방안을 찾는 데 좋은 사례가 된다. 핀란드 사례를 중심으로 시사점을 정리해 보면 다음과 같다.

첫째, 과학기술 외의 영역이 국가 혁신체계의 성과에 미치는 영향력이 커지면서 최근의 혁신 정책은 기존의 공공 R&D 투자, 과학기술 하부 인프라 구축뿐 아니라 네트워크 정책, 클러스터 정책, 혁신주체의 혁신역량 강화 정책을 포함하고 있다. 과거 경제정책의 영역이었던 노동시장과 금융시장, 시장경쟁정책도 혁신활동을 촉진하는 제도적 환경으로 혁신정책의 범주에 포함되고 있다.

이에 따라 여러 정부 부처에서의 의견 조율이 중요해지는데, 핀란드의 경우 혁신과 관련된 핵심 부처들 간의 긴밀하고 개방적인 협력과 원활한 정보 전달을 위해 각 부처들이 수평적인 관계를 유지하여 이를 해결하고 있다. 한편, 덴마크의 경우 핀란드와는 달리 하나의 정부 부처(ministry)가 책임을 지는 시스템을 채택했다. 덴마크는 정부 혁신을 통해 경제부처 및 관련 기관(무역, 산업 관련 부처, 교육부 등)의 혁신정책 수립과 평가 권한을 과학기술부로 이양했다. 이러한 개편으로 사실상 대부분의 혁신정책의 권한이 과학기술부로 결집되었다. 그 결과 덴마크 국가혁신체계는 이해당사자를 효과적으로 조율할 수 있게 되었으며 정부 부처 간에 협력 미흡의 이슈를 해소했다.

둘째, 혁신활동의 조력자로서의 정부 역할이 강조되고 있다. OECD Sundaqvist 보고서(1998년)는 '과학기술혁신정책의 중요한 목표는 기술혁신의 창출과 확산을 촉진하는 사회적 체제의 효율성'이라고 언급하고 있다. 보고서 이후 OECD 국가들은 국가혁신체계의 틀 안에서 혁신역량을 창출하고 확산하는 데 혁신정책의 초점을 두게 되었다. 이에 따라 민간의 R&D 서비스 제공 기능을 강화하고 벤처캐피털의 공공 자금 기능을 대체하는 등 공공 부문이 담당했던 기능이 점차 민간 부문의 기능으로 전환되는 추세다. 정부는 혁신체제의 정비와 혁신역량 양성에 초점을 맞춰 시장혁신활동의 조력자로서의 역할이 강조되고 있다. 핀란드는 1990년대 이전까지는 기술정책의 주요 목표 수립자로서의 역할을 담당했다. 그러나 1990년대 들어서는 자신의 역할을 조력자로 정의하여 국가혁신체계 내에서 다른 주체(actor)가 각자의 목표를 달성하도록 여건을 마련해 주는 주체(providing actor)로서 역할을 수행했다.

셋째, 국가혁신체계 구성 요소 간의 상호 연관성이 중시되고 있다. 1990년 중반까지는 국가혁신체계가 과학기술의 발전을 통한 경제발전을 강조해 왔다. 하지만 더 이상 과학기술 활동에 대한 투자만으로는 경제성장이 이루어질 수 없다는 점 때문에 최근에는 국가혁신체계 내에서 과학기술을 둘러싼 여러 주체들(대학, 출연연, 금융 기관, 기업, 공공 부문)의 간의 상호연관 관계와 의존을 중시하게 되었다. 핀란드는 약 15년에 걸쳐 혁신 네트워크 지향적인 정책을 실시했다. 그 결과 다양한 주체 간에 협력 및 상호작용이 촉진되었다. 일례로 산학연계를 보면 정부는 전문 직업교육에 대한 자금지원을 증가시키고 있으며, 교육에 있어 공공·민간 부문의 파트너십 프로그램은 세계적인 모범 사례로 꼽히고 있다.

일본의 산학연 협력 유도 사례는 유럽국가에서도 모범 사례로 여겨지고 독일에서는 이미 실행 중일 만큼 성공적이었다. 2001년 대부분의 대학과 공공 연구소들은 독립행정협회(Independent Administrative Institutes, IAIs)로 소속되었는데, 이 협회는 자금 모금의 권리를 부여받아 민간기업으로부터 재정지원을 받을 수 있게 되었고, 민간 주도의 산학연 협력을 증진시켰다.

핀란드 국가혁신체계의 추진 과정 및 성과

핀란드는 1960년 스웨덴으로부터 과학기술정책과 관련된 제도와 조직 모델을 도입하여 1963년 최상위의 과학정책회의(Science Policy Council)를 조직했다. 1967년에는 산업의 R&D 활성화를 촉진하는 수단으로 SITRA(Finnish National Fund for Research and Development)를 설립해 민간기업에 R&D 자금을 지원하기 시작했다. 1980년대에는 기술연구와 확산을 위해 테케스(Tekes, National Technology Agency)를 설립했다.

1990년대에 심각한 불경기를 겪으며 핀란드 정부는 국가 차원의 혁신과 역동적인 발전을 위해 혁신의 개념을 과학기술, 산업뿐 아니라 국가 사회 전반으로 확대시킨 국가혁신시스템(NIS)이라는 개념을 사용하기 시작했다. 또한 과거에 기술정책의 수립, 집행을 담당했던 정부의 역할을 최소화하여 민간의 자율성을 강조하기 시작했다.

NIS 도입 이후 급속한 경제발전을 이루어 국가 전체 측면에서 2002년 1인당 GDP 기준으로 미국의 74%, 독일의 97%, 스웨덴의 101% 수준에 이르게 되었다. EU 15개국 평균보다 5% 높은 수준을 보여 선진국 중에서도 상위 수준에 도달하게 되었다.

또한 각 혁신 주체가 높은 혁신 역량을 확보하게 되었다. 기업의 경우 핀란드 전체의 연구개발 투자 중 70%를 담당하는 등 R&D 활동의 주요한 역할을 담당하고 있다. 공공연구기관은 SCI 논문의 상대적 인용률이 세계 평균을 월등히 상회하는 등 세계적 수준의 연구 성과를 내고 있다. 또한 대학은 핀란드 기초연구의 대부분과 응용연구를 담당하고 있으며 1998년부터 시작된 공공·민간 파트너십 대학 교육 훈련 프로그램 등 기업과의 유기적인 협력 관계를 통해 기업과 사회에서 필요로 하는 혁신인력의 원활한 공급을 담당하고 있다.

출처 유럽 강소국 국가혁신체계 연구, STEPI, 임채성, 2003년 11월
혁신정책의 범위 설정과 분석체계 정립에 관한 연구 : 핀란드와 한국혁신정책에 대한 사례 적용, STEPI, 이우성, 2005년 4월

한국 국가혁신체계의 발전 방향성

앞에서 살펴본 한국 국가혁신체계상의 이슈와 해외 국가혁신체계 발전 과정을 토대로 살펴볼 때 한국 국가혁신체계상의 개선 방향은 명확하다.

첫째, 혁신정책의 범위 확대에 부응하기 위해 국가혁신과 관련된 다양한 정부 부문이 혁신정책 수립 과정에 포함되고, 각 부서 간에 유기적인 협력을 통해 혁신정책을 고도화해야 한다.

한국의 국가혁신정책은 과학기술의 혁신에 중점을 두는 등 그 범위가 한정적이다. 그러나 과학기술 중심의 정책만으로는 국가혁신을 달성할 수 없게 되었다. 예를 들어 과거에는 국가의 R&D 투자 부족을 해소하기 위해 공공 R&D 투자 확대와 인프라 구축 정책 실시만으로도 충분했지만 지금은 빠른 환경 변화와 다수의 이해관계자로 인해 이슈가 복잡해졌다. 거시경제정책과 노동정책, 금융정책, 규제정책 등 기술혁신과 직접적인 관련이 없는 정책까지도 고려해야 한다. 따라서 혁신정책의 범위를 국가 사회 전반에 대한 정책으로 그 범위를 넓혀야 한다. 혁신정책의 범위가 넓어진 만큼 부처 간 협의와 협력 메커니즘이 중요하다(본 사안은 다음의 혁신체계 추진조직에서 다루기로 한다).

둘째, 민간 부문의 향상된 혁신 역량이 효과적으로 국가혁신 성과로 이어질 수 있도록 정부기능을 조력자로 전환해야 한다. 과거 모방자 경제에서는 국가혁신체계에서 정부가 혁신주도자가 되어 혁신정책을 수립하고 각 혁신 주체들에게 혁신활동을 수행하도록 하는 방식이 효과적이었다. 하지만 민간 부문의 혁신 역량과 전문성이 강화된 현 상황에서는 정부가 혁신활동의 모든 것을 관장하는 것에 한계가 있다. 따라서 정부는 각 혁신 주체가 본연의 기능을 다하여 최대의 혁신 성과를 올릴 수 있도록 인프라를 제공하고 불필요한 규제를 완화하는 등 혁신을 촉진시키는 역할과 시장의 실패를 보완할 수 있는 역할을 수행해야 한다.

셋째, 국가혁신주체 간의 협업이 강화되어야 한다. 이를 위해 먼저 각 혁신주체 간의 기능별 역할을 명확히해야 한다. 예를 들어 출연연과 기업 간의 연구 분야의 중복을 방지하기 위해 출연연은 본연의 기능인 기초연구나 시장실패를 담당하는 공공 기술연구 등에 주력해야 한다.

정부는 국가혁신체계상에서 각 주체가 상호간 네트워크를 구성하도록 유인하는 지원정책을 시장 친화적인 방법으로 실행해야 한다. 기업이 대학과 공동 연구를 위한 학과를 대학 내에 개설할 경우 세제 혜택을 주거나 일본의 사례처럼 대학이 가지고 있는 우수한 인력이 기업의 자금 지원을 받아 기업 수요에 부응하는 연구개발 활동을 수행하도록 유도하는 제도적 장치를 고안할 필요가 있다.

해외 부문과의 협업 또한 중요하다. 한국의 국가혁신체계와 글로벌 혁신체계가 상호간 긍정적인 영향을 주고받으며 함께 발전해 나가기 위해서는 해외 부문과의 적극적 협업을 시도하려는 노력이 반드시 필요하다.

2 _ 한국호의 컨트롤 타워를 구축하라

앞에서 국가혁신체계가 진일보하기 위한 방향성을 살펴보았는데, 이제 이러한 방향성에 따른 국가혁신 추진조직에 대해 살펴보자.

현재 한국 국가혁신 추진조직은 국가과학기술위원회, 과학기술부, 정부 출연연구소 등으로 구성되어 있다. 국가혁신 추진조직은 정부 내에서도 과학기술과 직간접적으로 관련된 부문 위주로 구성되어 있다는 데 문제점이 있다. 산업자원부, 정보통신부, 교육부 등 다양한 정부 관련 부처의 적극적인 참여를 유도하기 위한 조직체계가 필요하다.

혁신정책의 총괄 기획기능 역시 부족하여 각 부처에 산재해 있는 연구개발, 산업육성, 인력양성, 지역균형발전 등 핵심적인 국가발전 요소를 국가혁신과 과학기술혁신 차원에서 긴밀하게 연계하고 조정하기 어렵다. 예컨대 부처 간 갈등을 완화하는 역할을 수행해야 할 과학기술혁신본부는 정부 R&D 투자 예산에 대한 부처별 조정권한만 있으며 실제 예산편성권을 가지고 있지 않다. 이로 인해 혁신 관련 정부 전 부문을 강력히 조정하는 기능을 수행하지 못하고 있다.

정부 주도의 혁신정책 기획 과정은 국가혁신체계를 구성하는 다른 주체들, 즉 기업 등 민간 부문과 대학, 시민단체 등의 참여가 미흡하여 국가혁신체계 전반을 개선하기 위한 국가적 합의를 이끌어내는 데 한계가 발생하고 있다. 즉 민간 전문가들의 참여를 통한 혁신정책의 전문성 강화와 다방면의 이해관계자 참여를 통한 정책의 현실성, 수용성 제고가 어려운 실정이다.

현재 대통령이 의장으로 되어 있는 과학기술 자문회의의 경우 30

한국의 국가혁신 추진조직

국가과학기술위원회와 과학기술자문회의

국가과학기술위원회는 주요 과학기술혁신정책에 대한 실질적 토의를 통해 안건을 심의, 확정하는 기능을 수행하며, 중요 안건은 위원장(대통령) 주재로 심층 논의를 한다. 국가과학기술자문회의는 과학기술 발전방향과 제도개선 등에 대해 자문의견을 제시하고, 중장기 정책 대안을 모색한다.

과학기술부

과학기술 관련 정책을 총괄, 기획, 조정하고 기술관련 산업 및 인력양성 등 미시경제의 토대를 질적으로 향상시켜서 거시경제의 기초를 튼튼하게 발전시키고 교육, 기업, 지역, 정부 부분으로 혁신을 확산시킴으로써 국가 전반의 혁신시스템을 질적으로 발전시키는 기능을 한다.

과학기술혁신본부

국가 R&D 사업을 부처별로 조정하고 예산을 배분하는 총괄기능을 하며, 조직의 최하위 부문인 우수연구센터(COE)는 1989년 과학기술부처가 기획한 것으로, 기초연구 활동의 근원인 대학을 지원하고자 한다. 2005년 12월 과학연구센터 32개, 공학연구센터 40개가 운영되고 있다.

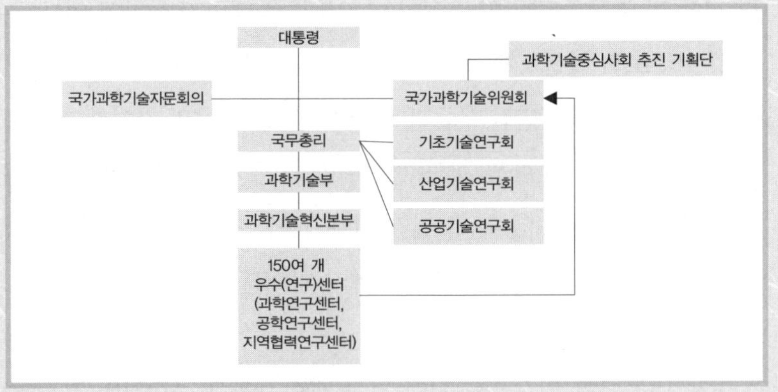

인 이내의 과학기술 전문가로 구성되어 있다. 자문회의의 전문성을 지원하기 위하여 15명의 분야별 핵심 전문가들이 과학기술정책이 나아갈 바에 대하여 대통령의 자문에 응하는 역할을 맡고 있다. 하지만 대학교수를 제외한 민간기업의 전문가 수는 공공 부문보다 확연히 떨어지고 있다. 급변하는 과학기술과 시장의 트렌드를 분석하고 이해하며 이를 시장 기회로 창출하는 전문적인 역량을 기대하기 어려운 실정이다. 또한 정책의 최초 기획 단계부터 지속적으로 정책의 이해관계자들을 적극 참여시켜, 사전에 정책의 현실성을 높이는 노력이 부족하다.

정부 부처 간 참여 및 협력을 강화하라

이러한 이슈를 해소하기 위해 국가혁신 추진 조직이 어떻게 구성되고 운영되어야 하는지를 살펴보자.

혁신정책의 범위가 거시경제정책, 노동정책, 금융정책, 규제정책 등 기술혁신과 직접적인 관련이 없는 정책으로까지 확대됨에 따라 국가혁신 추진조직도 국회, 산업자원부, 정보통신부, 재정경제부, 지방 정부 등 다양한 부처의 참여와 이들 간의 실질적인 협력을 필요로 한다. 이를 위해 추진 조직 내에 다양한 연관 부서를 포함해야 하며 각 부서의 역할과 의견을 원활히 조정할 수 있도록 권한의 재조정 등 구조적인 변화가 뒤따라야 한다.

이들의 실질적인 협력을 촉진하는 방법은 크게 두 가지가 고려될 수 있다.

첫째, 덴마크처럼 혁신정책과 관련된 각 부처의 정책 부문을 혁신

핀란드 국가혁신 추진조직

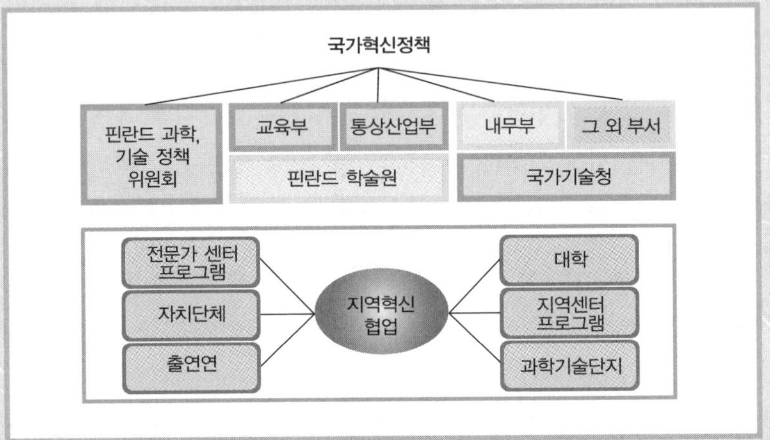

과학기술정책위원회(The Science and Technology Policy Council of Finland) 혁신 체제 최고 중앙기관으로 1987년에 설립되어 국무총리가 위원장을 맡고 있으며 과학연구와 교육, 공공 과학 기술 투자의 모든 것을 총체적으로 관리하고 있다. 최근 정부의 결의안에 따라 과학기술정책 위원회를 과학과 기술뿐 아니라 혁신에 관한 모든 것을 전문적으로 관리하는 중앙기관으로 발전시킬 예정이다.

통상산업부(The Ministry of Trade and Industry) 혁신정책 수립, 집행의 가장 중요한 기관으로 정부차원에서 정책의 공식화와 산업발전 방향 연구 및 기술개발 혁신(Research & Technological Development & Innovation, RTDI) 활동의 목표를 실행한다.

교육부(The Ministry of Education) 통산산업부와 함께 혁신 정책 수립·집행의 중요한 기관으로 교육체계 전체와 기초연구를 총체적으로 관리한다.

국가기술청(The National Technology Agency, Tekes) 혁신 정책 중 기술정책을 실행하는 기관으로 국가 내 혁신 주체의 네트워크와 해외 부문과의 협력을 강화하는 기술프로그램을 실시하고 기술연구와 산업 R&D를 지원하는 역할을 한다.

정책을 주도하는 하나의 부처에 이양하는 형태로 전환하는 것이다.

둘째, 핀란드처럼 혁신을 주도하는 한 부처(핀란드의 경우 국가과학기술정책위원회)에 권한을 위임하되 혁신과 관련된 타 부처의 정책 부문(교육부, 산업자원부, 재정경제부, 정보통신부 등) 중 혁신과 직접 관련된 부분의 정책을 총괄 조정하는 방안이 있다.

어떤 방안이 되었든 관련 부처의 적극적인 참여와 협력이 필요하다. 중요한 것은 실질적인 실행이 담보되어야 한다는 점이다. 핀란드의 경우 과학기술정책위원회에서 1996년 종합정책보고서를 냈는데, 이때 제안한 내용들이 거의 100% 이행될 정도다.

민간 부문 참여를 적극 유도하라

정부가 조력자로 역할 전환을 해가는 과정에서 정책의 전문성을 제고하기 위해서는 전문성을 가진 민간의 적극적인 참여가 필요하다. 이를 위해 관료 및 소수 전문가 집단 중심의 정책 수립과 집행에서 벗어나 다양한 분야의 전문가와 이해관계자들의 의견이 정책에 투영될 수 있는 조직 구조를 갖추어야 한다.

이를 위해 민간전문자문위원회를 생각해 볼 수 있는데, 선진국의 민간전문자문위원회를 단순 모방한 형식적인 조직이 아닌 한국 현실에 적합한 위원회의 신설이 필요하다. 민간 중심 자문위원회는 이들 활동의 실효성을 제고하기 위해 입법 기관인 국회에 대해서도 충분한 의견 개진이 가능할 정도의 영향력 있는 집단이어야 한다.

민간 중심 자문위원회의 구성 및 기능과 관련하여 미국의 NII는 국가혁신체계를 대표하는 기업, 대학 등 각 분야의 저명인사와 실무진이 다수 참여하여 범국가적인 혁신전략·정책을 체계적으로 수립하고 실제 법제화까지 추진했다는 점에서 참조할 만한 좋은 사례다.

국가적인 관심사가 집중되는 국가 대형정책사업 같이 민간전문가의 적극적인 이해와 참여가 필요한 경우 정부는 사회 각 분야의 전문가가 참여하는 워크숍을 추진하고 다양한 외부기관들이 참여하는 컨소시엄을 구성할 수 있다. 이를 통해 정책을 추진해 나가는 과정에서 정부와 민간이 '문제인식'이나 '문제설정'에 대한 합의를 이룰 수 있다. 컨소시엄 참여기관으로는 기관들의 업무분담을 조정하는 컨설팅 회사, 특정 과학기술에 대한 자문 및 평가를 하는 기술혁신 연구소, 정책프로세스를 관찰하여 피드백을 줄 수 있는 기관 등이 있을 수 있다.

한국의 국가 혁신 추진 조직에서 민간 전문가 참여를 활성화하기 위해서는 전문가 풀을 확대하여 각 혁신 주체를 대표할 수 있는 전문가를 정책 수립과 결정 과정에 적극적으로 관여될 수 있도록 해야 한다. 전문가의 역할을 세분화함으로써 정책 수립과 결정의 효율성을 높일 수 있는 방안을 수립해야 한다.

전문가 선정 과정

전문가 선정 과정은 참여 기관들이 보유하고 있던 전문가 데이터를 활용해 이루어질 필요가 있다. 이 전문가들이 다시 선정 기준에 따라 또 다른 전문가를 추천해야 한다. 참여전문가들의 연쇄지명의 방법으로 선정한 한 사람의 전문가가 또 한 사람의 전문가를 추천하는 식으로 참여 전문가의 수를 늘여나갈 수 있으며, 과학기술을 다양한 시각으로 논의하기 위해 과학기술 분야뿐 아니라 기업, 경영, 행정, 노동계 등 사회 각 분야의 전문가들의 참여를 이끌어내야 한다. 추천된 전문가들 중에서 가능하면 젊고 진보적인 인물을 선정하여 소수 몇 명의 전문가가 아닌 수백 명의 전문가로 이루어진 네트워크를 형성해야 한다.

전문가 역할 설정 및 분담

과학기술변화의 속도가 빠르고 세분화 과정이 심화되면서 정책결정 과정에서 전문가 역할이 매우 중요해졌다. 그런데 우리는 지금까지 전문가의 역할을 당연한 것으로 받아들이기만 하고 효율적으로 활용하는 방안에 관해선 별다른 대책이 없었다. 전문가의 활동은 크게 정책 의제 설정, 정책형성, 정책채택의 세 가지 차원으로 나눌 수 있다.

정책의제 설정 단계에 참여하는 전문가는 사회 한 분야의 대표 자격으로 사회의 미래에 대해 접근하여 세계의 트렌드를 이해하고 지식 통합 차원에서의 접근한다. 여기서 전문가는 일반적인 지식과 정보를

정책결정 과정과 다차원적 전문가 활용 방안

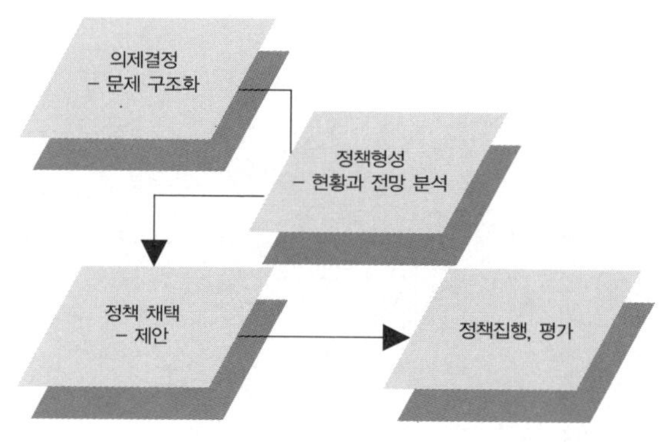

제공하여 '어떤 과학기술을 원하는가' 라는 문제를 구체화시킨다.

　정책형성 단계에 참여하는 전문가는 어떤 한 분야의 전문가로서 과학기술의 현황과 기술적 실현가능성의 문제를 다룬다. 정책의 실효성 또한 이 단계에 포함된다.

　정책채택 단계에서는 '무엇을 어떻게 현실화 할 것인가' 라는 문제, 즉 과학기술의 개발과 실현과정에 따르는 제반 제도적 문제 등을 다룬다.

NII : 미국의 민간 주도 혁신자문위원회

NII는 전문가들의 지식활용 형태에 따라 3개 위원회와 7개 실무그룹으로 구성되었다. 수석위원회를 포함해 참여한 전문가들의 면면을 살펴보면 미국을 대표하는 기업과 대학 등 현재 미국의 혁신을 선도하는 민간부분의 전문가들이 대거 참여함으로써 NII가 민간단체임에도 불구하고 대표성과 권위를 가질 수 있었다.

수석 위원회(Principals Committee)는 전체적으로 NII를 이끄는 역할을 수행하며, 20여 명의 CEO, 대학총장 등 민간 부문의 저명인사로 구성되어 있다. IBM의 사무엘 팔미사노(Samuel J. Palmisano) 회장과 조지아공과대학교(Georgia Institute of Technology)의 웨인 크라프(G. Wayne Clough) 총장이 공동회장을 맡았다.

자문위원회(Advisory Committee)는 20여 명의 기업, 대학, 정부의 혁신 리더들로 구성되어 있다. 7개의 실무그룹과 함께 최고 위원회를 위한 각종 지원과 조언

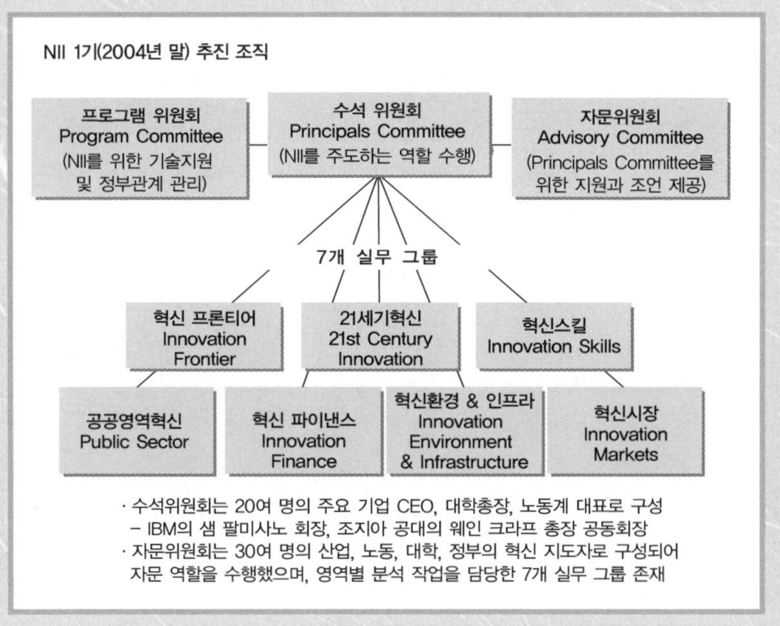

을 제공한다. 록히드마틴사(Lockheed Martin Corporation)의 노먼 어거스틴(Norman R. Augustine) 전 회장과 존 홉킨스 대학(Johns Hopkins University)의 윌리엄 브로디(William R. Brody) 총장이 공동대표를 맡고 있다.

프로그램위원회(Program Committee)는 NII를 위한 기술지원뿐 아니라 각종 매체와 정부관계 관리를 담당하고 있다.

7개의 실무그룹은 혁신 투자, 인재, 공공 혁신 등 주요 영역별로 약 30~40명의 전문가들로 구성되어 실질적인 분석 작업과 분야별 혁신 과제를 제시했다. 이들 각각의 의견은 기획 성격의 그룹인 21세기 혁신그룹(21st Century Innovation Group)에서 취합 및 조정한 뒤, 수석위원회에 최종 제출되었다.

'미국을 혁신하라(Innovate America)'의 혁신과제들은 2004년 11월15일 수도 워싱턴에서 국가혁신지도자회의(National Innovation Summit)에서 발표되었고, 제안된 혁신과제들 중 일부는 2기 NII에 의해 현재 구체적인 법제화 작업이 추진되고 있다.

| 참고문헌 |

- 〈Innovate America〉, Council on Competitiveness, 2004
- 'The Empirical Economics of Standards' DTI Economics Papers No.12, DTI 2005 및 산업자원부 2005년 8월 보도자료
- 과학기술연구활동조사보고서, 과학기술부, 2005
- 과학기술 분야 연구개발예산의 편성 및 집행시스템 개선 : 국가과학기술자문회의 자료
- 외국기업의 국내 R&D센터 투자실태 조사, 대한상공회의소, 2006
- 한국 진출 글로벌 R&D 센터의 특징과 상호작용 분석, 복득규, 삼성경제연구소, 2006
- [국감] 'IT839 8대 서비스 제대로 된 게 없다', ITTN온라인, 박영주, 2006
- EIS- 2005 Country Report
- 한국 국가혁신체계의 구조와 특성, STEPI, 이공래, 송위진, 1998년 3월 25일
- Global HR Forum 2006, 한국경제신문, 2006
- http://www.e-cluster.net
- http://www.e-cluster.net-qwangju
- http://www.eu.or.kr/Work8G/Work8-7-5.htm
- 'IP-TV 1년 지연되면 1조 원 손실', 세계일보 인터넷뉴스팀, 2006. 7
- 'IPTV 등 통방융합 서비스 조기허용을', ITTN온라인, 김태균, 2006. 4
- OECD(1999), 대구지역 산업단지의 혁신클러스터 조성방안, 대구전략사업기획단, 김요한, 2004
- Q&A로 알아보는 직무발명에 대한 보상, 특허청, 2006
- 'R&D의 생산성 파급효과 분석', 재정경제부, 2006. 1
- STEPI, 21세기 과학기술인력 강국 실현-핵심 과제와 정책방안, 조현대 외 2명, 2003

- 'The Empirical Economics of Standards' DTI Economics Papers No.12, DTI 2005 및 산업자원부 2005년 8월 보도자료
- www.pacst.go.kr
- 과학기술 분야 연구개발예산의 편성 및 집행시스템 개선, 국가과학기술자문회의
- 과학기술정책, 함께 준비하는 미래, STEPI, 서지영, 2005년 11월
- 국가 혁신체계의 창조성과 협동성, STEPI, 김갑수
- 국가규격 및 적합성 평가체계의 혁신 방안 연구' 산업자원부(한국산업기술재단 주관), 2006. 1
- 국가규격 및 적합성 평가체계의 혁신 방안 연구, 산업자원부, 2006
- '국내외 Patent Troll 현황 분석보고서', 한국특허정보원, 2006
- 규제개혁의 정책과제와 발전방향, 한국규제연구원, 임상준, 2005
- 글로벌 기업의 M&A 동향과 전략적 시사점에 관한 연구, 삼성경제연구소, 2006
- 글로벌 혁신기업을 통해 본 혁신 키워드, LG주간경제 박천규, 2006년 4월 28일
- 기업가들이 원하는 규제 개선, 대한상공회의소, 2006
- '벤처산업과 벤처경영', 김병균 · 이정길, 2005
- 대 · 중소기업 상생협력 강화방안, 산업자원부, 2005년 6월 23일
- 대 · 중소기업 상생협력 발전모델과 정책방향, 산업자원부, 2006년 5월 24일
- 대전광역시 지역혁신발전 5개년 계획과 전략산업, 박준병, 대전전략산업기획단, 2004
- '대학들 기업 주문대로 가르쳐요', 중앙일보, 2006
- 대학 입장에서 바라본 이공계 기피, 직업과 인력개발, 이본수
- 대학혁신을 위한 제언, 삼성경제연구소, 2005
- 대한상공회의소, 2006년 상반기 기업호감도(CFI) 조사
- 동아일보, 2006년 11월 15일
- 디지털타임스, 2005년 12월 15일
- 디지털타임즈, 2006년 11월 22일
- 미래 국가전략산업 육성 중장기 기술혁신전략', STEPI
- 방송위원회 http://www.kbc.go.kr

- 벤처캐피털의 기술가치평가능력 제고방안 연구, 과학기술부, 2005
- 산업단지 혁신클러스터의 정책과제, 산업연구원, 김인중, 2006
- 산업자원부 2005년 공공연구기관 기술이전현황 조사결과, 114개 공공연구소와 145개 대학 대상
- 산업자원부 기술표준원 '2006년 기술백서'
- 산학협력의 허와 실 : 현황 진단과 정책 과제(손병호 · 이기중, 한국산업기술재산(산자부 시행 사업), 이슈페이퍼, 2005년 8월
- 산학협력의 허와 실 :현황 진단과 정책과제, 한국과학기술기획평가원(KISTEP), 손병호 · 이기종
- 산학협력의 현황과 과제, 경제포커스 제89호, 삼성경제연구소, 2006년 4월
- 서비스 산업 경쟁력 강화방안, 재정경제부
- 신제품 잘 만드는 기업, 무엇이 다른가. LG주간경제 이상규, 2004년 7월 28일
- 연구개발정책결정과정, 무엇이 문제인가, STEPI, 서지영
- 영국의 IPTV 서비스 시장 전망, 정보통신정책 제18권 5호 통권 389호, 오정숙
- 우리경제와 산업에 대한 실제와 오해, 대한상공회의소, 2005
- 우리나라 서비스 산업의 경쟁력 제고 방안, LG경제연구원
- 우리나라 서비스산업 현황과 향후 발전방안, 2003, 나라경제
- 우리나라 중소기업 지원 프로그램의 현황과 문제점 고찰 : 기술혁신 관점, 이병헌, 장지호, 한국정책분석평가학회, 2006
- 유럽 강소국 국가혁신체계 연구 이슈, STEPI, 임채성, 2003년 11월
- 유럽 강소국 국가혁신시스템의 특징과 시사점, STEPI, 임채성, 2005년 12월
- 유럽강소국의 클러스터 전략, 연구개발정책연구부, STEPI, 한동우
- 유럽연합의 제6차 연구개발기본계획 관련회의 · 전시회를 다녀와서…', 해외환경기술동향, 최홍진, 2002
- 이공계 기피현상의 진단과 대안, STEPI, 박재민
- 이젠 상생경영이다, 세계일보 2005년 5월 11일
- 이코노미21
- 인적자원 개발을 위한 긴급과제, CEO Information 제300호, 김은환, 2001년 6월 13일
- 있으나 마나 '해외 수출지원 기관 실태', 김창원, 동아일보, 2005년 11월

- 전자신문 2006년 11월 30일
- 정부연구개발사업의 체계, 구조분석 및 정책제언, STEPI, 2003
- 제약 기업의 R&D 네트워크 활용전략, 심상만, LG경제연구원, 2000
- 중화네트워크와 기술혁신의 블럭화, STEPI, 1998
- 지역특성화 발전을 위한 혁신클러스터 육성방안 연구, 국토연구원, 권영섭 외 3인, 2005
- 지역혁신 및 클러스터 정책의 특징과 성공조건, 강현수, 2004
- 참여정부의 교육혁신 방안 연구, 교육혁신위원회, 김민남, 2004
- 초일류기업의 직무발명활성화, 사이버국제특허 아카데미 강충인, 2006년 4월 6일
- 출자총액제한제도와 기업투자의 관계, 산업연구원, 고동수, 2006년 9월
- 클러스터, 삼성경제연구소, 복득규, 2003
- 직무발명 실태조사 보고서, 특허청, 2005
- '표류하는 국가 표준' 중앙일보 기획기사, 2004
- '프랑스식 자본주의의 새로운 패러다임', 한국외국어대학교 외국학종합연구센터 국제지역정보 제9권 2호(통권 139호), 김정희, 2005년 2월 1일
- 하이테크마케팅, 김상훈, 2005
- 한겨레신문, 2005년 6월 21일
- 한국 국가혁신체계 발전방안 연구, STEPI, 송위진 외, 2004년 2월
- 한국 진출 글로벌 R&D 센터의 특징과 상호작용 분석, 복득규, 삼성경제연구소, 2006
- 한국 국가혁신체계의 구조와 특성, STEPI, 이공래 · 송위진, 1998년 3월 25일
- 한국 국가혁신체제 발전방안 연구, STEPI, 송위진 외, 2004년 10월
- 한국노동경제학회, 류재우(2004), 박성준(2004)
- 한국산업기술진흥협회 사이트
- 해외인재 유치, 새로운 전략이 필요하다[(배민근, 2006) 및 Global HR Forum 2006] 한국경제신문(2006)
- 해외인재유치, 새로운 전략이 필요하다. LG주간경제, LG경제연구원, 2006
- 혁신정책의 발전과정과 최근의 연구동향, STEPI, 이우성, 2006년 4월 20일
- 혁신정책의 범위설정과 분석체계 정립에 관한 연구 : 핀란드와 한국 혁신정책

에 대한 사례 적용, STEPI, 이우성, 2005년 4월
- 현황과 이슈는 지역특성화 발전을 위한 혁신클러스터 육성방안 연구, 국토연구원, 권영서 외 3인, 2005
- 홍콩의 IP–TV 서비스 시장 현황, 정보통신정책 제17권 7호 통권 368호, 오정숙

참여한 사람들

세계 최대의 IT 서비스 및 컨설팅사 IBM은 한국이 극심한 리스크 회피 경향과 모방자 전략을 버리지 않는다면 결코 선진국의 문턱을 넘을 수 없을 것으로 내다보고, 본 보고서를 통해 20년째 정체된 한국 경제의 문제점을 진단하고, 새로운 10년을 위한 7가지 해법을 제시하고 있다.

이 책을 위해 해외에서는 조지 폴리 IBM 기업가치연구소 소장, 캐서린 킹스콧 IBM 이노베이션&테크놀로지팀 연구원, 크리스 머스틴 IBM 이노베이션&테크놀로지팀 정부프로그램 리더, 수디르 차다 영국IBM 컨설턴트 등 수많은 전문가들이 참여했다. 국내에서는 이성열 한국IBM 글로벌비즈니스서비스 대표, 염승섭 파트너, 배우련 매니징 컨설턴트, 이철 매니징 컨설턴트, 강성근 시니어 컨설턴트, 신용재 시니어 컨설턴트, 문권식 시니어 컨설턴트, 안지경 컨설턴트, 구자경 컨설턴트, 김용경 컨설턴트 등이 함께했다.

이 밖에 연세대학교 권구혁 교수, 과학기술정책연구원의 엄미정, 송위진, 이광호, 박희종 박사 등이 도움을 주었으며, 특허정보원, 국내외 주요대학, 한국경제신문 등이 자료 제공과 기획기사 시리즈 등을 통해 책 출간을 지원했다.

IBM 한국보고서

지은이 | IBM
펴낸이 | 김경태
펴낸곳 | 한국경제신문 한경BP

제1판 1쇄 발행 | 2007년 4월 20일
제1판 10쇄 발행 | 2010년 3월 20일

주소 | 서울특별시 중구 중림동 441
기획출판팀 | 3604-553~6
영업마케팅팀 | 3604-595, 555 FAX | 3604-599
홈페이지 | http://www.hankyungbp.com
전자우편 | bp@hankyung.com
등록 | 제 2-315(1967. 5. 15)

ISBN 978-89-475-2607-4
값 15,000원

파본이나 잘못된 책은 바꿔 드립니다.